图说汽车维修快速入门丛书

汽车电气系统维修就这么简单

杨智勇　徐维东　主编

U0912618

机械工业出版社
CHINA MACHINE PRESS

本书从初学者的角度，以图解的形式讲述了自动变速器维修基础知识、液力变矩器、辛普森式行星齿轮变速器、拉维娜式行星齿轮变速器、平行轴式变速器、液压控制系统与电子控制系统的结构与维修、自动变速器故障诊断与排除、无级变速器与双离合器自动变速器结构与维修等知识。

本书的读者对象为初学汽车自动变速器维修人员，可供职业技术院校汽车相关专业师生和汽车工程技术人员阅读参考。

图书在版编目（CIP）数据

汽车电气系统维修就这么简单 / 杨智勇，徐维东主编 . — 北京：机械工业出版社，2014.8

（图说汽车维修快速入门丛书）

ISBN 978-7-111-48323-6

Ⅰ. ①汽… Ⅱ. ①杨… ②徐… Ⅲ. ①汽车－电气系统－车辆修理－图解
Ⅳ. ① U472.41-64

中国版本图书馆 CIP 数据核字（2014）第 242552 号

机械工业出版社（北京市百万庄大街 22 号　邮政编码 100037）
策划编辑：赵海青　责任编辑：赵海青　责任校对：刘秀芝
封面设计：张　静　责任印制：乔　宇

北京汇林印务有限公司印刷
2015 年 2 月第 1 版第 1 次印刷
148mm×210mm · 7.875 印张 · 231 千字
0001—4000 册
标准书号：ISBN 978-7-111-48323-6
定价：39.90 元

凡购本书，如有缺页、倒页、脱页，由本社发行部调换

电话服务
社 服 中 心：（010）88361066
销 售 一 部：（010）68326294
销 售 二 部：（010）88379649
读者购书热线：（010）88379203

网络服务
教材网：http：//www.cmpedu.com
机工官网：http：//www.cmpbook.com
机工官博：http：//weibo.com/cmp1952

封面无防伪标均为盗版

丛书序

中国汽车工业已有了飞速的发展。通过技术引进、国产化和技术改造，汽车的生产能力和社会保有量均有大幅度的提高。随着汽车数量的增多，汽车使用与维修技术人员，尤其是初学汽车修理人员迫切需要学习汽车专业知识。为了使广大初学汽车修理人员全面系统地了解汽车的基础知识，增强维护修理、排除故障的实际能力，掌握汽车维修技巧和知识，特编写本套丛书。本套丛书由以下十册图书组成：

- 《汽车发动机维修就这么简单》
- 《汽车底盘维修就这么简单》
- 《汽车电气系统维修就这么简单》
- 《汽车维护就这么简单》
- 《汽车发动机电控系统维修就这么简单》
- 《自动变速器维修就这么简单》
- 《汽车空调系统维修就这么简单》
- 《汽车钣金就这么简单》
- 《汽车喷漆就这么简单》
- 《汽车美容与装饰就这么简单》

本套丛书以通俗易懂的语言、图解的方式，围绕初学汽车修理人员所关心的问题，对汽车维修基础知识、维修工具的使用、汽车的一般维护方法、汽车常见故障维修、汽车主要部件的检查、汽车主要部件的拆装、车身磕碰的修补、美容等方面的知识进行详细的介绍。

本套丛书有以下特点：

（1）起点低，针对性强。每本书的内容均包括从事本工种人员应明确的汽车结构原理和应掌握的实际技能训练内容，低起点，针对性、实用性强。

（2）突出重点。本套丛书的选材和编写内容充分体现以就业为导向，以职业技能训练为核心的目标要求，既介绍了基本的共性的基础知识，又讲述了有代表性车型的维修技术。

（3）在满足实际需要的前提下，突出了汽车维修技术的先进性。

（4）浅显易懂，便于自学。在编写本套丛书时，尽量采用浅显易懂的语言，从最基础的内容开始，全面而透彻地讲解汽车维修各工种所必须掌握的基础知识和专业知识，便于自学。

本套丛书内容丰富，可读性强，实用性强，既可作为初学汽车维修人员的入门指导，也可供广大汽车爱好者、驾驶人员以及大中专院校相关专业的师生阅读和参考。

前言 PREFACE

目前，中国汽车工业已有了飞速的发展。通过技术引进、国产化和技术改造，汽车的生产能力、市场占有率和社会保有量均有大幅度的提高。随着机动车数量的增多，汽车服务前景广阔。汽车使用与维修技术人员尤其是初学汽车电器维修人员，迫切需要学习汽车电气方面的专业知识。为了使广大初学汽车电器维修人员全面系统地了解汽车电器的基础知识，增强维护修理、排除故障的实际能力，掌握汽车电器维修技巧等知识，特编写此书。

本书以大众桑塔纳、丰田卡罗拉等国产主流轿车发动机为主，以通俗易懂的语言，围绕初学汽车电器维修人员所关心的问题，从初学者的角度，以图解的形式讲述了汽车电器的结构、简单工作原理、常见故障诊断方法及维修案例，内容包括蓄电池、交流发电机及调节器、起动系统、点火系统、照明与信号系统、组合仪表、空调系统、中央门锁控制、防盗报警、电动车窗、电动天窗、电动座椅、电动后视镜、电路识读和全车电路等。

本书内容丰富，可读性强，实用性强，既可作为初学汽车电气维修人员的入门指导，也可供广大汽车爱好者、驾驶人员以及大中专院校相关专业的师生阅读和参考。

本书由杨智勇、徐维东任主编，韩伟、季成久任副主编。参加编写的还有王海、侯伟、田立加、边伟、刘柱、张磊、刘波、王丽梅、张凤云、李培军、康爱琴、王晓红、孔艳丽、王文丽。

在编写过程中，我们参考并引用国内外一些汽车厂家的技术资料和有关出版物，在此对参考文献的作者和为本书编写过程提供帮助的同志表示衷心的感谢。

由于编者水平所限，不足之处在所难免，敬请读者批评指正。

编　者

目录 CONTENTS

第一章　打牢基础学得快

CHAPTER 1

第一节 汽车电器有哪些

一、汽车电气系统的组成与特点

1. 汽车电气系统的组成

汽车电气系统的功能是保证车辆在行驶过程中的可靠性、安全性和舒适性。汽车电气系统可分为以下几部分。

要点

- 电源系统。包括蓄电池、交流发电机及其调节器。
- 起动系统。包括起动机、起动继电器等。
- 点火系统。包括点火开关、点火线圈、分电器（多数车型已取消分电器）、电控单元（ECU）、信号发生器、点火控制器、火花塞、高压导线等。
- 照明系统。包括前照灯、雾灯、牌照灯、顶灯、阅读灯、仪表板照明灯、行李箱灯、门灯、发动机舱照明灯等。
- 仪表系统。包括车速里程表、燃油表、水温表、发动机转速表等。
- 信号系统。包括音响信号和灯光信号装置（如制动信号灯、转向信号灯、倒车信号灯以及各种警告灯）等。
- 空调系统。包括暖风、制冷与除湿装置等。
- 其他辅助用电设备。包括电动玻璃升降器、中央控制门锁、电动后视镜、风窗刮水器、洗涤器、电喇叭、点烟器及电动天窗、巡航控制系统、安全气囊、电动座椅等。

2. 汽车电气系统的特点

要点

● 低压。汽车用电设备的额定电压有12V、24V两种。汽油车多采用12V电源电压，而大型柴油车多采用24V电源电压。

● 直流。主要从蓄电池的充电来考虑的。因为蓄电池充电时必须用直流电，所以汽车电源必须是直流电。

● 单线制。汽车上所有用电设备都是并联的，电源到用电设备只用一根导线连接，而另一根导线则用汽车车体或发动机机体的金属部分代替，作为公共回路，这种连接方式称为单线制。单线制可节省导线，使线路简化、清晰，便于安装与检修，并且用电设备无需与车体绝缘，因此现代汽车广泛采用单线制。

● 负极搭铁。将蓄电池的负极接到汽车车体或发动机机体的金属部分，称为“负极搭铁”。目前各国生产的汽车基本上都采用“负极搭铁”。

二、汽车电器安装位置

汽车电器设备的安装位置基本上可参照图1-1所示。

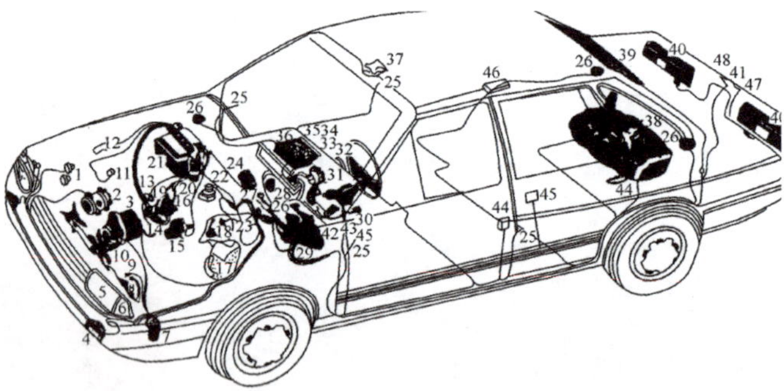

图1-1　汽车电器设备位置图

1—双音喇叭　2—空调压缩机　3—交流发电机　4—雾灯　5—前照灯　6—转向指示灯　7—空调储液干燥器　8—中间继电器　9—电动风扇双速热敏开关　10—风扇电动机　11—进气电预热器　12—化油器怠速截止电磁阀　13—热敏开关　14—机油油压开关　15—起动机　16—火花塞　17—风窗清洗液电动泵　18—冷却液液面传感器　19—分电器　20—点火线圈　21—蓄电池　22—制动液液面传感器　23—倒车灯开关　24—空调、暖风用鼓风机　25—车门接触开关　26—扬声器　27—点火控制器　28—风窗刮水器电动机　29—中央接线盒　30—前照灯变光开关　31—组合开关　32—空调及风量旋钮　33—雾灯开关　34—后窗电加热器开关　35—危急警告灯开关　36—收放机　37—顶灯　38—油箱油面传感器　39—后窗电加热器　40—组合后灯　41—牌照灯　42—电动天线　43—电动后视镜　44—中央控制门锁　45—电动摇窗机　46—电动天窗开关　47—行李箱盖集控锁　48—行李箱灯

要点

- 电源系统、起动系统、点火系统、空调系统的大部分部件都安装在发动机舱内。
- 仪表系统安装在驾驶室内。
- 照明系统、信号系统安装在车身的前后部位。
- 电动玻璃升降器、中央控制门锁、电动后视镜、风窗刮水器、电动天窗等安装在车身上。

第二节 汽车电器维修的常用工具

一、跨接线

跨接线就是一段专用导线，不同形式的跨接线主要是其长短和两端接头不同，如图 1-2 所示。跨接线两端的接头一般是不同形式的插头或鳄鱼夹，以适应对不同位置的跨接。

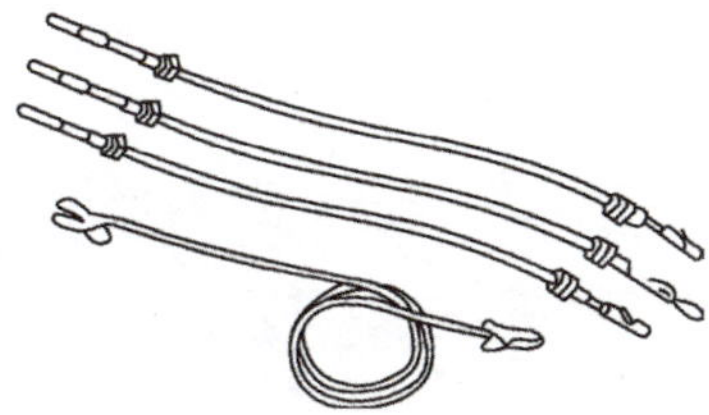

图 1-2 跨接线

要点

- 跨接线主要用于电路故障诊断。
- 当某个电器元件不工作时可用跨接线将被检元件的搭铁端子直接搭铁，若电器元件工作恢复正常，则说明该元件搭铁电路有故障。
- 若用跨接线将蓄电池正极跨接到被检元件电源端子上时，电气元件工作恢复正常，则说明该电源电路有故障。

维修提示

使用跨接线应注意以下两点：

- 用跨接线将蓄电池正极跨接到被检电器元件的电源端子上时，必须弄清被检元件规定的电源电压值。若将超出元件规定电压值的电源直接加在电气元件上，可能导致电气元件损坏。
- 不要用跨接线将被检元件电源端子直接搭铁，以免导致电源短路。

二、测试灯（测电笔）

测试灯实际就是带导线的电笔，主要是用来检查电器元件电路的通、断。测试灯带有显示电路通、断的指示灯，对电路进行检测时，

根据指示灯的亮度还可判断被测电路的电压高低。测试灯分为不带电源测试灯（12V 测试灯）和自带电源测试灯两种类型

1. 不带电源测试灯（12V 测试灯）

如图 1-3 所示，不带电源测试灯以汽车电源作为电源，由 12V 测试灯、导线和各种不同的端头组成，主要用来检查系统内电源电路是否给电气各部件供电，举例如下。

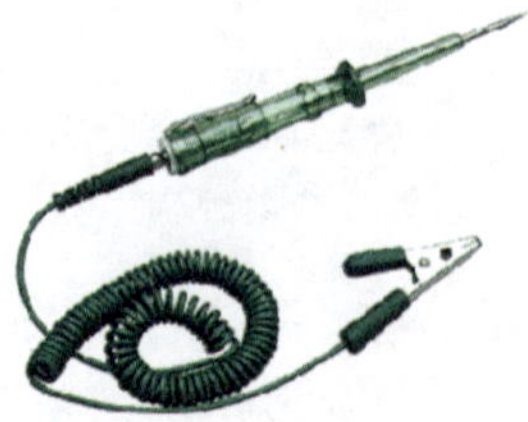

图 1-3 不带电源测试灯（12V 测试灯）

要点

- 将 12V 测试灯一端搭铁，另一端接电器部件电源插头。如灯亮，说明该电器部件电路无故障。
- 如果灯不亮，再将 12V 测试灯接电源的一端去接电源方向的第 2 个接点。如果灯亮，说明故障在第 1 接点和第 2 接点之间，电路出现断路故障。
- 如果灯仍不亮，则去接第 3 接点、第 4 接点……越来越接近电源，直至灯亮为止，且断路发生在最后被测接点与前一个被测接点之间。

2. 自带电源测试灯

如图 1-4 所示，自带电源测试灯以其手柄内装有的两节干电池作为电源，其余同于 12V 测试灯，也是用于检查线路断路与短路故障。

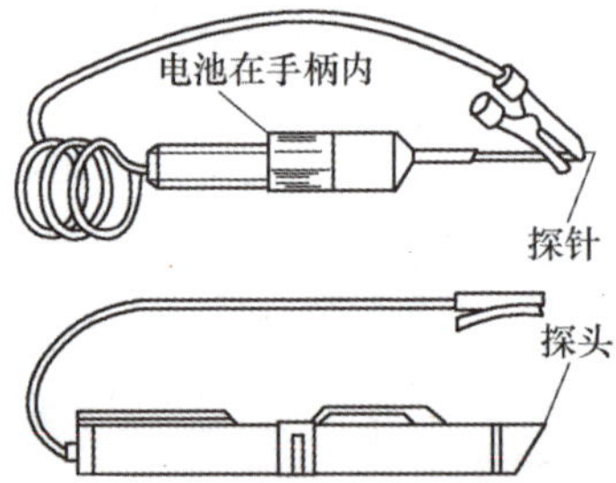

图 1-4 自带电源测试灯

要点

- 检查断路断开电气的电源电路，将自带电源测试灯的一端连接在电路首端，将另一端一个一个地分别连接其他各接点。如果灯亮，说明测点与电路首端导通；如果灯不亮，则断路发生在测点与前一接点之间。
- 检查短路断开电气的电源电路，将自带电源测试灯一端搭铁，将另一端连接电气部件电路。如果灯亮，表示有短路故障。可一步一步地采取将电路接点脱开、开关打开或拆除部件等办法，直至使电源测试灯熄灭，则短路出现在最后开路与前一开路部件之间。
- 需要指出的是，如无特殊说明，不可用 12V 测试灯和自带电源测试灯检测电子控制单元 (ECU) 系统。

三、万用表

万用表可分为模拟式（指针式）万用表和数字式万用表两种类型，如图 1-5 所示。

要点

● 万用表是检测电子电路时最常用的仪表之一，它以携带及使用方便、可测参数多等显著特点而深受汽车修理人员的青睐。万用表可用来测量交流与直流电压、电流和导体电阻等。汽车修理中常用万用表来测量电阻、电压、电压降等，以判断电路的通断和电气设备的技术情况。

a）指针式万用表　　b）数字式万用表

图 1-5　万用表

1. 汽车万用表使用方法

1）直流电压测量的方法。

要点

● 将开关转到直流电压（V）档（选择合适的量程），将测试表笔接至被测两端。用测电压的方法可以检查电路上各点的电压（信号电压或电源电压）以及电气部件上的电压降。

2）电阻测量的方法。

要点

● 将万用表开关转到电阻（Ω）档的适当位置并校零后，即可测量电阻值。汽车上很多电气设备的技术状态可用检测其电阻值的方法来判断，可检查电气元件和线路的断路、短路等故障。

3）断路（开路）的检测方法。

要点

● 如图 1-6 所示的配线有断路故障，可用“检查导通”或“检查电压”的方法来确定断路的部位。

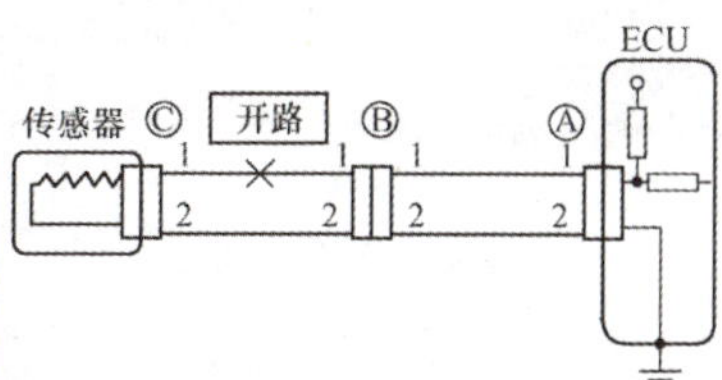

图 1-6　检查断路线路方法

Ⓐ、Ⓑ、Ⓒ—插接器　1、2—插接器端子

4）“检查导通”方法，如图 1-7 所示。

要点

● 脱开插接器Ⓐ和Ⓒ，测量它们之间的电阻值。若插接器Ⓐ端子 1 与插接器Ⓒ端子 1 之间的电阻值为∞，则它们之间不导通（断路）； 若插接器Ⓐ端子 2 端与插接器Ⓒ端子 2 之间的电阻值为 0Ω，则它们之间导通（无断路）。

5）“检查电压”方法，如图 1-8 所示。

要点

● 在电脑插接器端子加有电压的电路中，可以用“检查电压”的方法来检查断路故障。在各插接器接通的情况下，计算机输出端子电压为 5V 的电路中，如果依次测量连接器Ⓐ的端子 1、连接器Ⓑ的端子 1 和连接器Ⓒ的端子 1 与车身（搭铁）之间的电压，测得的电压值分别为 5V、5V 和 0V，则可以判定：在Ⓑ的端子 1 与Ⓒ的端子 1 之间的配线有断路故障。

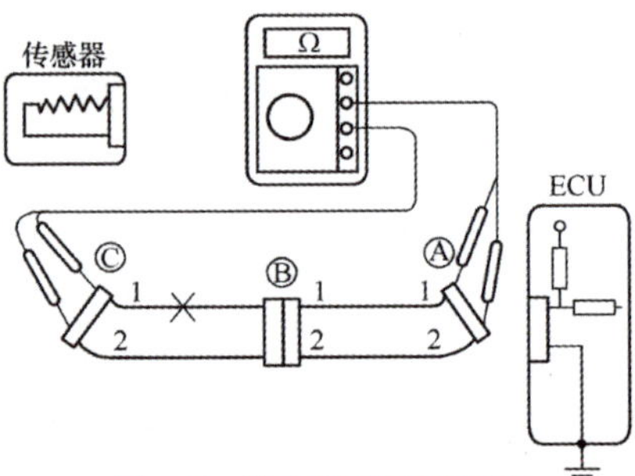

图 1-7　检查配线是否导通
Ⓐ、Ⓑ、Ⓒ—插接器 1、2—插接器端子

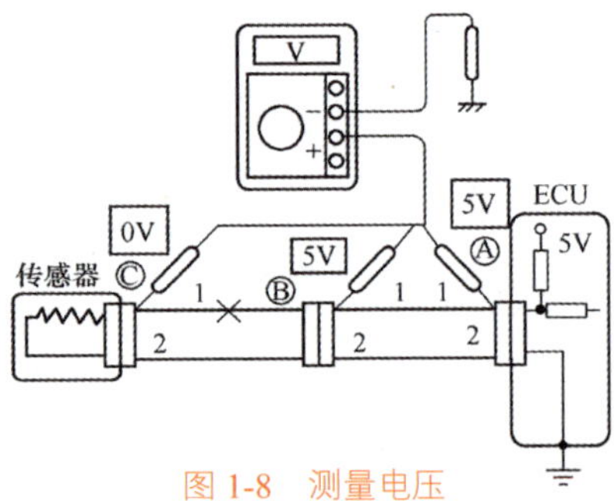

图 1-8　测量电压
Ⓐ、Ⓑ、Ⓒ—插接器 1、2—插接器端子

2. 汽车万用表使用注意事项

维修提示

● 除在测试过程中特殊指明外，不能用指针式万用表测试电脑和传感器，应使用高阻抗数字式万用表，万用表内阻应不低于 10kΩ。

● 首先检查熔丝、易熔线和接线端子的状况，在排除这些地方的故障后再用万用表进行检查。

● 在测量电压时，点火开关应接通（ON），蓄电池电压应不低于 11V。

● 测量电阻时要在垂直和水平方向轻轻摇动导线，以提高准确性。

- 检查线路断路故障时，应先脱开电脑和相应传感器的插接器，然后测量插接器相应端子间的电阻，以确定是否有断路或接触不良故障。
- 检查线路搭铁短路故障时，应拆开线路两端的连接器，然后测量插接器被测端子与车身（搭铁）之间的电阻值。电阻值大于 1MΩ 为无故障。
- 在拆卸发动机电子控制系统线路之前，应首先切断电源，即将点火开关断开（OFF），拆下蓄电池极桩上的接线。
- 插接器上搭铁端子的符号因车型的不同而不同，应注意对照维修手册辨认。
- 测量两个端子间或两条线路间的电压时，应将万用表（电压档）的两个表笔与被测量的两个端子或两根导线接触（图 1−9a）。
- 测量某个端子或某条线路的电压时，应将万用表的正表等与被测的端子或线路接触；而将万用表的负表笔与搭铁线接触（图 1−9b）。
- 检查端子、触点或导线等的导通性，是指检查端子、触点或导线等是否通电而没有断开，可用万用表电阻档测量电阻值的方法进行检查。
- 在测量电阻或电压时，一般要将插接器拆开，这样就将插接器分成两部分，其中一部分称为某传感器（或执行部件）插接器；另一部分称为某传感器（或执行部件）导线束插接器或导线束一侧的某传感器（或执行部件）插接器（或插接器套）。例如，拆下喷油器上的插接器后，其中一部分称为喷油器插接器，另一部分则称为喷油器导线束插接器或导线一侧的喷油器插接器。在测量时，应弄清楚是哪一部分插接器。

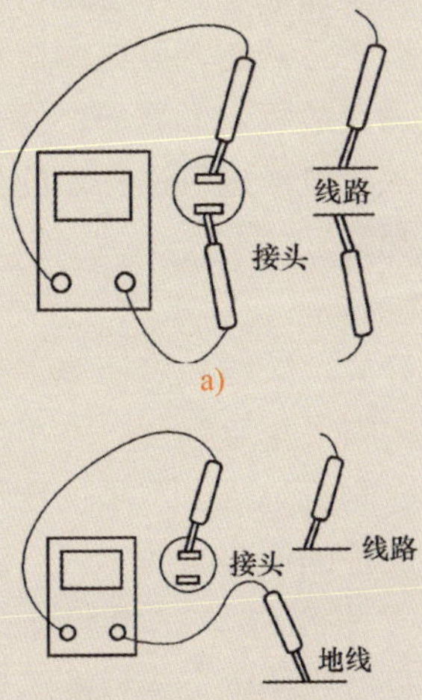

图 1-9 用万用表测量端子或线路的电压

- 所有传感器、继电器等装置都是和电脑连接的，而电脑又通过导线和执行部件连接，所以在检查故障时，可以在电脑插接器的相应端子上进行测试。

四、汽车专用示波器

要点

- 汽车专用示波器主要用来显示汽车电气控制系统中输入、输出信号的电压波形，以供维修人员根据波形分析判断汽车电器的故障。
- 示波器比一般电子设备的显示速度快，是唯一能显示瞬时波形的检测仪器，是汽车电气尤其是点火系统故障诊断中的重要设备。

汽车专用示波器如图 1-10 所示。

1. 汽车专用示波器类型

汽车专用示波器可分为模拟式示波器和数字式示波器，模拟式示波器显示速度快，但显示波形不稳定（抖动），且没有记忆功能，给故障波形的分析判断带来困难。数字式示波器由微处理器控制，由于将模拟信号转换成数字信号需要一定的时间，所以显示速度较模拟式示波器慢，但数字式示波器显示波形稳定，且具有记忆功能，可在测试结束后使故障波形重现，便于对故障波形进行进一步的分析判断。

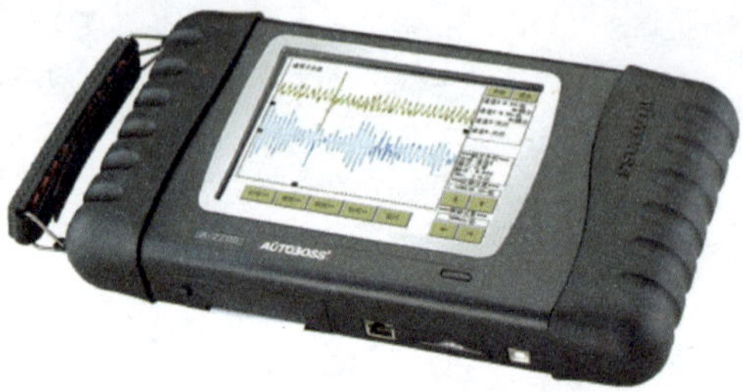

图 1-10　汽车专用示波器

模拟式示波器一般采用开关、按键和旋钮等来实现对波形垂直幅度、水平幅度、垂直位置、水平位置和亮度等的调整。数字式示波器多采用菜单式操作，只需在各级菜单上选择测试项目，无需任何设定和调整，可以直接观测波形，使用起来非常方便。

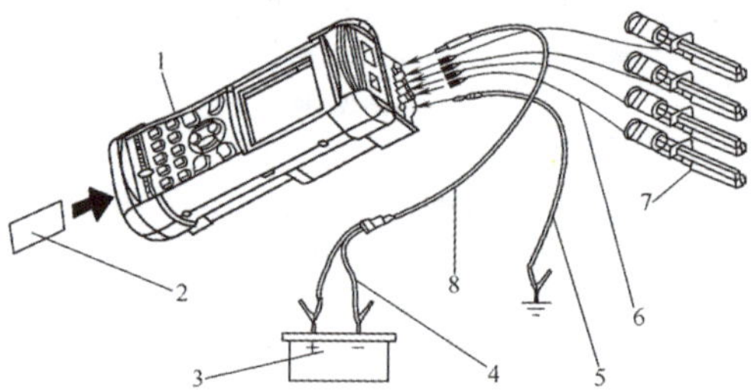

图 1-11　四通道示波器连接方法
1—主机　2—发动机分析测试卡　3—蓄电池　4—蓄电池电缆　5—搭铁电缆　6—示波器电缆　7—连接传感器　8—点烟器电缆

（1）四通道示波器（模拟式示波器）

四通道示波器可测试各种传感器、执行元件、电路和点火系统等电压波形。四通道示波器连接方法如图 1-11 所示。

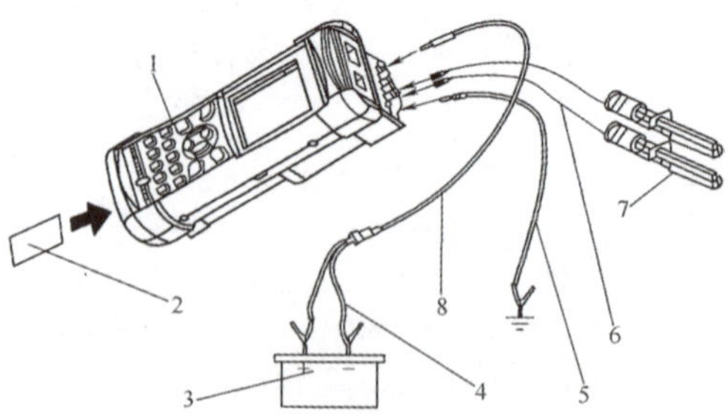

图 1-12　数字式示波器的汽车万用表连接方法
1—主机　2—发动机分析测试卡　3—蓄电池　4—蓄电池电缆　5—搭铁电缆　6—示波器电缆　7—连接被测对象　8—点烟器电缆

（2）数字式示波器

数字式示波器除了可

测试各种传感器、执行元件、电路和点火系统等电压波形外，还具有汽车万用表功能，可对测试内容进行记录、回放，能提供在线帮助，包括提供系统工作原理、测试连接方法、接线颜色等。其连接方法如图 1-12 所示，可测试电压、电阻、闭合角、喷油脉冲、喷油时间、点火电压等。有的示波器内部还存有汽车数据库和标准波形，使判断故障更为方便。

2. 使用汽车示波器的注意事项

维修提示

- 测试点火高压线时，必须使用专用的电容探头，不能将示波器探头直接接入点火次级电路。
- 使用汽车示波器时，注意远离热源，如排气歧管、催化器等，温度过高会损坏仪器。
- 汽车示波器在测试时要注意测试线尽量离开风扇叶片、传动带等转动部件。
- 路试中，不要将汽车示波器放在仪表台上方，最好是拿在手中测试。
- 用跨接线将蓄电池正极跨接到被检电器元件的电源端子上时，必须弄清被检元件规定电源电压值。若将超出电源电压值的电源直接加在电器元件上，可能导致电器元件损坏。
- 不要用跨接线将被检元件电源端子直接搭铁，以免导致电源短路。

五、点火正时灯（正时枪）

点火正时灯外形如图 1-13 所示，它既可以制成单一功能便携式，又可以和其他仪表组合成多功能综合式。其指示装置既可以是表头式、数码管式，也可以是显示屏式，带有打印功能的还可以打印输出。指示装置还应有显示瞬时转速的功能，以便在规定转速下测得点火提前角。

图 1-13　点火正时灯

要 点

- 有的点火正时灯不仅能用闪光法测出发动机的点火提前角，而且能够测出发动机的转速、触点闭合角以及电压、电阻等参数。

第三节 汽车电气系统故障诊断基本方法

一、汽车电气系统的故障类型

汽车电气系统的故障总体上可分为两种类型：一种是电器设备的故障；另一种是控制电路的故障。

（一）电器设备的故障

维修提示

● 电器设备故障是指电器设备自身丧失其原有机能，包括电器设备的机械损坏、烧毁、电子元件的击穿、老化、性能减退等。在实际使用和维修中，常常因电路故障而造成电器设备故障。电器设备故障一般是可修复的，但一些不可拆的电子设备出现故障后只能更换。

（二）控制电路的故障

维修提示

● 控制电路故障包括断路、短路、接线松脱、接触不良或绝缘不良等。

● 这一类故障有时容易出现一些假象，给故障诊断带来困难。例如，某搭铁线与车身出现接触不良，就有可能造成电器设备开关失控，电器设备工作出现混乱。这是因为有的搭铁线多为几个电器设备共用，一旦该搭铁线出现接触不良，它就把多个电器设备的工作电路联系到一起，就有可能通过其他电路找到搭铁途径，造成一个或多个电器设备工作异常。

1. 短路故障

（1）搭铁短路故障

搭铁短路故障简单示意如图1–14所示。图1–14a所示为开关和用电设备之间的导线绝缘层破损导致搭铁短路，电流没有通过用电设备而直接返回搭铁端，会导致用电设备不工作，电路中的电流升高，熔丝或其他电

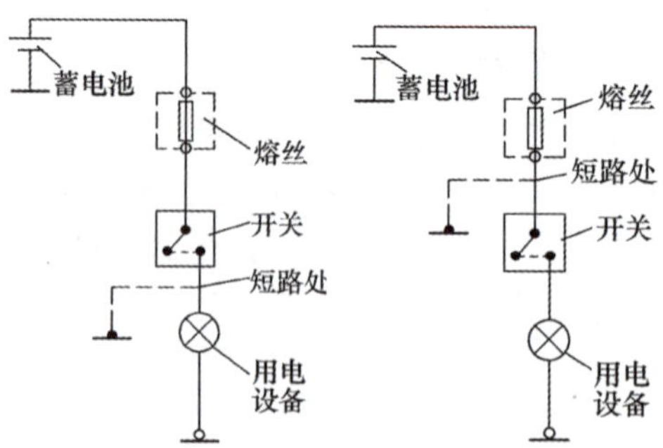

a）从开关后短路　b）从开关前短路

图1-14　搭铁短路故障简单示意

路保护装置断开。如果电路没有保护装置，还会引起线路或其他部件

要点

◎ 搭铁短路是指电路未经过负载搭铁的一种故障现象。

◎ 汽车电路中大部分搭铁短路故障是由于导线或电路元件的绝缘层破裂，并且搭铁造成的。

烧毁甚至燃烧。

另一种形式的搭铁短路故障如图 1-14b 所示，电路在用电设备和开关之前搭铁，会导致用电设备不工作并且开关无法控制电路，熔丝也会马上烧断。如果没有电路保护装置，还有可能会烧毁电源。若出现这种情况，即使更换了熔丝，接通电路后，仍然会再次烧断熔丝。

（2）与电源短路故障

与电源短路故障简单示意如图 1-15 所示。

如图 1-15a 所示，一个电路用电设备前面的导线和一个电路用电设备与开关之间的导线短接，这样会造成左边的电路失效，而右边的电路正常。如图 1-15b 所示，两个独立的支路在开关前面短路，会使两个电路都不能单独控制，任何一个开关都可以同时控制这两个电路。所以遇到短路故障，要具体情况具体分析，不能一概而论，要根据故障的详细情况，参照电路图并利用检测工具正确判断才行。

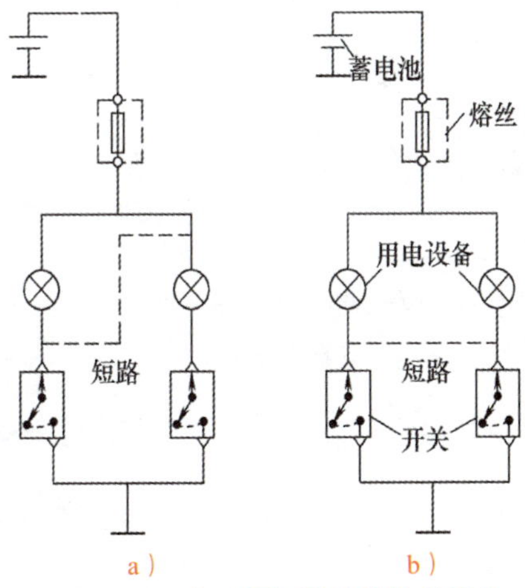

图 1-15　与电源短路故障简单示意

要点

◎ 在汽车电路故障中，还有一种短路形式是与电源短路，通常是一个电路的两个独立分支因导线绝缘层破损相互连接，一般会导致电路不能正常工作或者反应异常甚至烧毁。

2. 断路故障

要点

- 断路故障是一种不连续的、有中断的电路故障。
- 电气部件接触不良就是一种轻微的断路现象。
- 电路中的任何一部分出现问题都有可能导致断路，比如导线断裂、电路部件烧毁、插头松动等。

（1）串联电路中的断路故障

维修提示

- 如果一个串联电路中有断路故障，则会导致整个电路都不导通。
- 检测电路中断路的方法是分别测量电路中各个部件两端的电压。
- 如果某一个部件的一端有电压，而另一端没有电压，则这个部件中间肯定有断路存在。出现接触不良，它就把多个电气设备的工作电路联系到一起，就有可能通过其他电路找到搭铁途径，造成一个或多个电气设备工作异常。

举例如下：串联电路断路简单示意如图 1-16 所示，用万用表测量熔丝后的电路 a 点处有电压，为 12V；再用万用表测量开关后的电路 b 点处没有电压（电压为 0V），说明开关有故障。

（2）并联电路中的断路故障

在并联电路中出现断路故障比较复杂，如图 1-17 所示。

维修提示

- 如果在并联电路的主线路或搭铁电路中出现断路，则结果和串联电路中出现断路是一样的，整个电路都会失效。
- 如果在并联电路的某个支路中出现断路，则只有这个出现断路的支路受到影响，其他支路还可以正常导通。

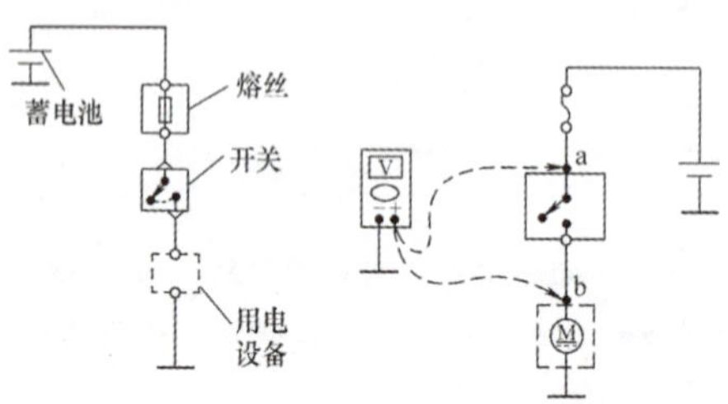

a）串联电路　　b）串联电路断路检测方法

图 1-16 串联电路断路简单示意图

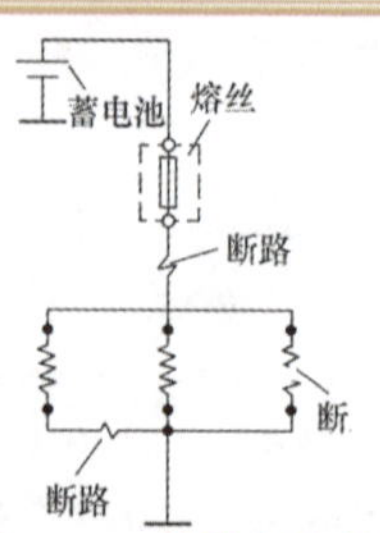

图 1-17 并联电路断路简单示意图

3. 高电阻（高阻抗）

维修提示

● 高电阻现象在汽车电路中经常出现，高电阻会引起整个电路或某个器件断断续续的导通，或者电路中电流过低。例如灯泡闪烁或者亮度降低，就有可能是高电阻引起的。电路连接不好，松动或者插头不干净都有可能引起高电阻问题。

● 由于汽车的工作环境比较恶劣，如高速、高温、寒冷、颠簸、腐蚀等都会引起电路故障，所以在日常行车过程中要经常检查和注意保养电气系统。如果发现电器部件有异常或导线破裂、扭结、松动等，一定要及时检修。

二、汽车电气系统故障诊断流程与要点

1. 汽车电气系统故障诊断流程

汽车电气系统故障诊断一般流程如图1-18所示。

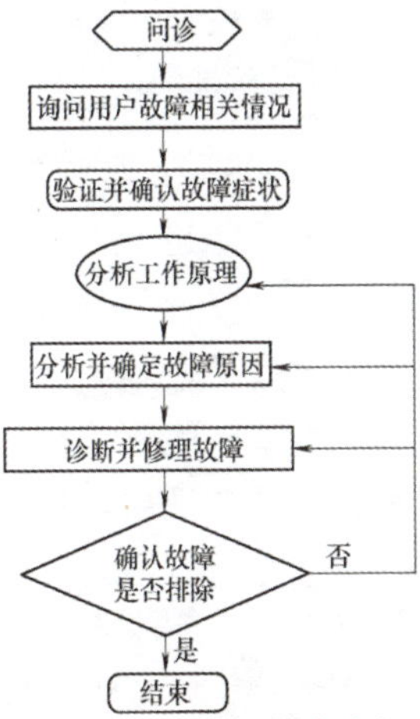

图 1-18　汽车电器故障诊断一般流程

要点

● 现代汽车是由许多零件组成的复杂的系统，当汽车电气系统出现故障时，不仅故障的种类是多种多样的，而且故障的原因和部位也是多种多样的，既可能是一般的机械故障，又可能是电气控制系统的故障。因此，在对汽车电气系统进行检修时，要按照一定的基本原则和维修工艺进行，否则，不但会浪费大量的时间，而且还有可能“旧病未除又添新病”。

● 从原则上讲，要诊断和排除一个汽车电气系统故障，首先要认真与用户了解故障现象，确认故障症状，然后通过系统或部件的工作原理分析引起故障的各种原因，最后进行具体的故障诊断，直至排除故障。

● 另外，现代汽车上微型计算机控制系统越来越多，利用故障诊断仪读取故障码和数据流进行故障诊断非常快捷，能有效地缩小故障范围，甚至能直接完成故障定位。因此对于微型计算机控制系统故障或相关故障，注意故障诊断仪的优先采用。

2. 汽车电气系统故障检修注意事项

维修提示

- 拆卸和安装电气元件时，应切断电源。
- 更换熔丝时，一定要与原规格相同，切勿用导线替代。
- 正确拆卸导线插接器（插头与插座）。为了防止插接器在汽车行驶中脱开，所有的插接器均采用了闭锁装置。要拆开插接器时，首先要解除闭锁，然后把插接器脱开，不允许在未解除闭锁的情况下用力拉导线，否则会损坏闭锁或连接导线。
- 在检修传统汽车电路故障时，往往采用“试火”的办法逐一判断故障部位。但在装有电子设备的汽车上，不允许使用这种方法，否则会给某些电路和电子元件造成意想不到的损害。
- 在发动机工作时，不要拆下蓄电池接线。
- 不允许使用万用表的 R×100Ω 以下低阻档检测小功率晶体管，以免电流过载损坏晶体管。

三、汽车电气系统故障诊断常用方法

为了能迅速准确地诊断汽车电气的故障，下面介绍几种常用的诊断方法。

1. 直观诊断法

汽车电气系统发生故障时，有时会出现冒烟、火花、异响、焦臭、发热等异常现象。这些现象可通过人的眼、耳、鼻、身感觉到，从而可以直接判断出故障所在部位。

要点

- 例如，在汽车行驶过程中，突然发现转向信号灯与转向指示灯均不亮，用手一摸，发现闪光器发热烫手，说明闪光器已被烧坏。

2. 断路法

汽车电路设备发生搭铁（短路）故障时，可用断路法判断。将怀疑有搭铁故障的电路段断路后，根据电气设备中搭铁故障是否还存在，进而判断电路搭铁的部位和原因。

要点

- 例如，在汽车行驶时，听到电喇叭长鸣，则可以将继电器“按钮”接线柱上的导线拆开，此时如果喇叭停鸣，则说明喇叭按钮至继电器这段电路中有搭铁现象。

3. 短路法

汽车电路中出现断路故障，还可以用短路法判断。将怀疑有断路故障的电路短接，观察仪表指针变化或电气设备工作状况，从而判断出该电路中是否存在断路故障。

要点

◎ 例如，怀疑汽车电路中的各种开关有故障，可用导线将开关短接来判断开关是好是坏。

4. 试灯法

试灯法就是用一只小功率汽车用灯泡作为试灯，检查电路中有无断路故障。

要点

◎ 例如，用试灯的一端和交流发电机的“电枢”接线柱连接，另一端搭铁。如果灯不亮，说明蓄电池至交流发电机“电枢”接线柱间有断路现象；若灯亮，说明该段电路良好。

5. 仪表法

观察汽车仪表板上的电流表、冷却液温度表、燃油表、机油压力表等指示情况，判断电路中有无故障。

要点

◎ 例如，发动机冷态，接通点火开关时，冷却液温度表指示满刻度位置不动，说明冷却液温度表传感器有故障或该电路有搭铁。

6. 高压试火法

对高压电路进行搭铁试火，观察电火花状况，判断点火系统的工作情况。具体方法是，取下点火线圈或火花塞上的高压导线，将其对准火花塞或缸盖等，距离约 5mm，然后接通起动开关，转动发动机，看其跳火情况。

要点

◎ 如果火花强烈，呈天蓝色，且跳火声较大，则表明点火系统工作基本正常；否则说明点火系统工作不正常。

7. 低压搭铁试火法

低压搭铁试火法是指拆下用电设备接线的某一线端对汽车的金属部分（搭铁）碰试，根据产生的火花来判断故障。这种方法比较简单，是汽车电工经常使用的方法。搭铁试火法可分为直接搭铁和间接搭铁两种。

要点

- 所谓直接搭铁，是指未经过负载而直接搭铁产生强烈的火花。例如，我们要判断点火线圈至蓄电池一段电路是否有故障，可拆下点火线圈上连接点火开关的线头，在汽车车身或车架上刮碰，如果有强烈的火花，说明该电路正常；如果无火花产生，说明该段电路出现了断路。
- 间接搭铁是将汽车电器的某一负载搭铁，根据产生的微弱火花来判断电路或负载是否有故障。例如，将传统点火系统断电器连接线搭铁（回路经过点火线圈初级绕组），如果有火花，说明这段电路正常；如果无火花，则说明电路有断路。

8. 模拟法

模拟法就是通过模拟电路故障发生时的环境和条件，使暂时消失的故障显现出来，进而确定故障点的诊断方法。

要点

- 在汽车电路维修实践中，经常会遇到一些不稳定的间歇性故障，故障出现没有规律，时有时无。对于这类故障，可以采用模拟法进行诊断。
- 常用的模拟诊断方法有振动模拟（图 1-19）、热敏感模拟（图 1-20）、冷冻模拟（图 1-21）、水淋模拟（图 1-22）、电负荷模拟等。在汽车电路故障诊断中灵活、熟练地运用这些方法，往往可以事半功倍。

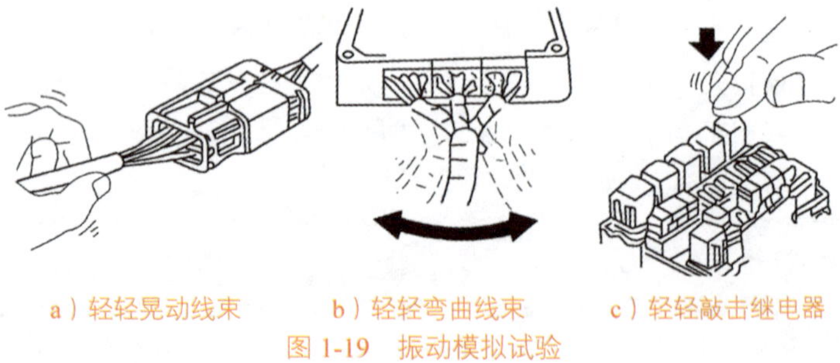

a）轻轻晃动线束　b）轻轻弯曲线束　c）轻轻敲击继电器

图 1-19　振动模拟试验

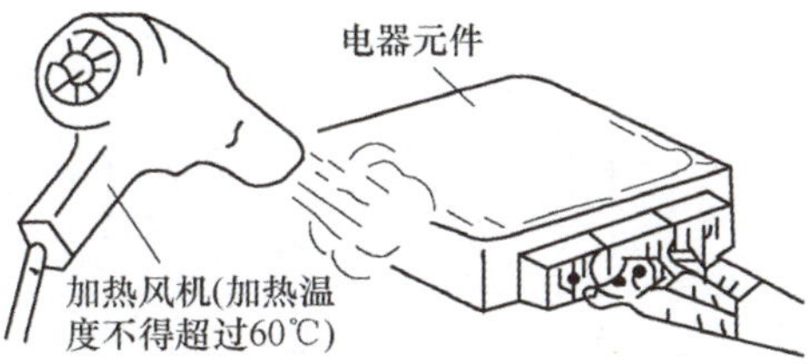

图 1-20　热敏感模拟试验

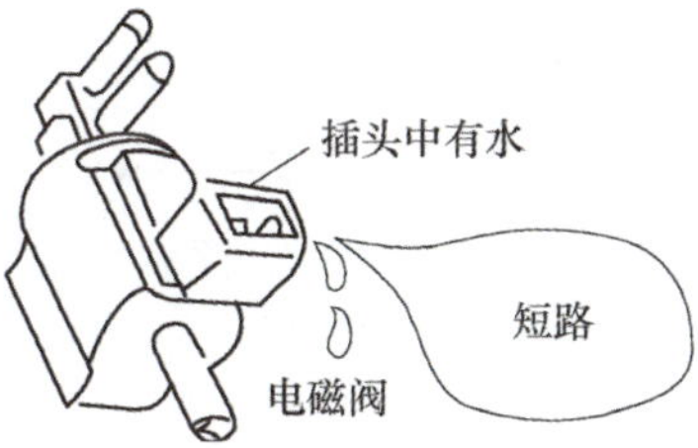

图 1-21　冷冻模拟试验

9. 专用检测仪器法

随着汽车电器设备的日趋复杂，在维修中，特别是维修电子设备装置较多的车辆，使用一些专用的检测仪器是十分必要的。

图 1-22　水淋模拟试验

四、基本检查方法

（一）用测试灯检查电路

1. 测试灯查找短路位置

如果熔丝已熔断，说明已发生过短路，这时可用测试灯进行检查。

要点

- 如图 1-23 所示，首先将开关打开，拆下熔断的熔丝，并将测试灯跨接到熔丝端子上，观察测试灯是否点亮。如果测试灯亮，说明熔丝盒与开关之间出现短路，应修理熔丝盒与开关之间的线束。
- 如果测试灯不亮，再将开关闭合，并断开前照灯插接器，观察测试灯是否亮。如果灯亮，说明开关与插接器之间出现短路，应修理开关与插接器之间的线束。如果灯不亮，说明插接器与前照灯之间出现短路。修理前照灯与插接器之间的线束。

2. 用自备电源测试灯检查开关导通性

要点

- 用自备电源测试灯检查开关导通性时，接线方法如图 1-24 所示。
- 当开关打开时测试灯应不亮，当开关闭合时测试灯应亮，否则开关有故障。

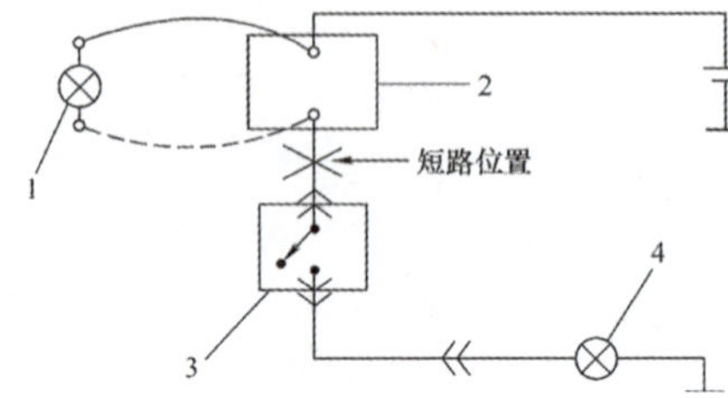

图 1-23 短路位置的检查
1—测试灯 2—熔丝 3—开关 4—前照灯

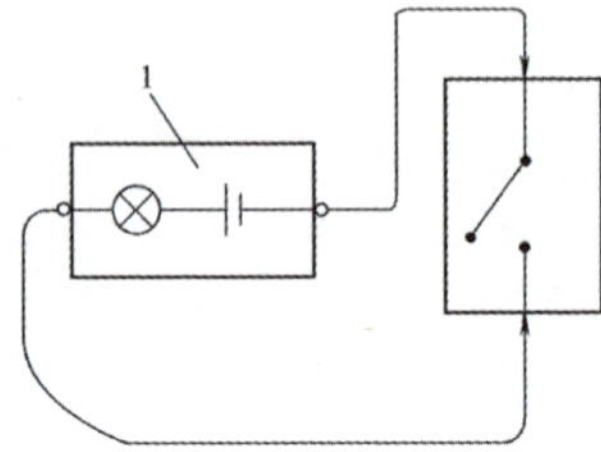

图 1-24 检查开关导通性
1—自备电源测试灯 2—开关

3. 测试灯查找断路位置

要点

◎ 将测试灯的一根引线搭铁，另一根引线连接到开关插接器电源侧端子上，即图 1−25 中 a 点位置，测试灯应点亮。

◎ 然后将测试灯连接到电动机插接器上，即图 1−25 中 b 点位置，若将开关打开，测试灯不应点亮。

◎ 若将开关闭合，测试灯应点亮，否则开关及开关到电动机插接器之间的线路断路。

（二）用跨接线检查电路

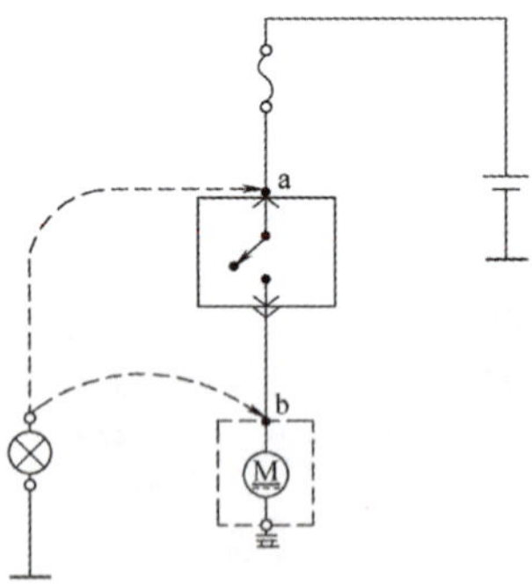

图 1-25 测试灯检查断路位置

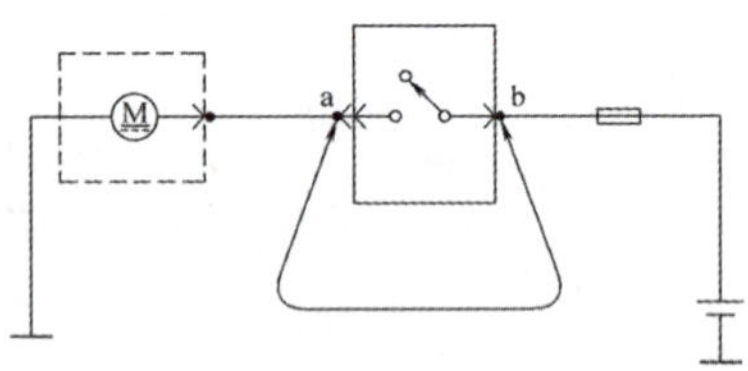

图 1-26 跨接线法检查断路

要点

◎ 当怀疑某条线路断路时，如图 1−26 中的开关故障，用跨接线将开关的 a、b 两端短接，若电动机工作，即可断定开关断路。

（三）线束插接器的检测

1. 防水插接器的检测

当对防水插接器的导通性及电压进行测试时，要求使用专用工具，如图 1-27 所示，以免引起插接器接触不良或防水性能降低。千万不要用背测探针检测防水插接器，否则会引起端子腐蚀，使电路性能下降。

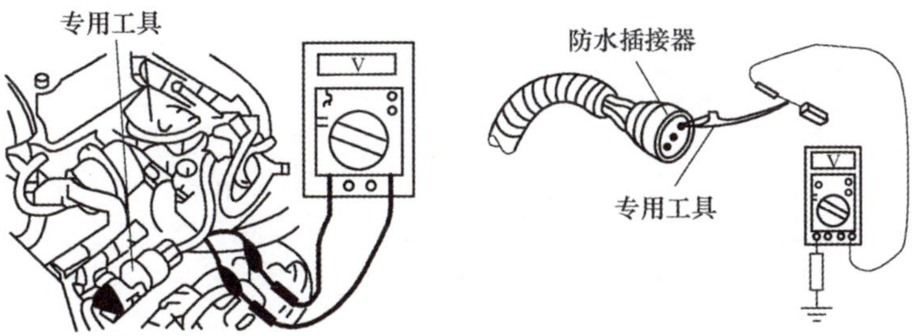

图 1-27　防水插接器的检测

维修提示

◎ 如果断开插接器检测，面对的部分是插孔一侧，要选用合适的探针，且接触端子时力量不要太大，探针不要同时接触两个或多个端子，否则可能损坏电路，引起电气火灾。

◎ 如果面对的部分是插针一侧，在检测某一个端子时，不要将探针碰到其他端子。

◎ 若需要拉动线束时，应小心轻拉，不要让端子脱离插接器。

◎ 当发现插接器端子结合不良时，可以拆下插接器座上的端子，拔出导电片，再维修插接器端子。

◎ 在检查防水型插接器导线时，应小心取下皮套，如图 1–28a 所示。

◎ 用万用表测试表笔插入插接器检查时，不可对端子用力过大。要小心不要将导线刺透、刺断，也不要碰到其他端子的导线，如图 1–28b 所示。

◎ 检测时，测试表笔可以从带有配线的后端插入，如图 1–29a，也可以从没有配线的前端插入，如图 1–29b 所示。

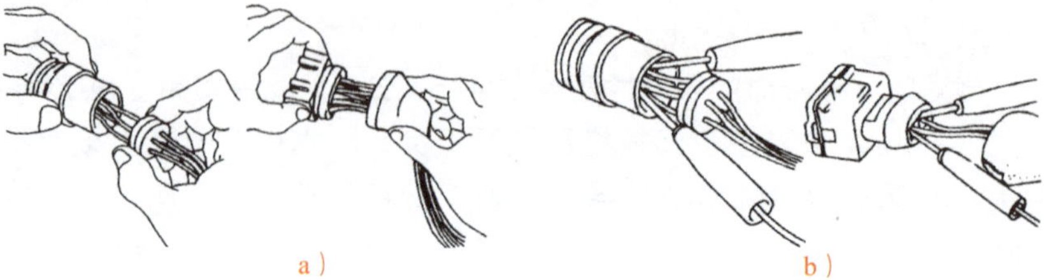

图 1-28　检查防水型连接器

2. 插接器端的拆解

维修提示

● 压下闭锁装置，将插接器拉开。在没将闭锁装置压下以前，千万不要用力拉导线，以免损坏插接器及导线。

● 将 1. 4mm 宽的螺钉旋具插入插接器，用螺钉旋具稍微抬起座内导电片，并拉出端子，如图 1-30 所示。

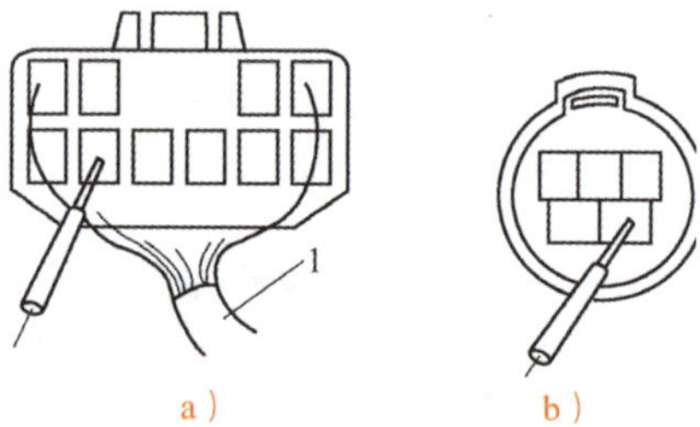

图 1-29　表笔插入连接器

1—配线

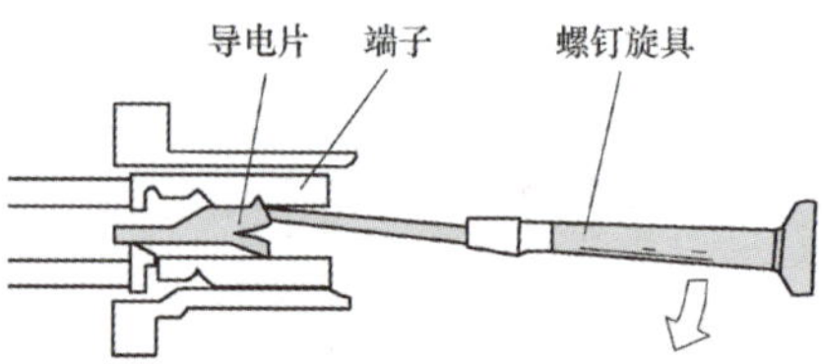

图 1-30　插接器端的拆解方法

第二章　蓄电池

HAPTER 2

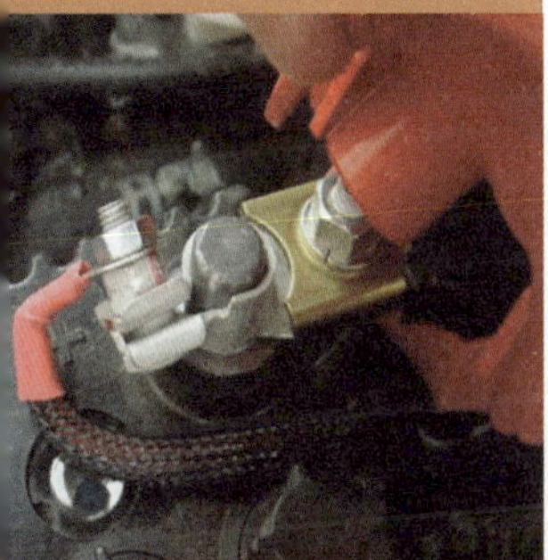

第一节 认识蓄电池

一、蓄电池的功用

蓄电池（俗称“电瓶”），是汽车上的两个电源之一，在汽车上与发电机并联，共同向用电设备供电。蓄电池在车上的安装位置如图2-1所示。

图 2-1　蓄电池在车上的安装位置

蓄电池是一种既能将化学能转换为电能的装置，也能将电能转化为化学能的可逆低压直流电源：当蓄电池放电时，将其储存的化学能转换为电能；当蓄电池充电时，将电能转换为化学能储存起来，直到化学能储存满时充电结束。汽车上蓄电池的功用如下：

> **要点**
>
> ● 在发动机起动时，向起动机和点火系统供电。
>
> ● 在发电机不发电或电压较低的情况下向用电设备供电。

- 当发电机超载时，协助发电机供电。
- 蓄电池存电不足，而发电机负载又较少时，它可将发电机的电能转变为化学能储存起来（即充电）。
- 过载保护。蓄电池相当于一个大容量电容器，在发电机转速和负载发生比较大的变化时，能够保持汽车电气系统电压的相对稳定。同时，还可吸收发电机产生的瞬间过电压，保护汽车电子元件不被损坏，所以，发电机不允许脱开蓄电池运转。

二、蓄电池的种类与特点

汽车上所使用的蓄电池主要是为了满足起动发动机的需要，所以，通常称为起动型蓄电池。起动型蓄电池在短时间内可提供强大的起动电流（一般为 200 ~ 600A，最大可达 1000A）。

根据电解液的不同，起动型蓄电池的分类与特点见表 2-1。

表 2-1 蓄电池的分类与特点

<table>
<tr><th colspan="2">分类</th><th colspan="2">特点</th></tr>
<tr><td rowspan="4">铅酸蓄电池</td><td>普通铅酸电池</td><td>新蓄电池内没有电解液，极板不带电，使用前需加注规定量的电解液并进行初充电。在使用过程中需要定期维护</td><td rowspan="4">铅酸蓄电池结构简单，内阻小，起动性能好，价格低廉，所以在汽车上广泛采用</td></tr>
<tr><td>干荷电蓄电池</td><td>又称干式荷电蓄电池，新蓄电池内没有电解液，极板处于干燥且已充电的状态下。如需使用，只要在规定的保存期内（一般为两年）加入规定量的电解液，静置 30min 后即可使用（无需初充电）。在使用过程中需要定期维护</td></tr>
<tr><td>湿荷电蓄电池</td><td>又称湿式荷电蓄电池，新蓄电池内有少量电解液，极板处于已充电的状态下。如需使用，只要在规定的保存期内（一般为两年）加入规定量的电解液，静置 30min 后即可使用（无需初充电）。在使用过程中需要定期维护</td></tr>
<tr><td>免维护蓄电池</td><td>在有效使用期（一般为 4 年）内，无需检查电解液液面高度、不需要添加蒸馏水、无需清理极桩等维护工作</td></tr>
<tr><td rowspan="2">镍碱蓄电池</td><td>铁镍 T 蓄电池</td><td colspan="2" rowspan="2">镍碱蓄电池具有容量大、使用寿命长、维护简单等优点，但其价格昂贵，目前只在少数汽车上使用</td></tr>
<tr><td>镉镍蓄电池</td></tr>
</table>

目前，世界各国正在不断探索和研制电动汽车，其主要的动力源为新型高能蓄电池。电动汽车新型高能蓄电池具有无污染、比容量大、充放电性能好、使用寿命长等优点，但结构复杂、成本高。

三、蓄电池的结构

蓄电池由多个单格电池组成，每个单格电池由正负极板、隔板、电解液和壳体等组成，解剖的蓄电池实物如图 2-2 所示，蓄电池构造如图 2-3 所示。蓄电池壳体一般分为 3 格、6 格或 12 格等，每格均填充电解液，正负极板浸入电解液中成为单格电池。每个单格电池的标准电压为 2.06V，因此，3 个单格电池串联在一起成为 6V 蓄电池，6 个单格电池串联在一起成为 12V 蓄电池。

图 2-2　解剖的蓄电池实物

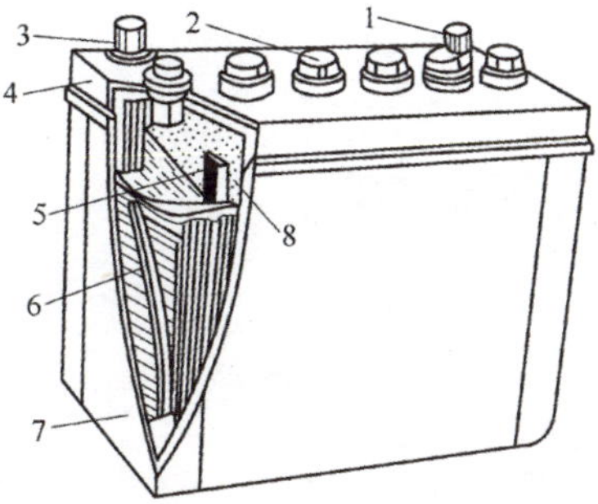

图 2-3　蓄电池构造

1—负极柱　2—带通气孔的加液口盖　3—正极柱　4—密封盖　5—内穿壁式连接条　6—隔板　7—外壳　8—单格隔壁

（1）正、负极板

蓄电池正、负极板实物如图 2-4 所示。正、负极板组结构如图 2-5 所示。

要点

- 正、负极板均由板栅涂敷工作物质而成，因工作物质成分不同而分成正极板和负极板。
- 对于充足电的蓄电池来说，正极板上的工作物质为二氧化铅 (PbO_2)，呈深棕色；负极板上的工作物质为海绵状纯铅 (Pb)，呈青灰色。
- 为增大蓄电池的容量，将多片正、负极板分别并联焊接，组成正、负极板组。横板上联有极柱，各片间留有空隙。
- 安装时正负极板相互嵌合，中间插入隔板。
- 由于正极板的机械强度差，所以，在每个单体电池中，负极板的数量总比正极板多一片，这样正极板都处于负极板之间，使其两侧放电均匀，不致造成正极板拱曲变形。

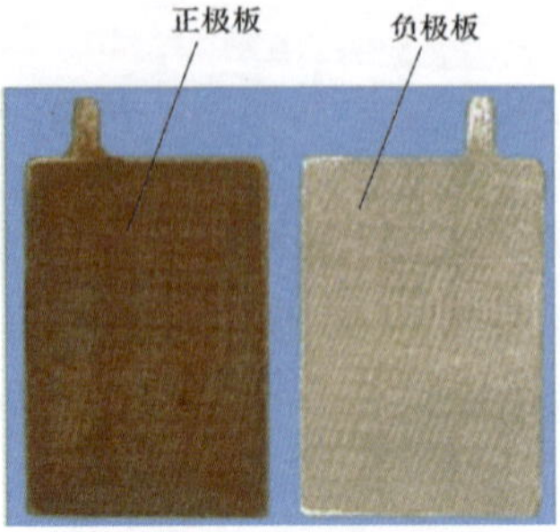

图 2-4　蓄电池极板

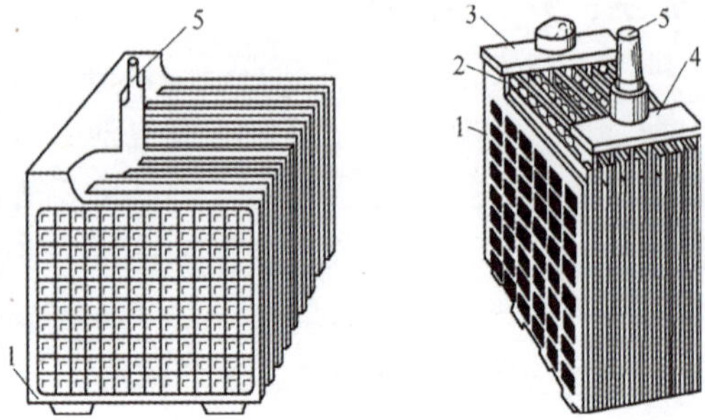

a）极板组　　极板组总成　　b）

图 2-5　正、负极板组

1—极板　2—隔板　3、4—横板　5—极桩

（2）隔板

要点

● 为了减小蓄电池的内阻和尺寸，蓄电池内部正负极板应尽可能地靠近，但为了避免彼此接触而短路，正、负极板之间要用隔板隔开。

● 隔板材料应具有多孔性和渗透性，且化学性能要稳定，即具有良好的耐酸性和抗氧化性。

● 常用的隔板材料有木质隔板、微孔橡胶、微孔塑料、玻璃纤维和纸板等。性能要稳定，即具有良好的耐酸性和抗氧化性。

● 常用的隔板材料有木质隔板、微孔橡胶、微孔塑料、玻璃纤维和纸板等。

（3）壳体

要点

● 蓄电池的壳体是用来盛放电解液和极板组的，应由耐酸、耐热、耐振、绝缘性好并且有一机械强度的材料制成。

● 早期生产的起动型蓄电池大都采用硬橡胶壳体，近年来随着工程塑料的迅速发展，大都采用聚丙烯塑料壳体。

● 壳体为整体式结构，壳体内部由间壁分隔成 3 个或 6 个互不相通的单格，底部有突起的肋条以搁置极板组。

● 另外，壳体上有两个极桩，如图 2-6 所示。

（4）电解液

要点

● 电解液在电能和化学能的转换过程即充电和放电的电化学反应中起离子间的导电作用并参与化学反应。

◎ 它由密度为 1.84g/cm³ 纯硫酸和蒸馏水按一定比例配制而成，密度一般为 1.24 ~ 1.30g/cm³。

◎ 配制电解液必须使用耐酸的器皿，切记只能将硫酸慢慢地倒入蒸馏水中并不断搅拌。

（5）加液孔盖

由于每个单格内电解液是不相通的，因此每单格均有各自的加液口，这 6 个加液口位于整体式上盖上。加液口由加液孔盖封闭，其上部有通气孔，如图 2-7 所示。

图 2-6　蓄电池极桩（正）

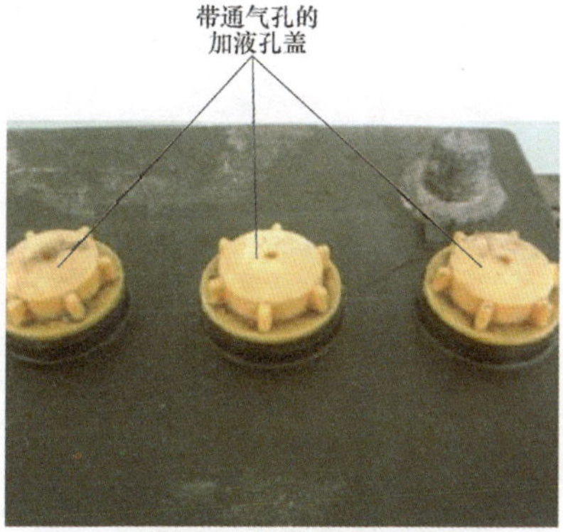

图 2-7　加液孔盖

第二节 如何检查蓄电池

一、拆装蓄电池

1. 蓄电池的拆卸

要点

◎ 在拆卸蓄电池之前，应检查音响的防盗密码并做好记录，以备安装蓄电池后使用。

◎ 从点火开关处取下车钥匙，先将蓄电池搭铁线（极桩处一般标注“—”号）拆下，再将蓄电池正极桩（极桩处一般标注“+”号）端子上的导线拆下，如图 2-8 所示。

◎ 如图 2-9 所示，取下蓄电池固定座上的固定压杆，取出蓄电池。

图 2-8　拆下蓄电池导线

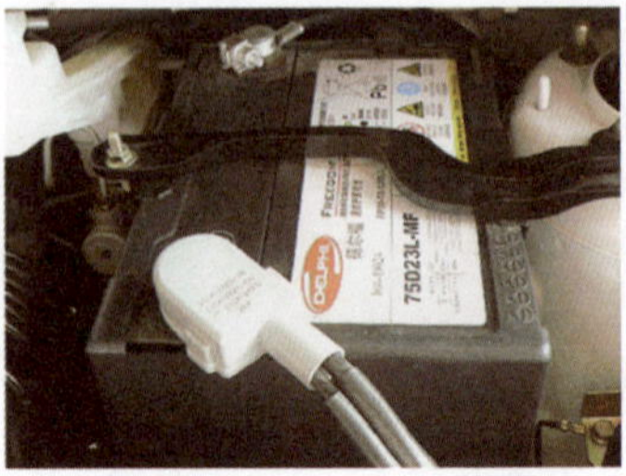

图 2-9　取下蓄电池固定座上的固定压杆

2. 蓄电池的安装

蓄电池的安装可按与拆卸的相反顺序进行，同时应注意以下事项。

要点

- 蓄电池一定要安装牢固。如蓄电池未装牢固，蓄电池振动会影响其使用寿命；如固定不当，会损坏蓄电池栅板和蓄电池壳体，造成蓄电池电解液流出，使蓄电池报废。
- 一定要先安装并固定好蓄电池正极导线，然后再安装蓄电池负极导线。
- 蓄电池正、负极一定不能接反，否则，将会造成汽车电子部件损坏。

二、蓄电池的检测

1. 蓄电池外壳的检查

蓄电池外壳出现裂纹，除了用肉眼观察之外，还可用以下方法检查。

要点

- 将蓄电池壳注满电解液，然后搁置 24h，察看其有无渗漏痕迹。
- 将蓄电池加注稀硫酸溶液（密度为 1.1g/cm^3）至离蓄电池外壳上边缘 2mm，然后将蓄电池放入充满相同相对密度的稀硫酸溶液的容器中，并使蓄电池壳内与容器中的液面高度一样。将一个电极与电源相连，另一个电极与电压表相连，此时若电压表指针发生偏转，即表明外壳有渗漏，反之说明其外壳完好。还可用相同方法检查蓄电池相邻单格之间的隔板是否完好。

2. 蓄电池电压降的检测

在检查蓄电池工作性能的时候，可以通过检测蓄电池电压降的方法进行判断。

要点

- 检测蓄电池电压降时，可用万用表分别测量蓄电池正、负电极极桩与对应导线间的电压降，测得的电压降应不大于0.5V（理想状态为0V）。
- 如果电压大于0.5V，说明蓄电池极桩与对应的导线之间的电阻过大，原因是极桩与导线接触不良（不紧固或有氧化物析出），应清理蓄电池极桩（蓄电池极桩上的氧化物如图2-10所示），并重新紧固蓄电池导线。

3. 免维护蓄电池工作状况的检查

免维护蓄电池的上面都设有观察窗（观察窗的位置如图2-11所示），可以直接通过观察窗观察孔中的颜色，来确认蓄电池的工作状况，如图2-12所示。

图2-10　蓄电池极桩上的氧化物

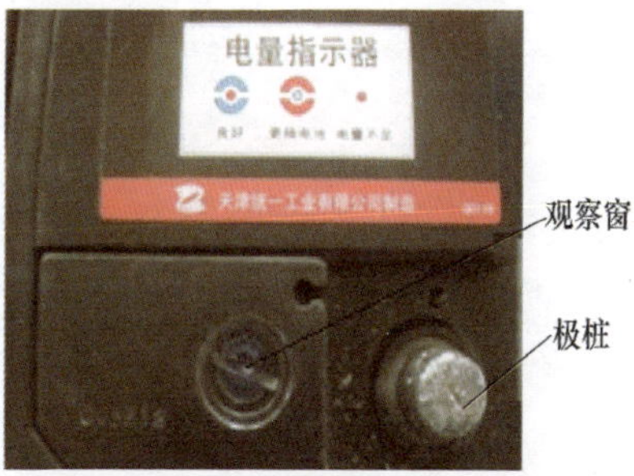

图2-11　蓄电池上观察窗的位置

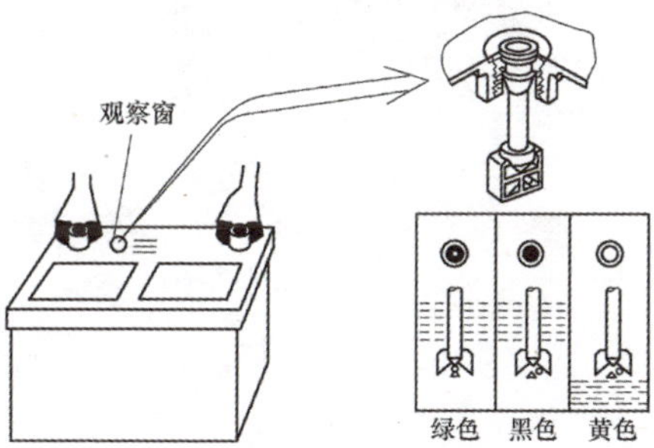

图2-12 从观察窗检查蓄电池工作状况

要点

- 绿色，表示蓄电池的技术状况良好。
- 黑色，表示电解液密度偏低，应对蓄电池进行补充充电。
- 黄色，表示电解液液面过低，蓄电池已不能继续使用。

4. 电解液液面高度的检查

（1）透明壳体的蓄电池

可以观察到蓄电池内电解液液面与上、下刻度线的关系，如图

2-13 所示。标准值应在上、下刻度线之间。若液面过低，一般情况下可以直接加入蒸馏水。

（2）有加液口的蓄电池

液面高度可用玻璃管测量，如图 2-14 所示。电解液液面应高出极板 10 ~ 15mm，电解液不足时应加注蒸馏水。

维修提示

◎ 注意：除非确知液面降低是由于电解液溅出所致，否则一般不允许加入硫酸溶液。

图 2-13 电解液液面高度刻线

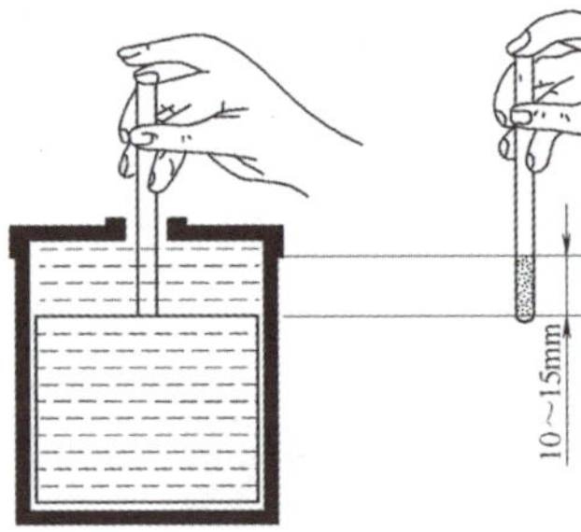

图 2-14 用玻璃管测量电解液液面高度

5. 电解液相对密度和温度的测量

电解液的相对密度用吸式密度计测定，如图 2-15 所示，先用密度计吸入电解液，使密度计浮子浮起，电解液液面所在的刻度即为相对密度值。

维修提示

◎ 注意：在测量密度时，应同时测量电解液温度，并将测得的电解液相对密度值转换到 25℃进行修正。

根据实际经验，相对密度每减小 0.01；相当于蓄电池放电 6％，所以从测得的电解液相对

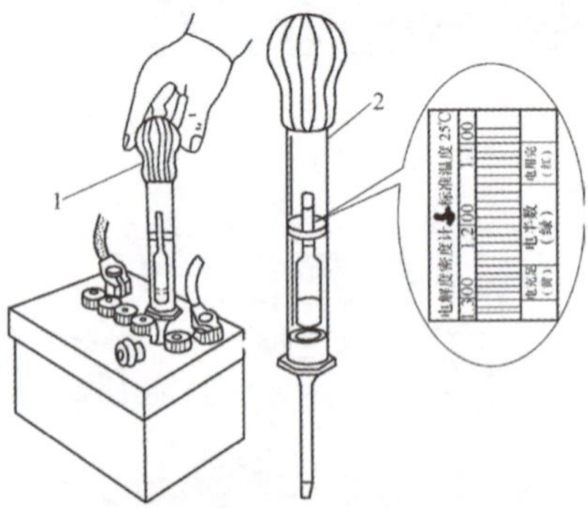

图 2-15 测量电解液的相对密度和温度
1—密度计 2—温度计

密度就可以粗略估算出蓄电池的放电程度。

维修提示

● 注意：在强电流放电和加注蒸馏水后，由于电解液混合不匀，不应立即测量电解液相对密度。

6. 用高率放电计测量放电电压

高率放电计由一个 3V 电压表和一个定值负载电阻组成。高率放电计是模拟接入起动机负荷，测量蓄电池在大电流（接近起动机起动电流）放电时的端电压，用以判断蓄电池的放电程度和起动能力。

如图 2-16 所示，测量时应将两叉尖紧压在单体电池的正、负极柱上，历时 5s 左右，观察大负荷放电情况下蓄电池所能保持的端电压。一般技术状况良好的蓄电池，用高率放电计测量时，单体蓄电池电压应在 1.5V 以上，并在 5s 内保持稳定。如果 5s 内电压迅速下降，或某一单体电池的电压比其他单体电池低 0.1V 以上时，表示该单体电池有故障，应进行修理。

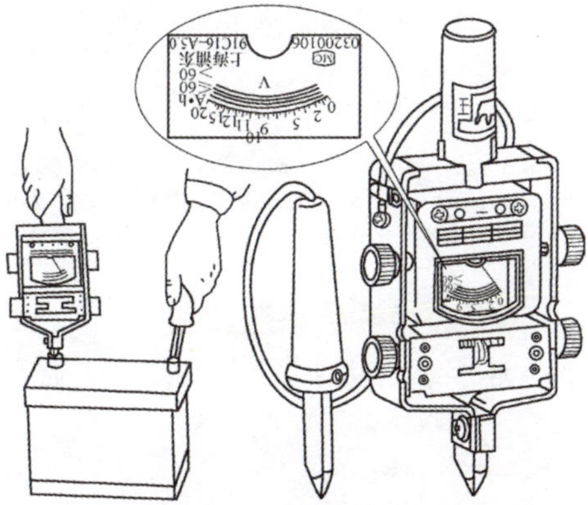

图 2-16 用高率放电计测量蓄电池的起动性能

注意：不同厂牌的放电计，负荷电阻值不同，放电电流和电压表读数也就不同。使用时应参照原厂说明书的规定。

三、蓄电池的使用与维护

1. 蓄电池的日常维护

为了使蓄电池经常处于完好状态，延长其使用寿命，对使用中的蓄电池需进行下列维护工作。

要点

- 观察蓄电池外壳表面有无电解液漏出。
- 检查蓄电池在车上安装是否牢靠，导线接头与电桩的连接是否紧固。
- 经常清除蓄电池盖上的灰尘泥土，擦去电池顶上的电液，透通加液孔盖上的气孔，清除包桩和导线接头上的氧化物。
- 定期检查和调整电解液的相对密度及液面高度。
- 经常检查蓄电池放电程度，超过规定时立即充电。

2. 蓄电池储存

暂不使用的蓄电池，进行湿储存的方法是先将电池充足电，相对密度达 1.285，液面至正常高度，密封加液塞通气孔后放置室内暗处。储存的时间不宜超过 6 个月，其间应定期检查电解液相对密度和用高率放电计检查容量，如低于 25% 应立即充电。交付使用前也要先充足电。

要点

- 存放期长的蓄电池，最好以干储法储存。先将电池以 20 h 放电率完全放电，倒出电解液，用蒸馏水多次冲洗至水中无酸性，倒尽水滴，晾干后旋紧加液塞后密封储存。使用前的准备和新电池相同。

3. 蓄电池极性的识别

连接或充电时需要正确判断蓄电池正、负极桩的极性，具体方法如下。

要点

- 蓄电池的极桩上一般都标有“+”、“−”记号，或正极桩上涂红色。
- 观察极柱的颜色，使用过的蓄电池正极柱呈深棕色，负极桩呈淡灰色。
- 用直流电压表接蓄电池的两极，按照指针偏摆方向判断其正负极。
- 利用电解液进行识别，将蓄电池的两极接上导线，分别插入电解液中(不要使两导线相碰)导线周围产生气泡多的为负极。

4. 蓄电池使用时的注意事项

维修提示

- 汽车使用时，发动机每次起动时间不能超过 5s，两次起动间隔时间必须在 15s 以上。
- 经常检查蓄电池的安装是否牢靠，起动电缆线与极桩的连接是否紧固，检查电缆线的线夹与极桩上是否有氧化物，若有应及时清除。

● 经常检查蓄电池盖表面是否清洁，及时清除盖上的灰尘、电解液等脏物，保持加液孔盖上的气孔畅通。

● 定期检查电解液的液面高度，当液面降低到一定程度时，应及时补加电解液。

● 定期对蓄电池进行补充充电，以保证蓄电池始终保持充足电的状态。

● 经常检查蓄电池的放电程度，超过规定时应立即进行补充充电。

● 冬季要加强蓄电池的充电检查，以防电解液结冰。

5. 蓄电池维护作业内容

(1) 蓄电池的加液方法

初次使用的蓄电池，加液作业应该按照使用地区温度条件加注适当密度的电解液。不同的地区温度条件加注电解液的标准见表2-2。

表 2-2 电解液密度标准

地区气候条件	完全充足电的蓄电池在温度为 25℃时电解液的密度 (g/cm³)	
	冬季	夏季
冬季温度低于 -40℃的地区	1.30	1.26
冬季温度高于 -40℃的地区	1.28	1.25
冬季温度高于 -30℃的地区	1.27	1.24
冬季温度高于 -20℃的地区	1.26	1.23
冬季温度高于 0℃的地区	1.24	1.23

在加注电解液作业时应注意以下几个问题

维修提示

● 需要调整电解液密度时，绝对禁止将蒸馏水倒入硫酸中，以免发生爆溅造成烧伤事故。

● 操作人员必须佩戴防护镜、橡胶防酸手套，穿着塑料围裙和高筒胶鞋，以防烧伤。

● 如有硫酸溅到皮肤和衣服上时，应立即用 10%的碳酸钠水溶液中和，然后用清水冲洗。

● 配制电解液时，因硫酸稀释放热，使电解液温度升高，因此配制好的电解液须待其冷却到 35℃以下时，方可注入蓄电池内。

● 大容量的蓄电池初次加注电解液时，内部会产生较高的温度，当外壳温度高于 50℃时，应该采取将其放置在冷水槽中降温的措施。

● 蓄电池加注电解液后需要静置 30min 后才能使用。

(2) 蓄电池的补液方法

蓄电池的补液维护作业是在清洁和检测作业后进行的。其方法是直接将专用蓄电池补液（蒸馏水）加入到蓄电池内部，满足液面高度要求即可。

维修提示

● 禁止使用不符合要求的水作为补液加注，也不可以加注电解液替代蒸馏水。

(3) 电解液密度的调整方法

对于经常使用的蓄电池，在维护作业时，如果单格电解液密度有明显不同时，应该进行密度调整，以防止放电内阻的变化影响蓄电池正常工作。

要点

● 在完成补充充电作业后，检查电解液密度，对于不符合规定值的单格，用吸液器抽出部分电解液，后根据具体情况补充蒸馏水或者高密度电解液，直至符合规定值。

● 调整完电解液密度之后，对蓄电池进行放电作业，待它放电终止后，按照规范进行补充充电作业。

四、蓄电池的充电

蓄电池的充电作业方法通常有恒压充电、恒流充电和脉冲快速充电三种，目前比较流行的充电方法是脉冲快速充电。蓄电池的充电作业根据使用情况，分初充电和补充充电两种工艺过程。

1. 蓄电池充电作业注意事项

维修提示

● 严格遵守各种充电方法的操作规范。

● 充电过程中，要及时检查记录各单格电池电解液密度和端电压。在充电初期和中期，每 2h 检查记录一次即可，接近充电终了时，每 1h 检查记录一次。

● 若发现个别单格电池的端电压和电解液密度上升比其他单格电池缓慢，甚至变化不明显时，应停止充电，及时查明原因。

● 初充电作业应连续进行，不可长时间间断。

● 充电时，应旋开出气孔盖，使产生的气体能顺利逸出，充电室要安装通风和防火设备，在充电过程中，严禁烟火，以免发生事故。

◎ 在充电过程中，必须随时测量各单格电池的温度，以免温度过高影响蓄电池的性能。当电解液温度上升到 40℃时，应立即将充电电流减半，减小充电电流后，如果电解液温度仍继续升高，应该停止充电，待温度降低到 35℃以下时，再继续充电。

◎ 就车充电时，一定要将蓄电池负极断开，否则充电机的高电压会将电控系统的电器元件损坏。

◎ 如果蓄电池长时间未在行车中使用，如库存车蓄电池等，必须以小电流进行充电。

◎ 对过度放电的蓄电池（空载电压为 11.6V 或更低）进行充电，不可采用快速充电方法充电，这种蓄电池充电至少应为 24h。

2. 蓄电池充电作业方法

目前较常用的充电机如图 2-17 所示。

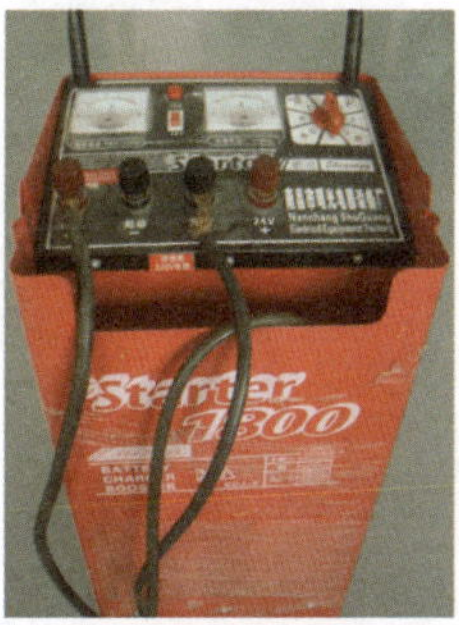

图 2-17 充电机

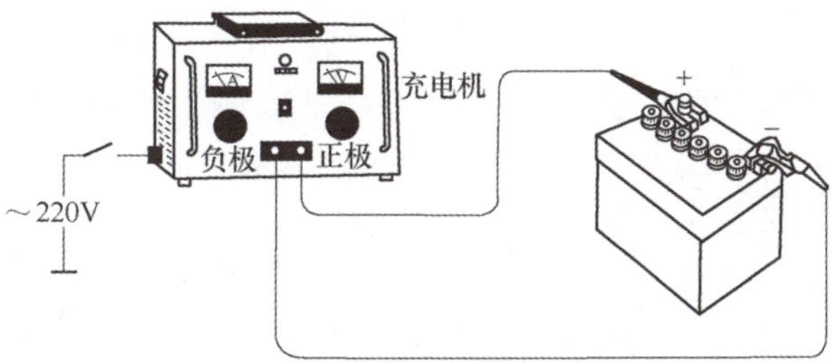

图 2-18 连接蓄电池与充电机

要点

◎ 在将蓄电池与充电机连接之前，应将蓄电池极柱和表面清理干净，将液面高度调整至正常水平。

◎ 按图 2–18 所示正确连接充电机和蓄电池。

◎ 将充电机上的电压调节旋钮调至最小位置。

◎ 打开交流电源开关。

◎ 打开充电机上的电源开关，调节电压旋钮，观察电流表读数，直到电流表读数指示出所确定的电流值为止（按照充电规范，确定充电电流大小）。

◎ 通过加液孔观察蓄电池的内部情况，用万用表测量蓄电池两端的电压，当有连续气泡冒出或连续 3h 电压不变时，应立即停止充电。

第三节 常见故障诊断与维修实例

一、常见故障诊断

蓄电池的外部故障有外壳裂纹、封口胶干裂、接线松脱、接触不良或极桩腐蚀等。内部故障有极板硫化、活性物质脱落、内部短路和自放电等。

1. 外壳裂损、变形与封口胶破裂

汽车行驶中，由于强烈的振动或击伤，会使蓄电池外壳破裂；另外蓄电池发热，气体压力过大或电解液冰冻膨胀也会使外壳变形或封口胶破裂。封口胶裂口可以重新填补，外壳破裂需换新。

2. 极板硫化

蓄电池长期充电不足或放电后长时间未充电，极板上会逐渐生成一层白色粗晶粒的硫酸铅，在正常充电时不能转化为二氧化铅和海绵状铅，这种现象称为硫酸铅硬化，简称硫化。这种粗而坚硬的硫酸铅晶体导电性差、体积大，会堵塞活性物质的细孔，阻碍了电解液的渗透和扩散、使蓄电池的内阻增加，起动时不能供给大的起动电流，以至不能起动发动机。

产生极板硫化的主要原因如下：

要点

- 蓄电池长期充电不足，或放电后未即时充电。
- 蓄电池内液面太低，使极板上部与空气接触而强烈氧化（主要是负极板），造成极板的上部硫化。
- 电解液相对密度过高，电解液不纯、外部气温剧烈变化时也将促进硫化。

为了避免极板硫化，蓄电池应经常处于充足电状态，放完电的蓄电池应及时送去充电，电解液相对密度要恰当，液面高度应符合规定。

对于已硫化的蓄电池，较轻者可按过充电方法进行处理，较严重者可用小电流充电法或去硫化充电法消除硫化。

3. 自行放电

充足电的蓄电池，放置不用会逐渐失去电量，这种现象称为蓄电池的自行放电。

若一昼夜容量损失不超过0.7％时，属于正常自放电。铅酸蓄电

池的正常自放电是由于蓄电池本身因素所造成的一种不可避免的现象。若一昼夜自行放电量超过了2%～3%时，则属于故障性自放电，这主要是由于使用维护不当所造成的。造成故障性自放电的原因很多，主要有以下几个方面。

要点

- 电解液杂质含量过多，这些杂质在极板周围形成局部电池而产生自行放电。
- 蓄电池内部短路引起的自放电。例如，隔板或壳体隔壁破裂、极板活性物质大量脱落而沉于极板下部，都将使正负极板短路而引起自放电。
- 蓄电池盖上洒有电解液时，会造成自放电，同时，还会使极桩或连接条腐蚀。

因此，为减少自放电，电解液的配制应符合要求，并使液面不致过高，使用中还应经常保持蓄电池表面的清洁。

自行放电严重的蓄电池，可将它完全放电或过度放电，使极板上的杂质进入电解液，然后将电解液倾出，用蒸馏水将电池仔细清洗干净，最后注入新电解液重新充电。

4. 极板活性物质大量脱落

活性物质脱落一般多发生在正极板上，其特征为电解液中有沉淀物，充电时电解液有褐色物质自底部上升，但电压上升快，电解液沸腾现象比正常蓄电池出现的早，充电时间大大缩短，放电容量却明显下降。故障产生的原因如下。

要点

- 极板本身质量太差。
- 充、放电时活性物质的体积总在不断地膨胀和收缩。
- 充足电后极板孔隙中逸出大量气泡，在极板内部造成压力，从而使活性物质容易脱落。

因此，若使用不当，如充、放电电流过大，使电解液温度太高，或经常过充电，都将导致极板过早损坏。另外，蓄电池受剧烈振动时，也会引起活性物质脱落。

5. 极板拱曲

极板拱曲也多发生于正极板，极板拱曲后将会造成内部短路等故障。造成极板拱曲的主要原因如下。

要点

● 极板在制造过程中铅膏涂填不匀，使充放电时极板各部分所引起的电化学反应强弱不匀致使极板膨胀和收缩不一样。

● 经常大电流放电，使极板表面各部分电流密度不同而造成弯曲。

● 蓄电池过量放电时，使极板内层深处生成硫酸铅，充电时得不到恢复造成内部膨胀而导致极板拱曲。

● 电解液中含有杂质，在引起局部电化学作用时，仅有小部分活性物质转变为硫酸铅，致使整个极板的活性物质体积变化不一致也会造成极板拱曲。

极板轻度拱曲时，可用木夹板夹紧校正，如极板拱曲严重，则应更换新极板。

6. 极板短路

极板短路的故障现象为开路电压较低，大电流放电时端电压迅速下降，甚至到零；充电过程中，电压与电解液相对密度上升缓慢，甚至保持很低的数值就不再上升了，充电末期气泡很少，但电解液温度却迅速升高。极板短路的主要原因如下。

要点

● 隔板质量不高或损坏使正、负极板相接触而短路。

● 活性物质在蓄电池底部沉积过多、金属导电物落入正负极板之间也将造成蓄电池内部极板短路。

对于短路的蓄电池可拆开进行检查，也可更换新品。

二、维修实例

实例一 发动机不能起动，但推车能起动

(1) 故障现象

一汽大众速腾轿车，行驶里程为 3 万 km。发动机不能起动，但用推车的方法却能起动。

(2) 故障原因

蓄电池负极与搭铁线松动。

(3) 故障诊断

拆下起动机检查，电动机运转正常，说明起动机无故障。测量蓄电池电压为 13.7V 左右，说明蓄电池电量正常。

测量交流发电机 B_+ 端与外壳间电压为 14V 左右，说明交流发电机工作也正常。

因起动系统中上述部件都无问题，所以逐一检查起动系统线路，发现蓄电池负极与车身搭铁线松动。将搭铁线固定好后再试车，发动机顺利启动，故障排除。

产生上述故障的原因就是忽视了蓄电池搭铁线的连接，从而使电源线路构不成回路，用电系统（起动机等）因无电而不能工作。

实例二 发动机难以起动，打开点火开关后仪表板上充电指示灯不亮

（1）故障现象

上海通用凯越轿车，行驶里程为 127200km。驾驶人说，发动机难以起动，打开点火开关后仪表板上充电指示灯不亮。

（2）故障原因

蓄电池负极接线柱氧化物过多而导致接触不良。

（3）故障诊断

卸下充电指示灯灯泡，观察灯丝，未熔断，表明充电指示灯未损坏。

检查溶丝，未熔断。表明蓄电池至点火开关线路无短路故障。

打开前照灯开关，灯光较弱。按动喇叭，声音低哑，分析可能是蓄电池电压过低。用万用表检查蓄电池端电压，为 12．5V（规定值为 12V）蓄电池正常，未亏电。显然蓄电池的电输送不出去，而经前述检查，线路又没有搭铁、短路之处，因此可能性最大的是线端连接不牢。检查蓄电池极桩、蓄电池接线柱，接线柱的线夹紧固，但负极极桩氧化物甚多，估计是接触不良。

拆除蓄电池负极接线柱线夹，彻底清除线夹氧化物和蓄电池搭铁线另一线端，重新紧固线夹和搭铁线线端，试车，起动顺利，发动机运转不久，充电指示灯熄灭。

为了能通过大电流，蓄电池连接线做得粗而短，烧蚀断路的可能性极少，多数故障为线夹（端）接触不良。接触不良的原因如下。

①线夹（端）紧固不佳。

②负极接线柱上因电解液溢出或加注电解液时不注意造成氧化，造成接触不良。线夹（端）接触不良使插头电阻增大，并使得线路压降过大，从而使起动机的工作电流大大减小，起动电机无力运转，发动机难以起动。

CHAPTER 3

第三章　交流发电机

第一节 认识交流发电机

一、交流发电机的功用

1. 交流发电机与电压调节器的功用

要点

● 交流发电机由汽车发动机驱动，是汽车电器的主要电源，它在正常工作时，对除起动机以外的所有用电设备供电，并向蓄电池充电以补充蓄电池在使用中所消耗的电能。

● 调节器是一种电压调节装置，其功用是在发电机转速变化时自动调节发电机的输出电压并使其保持稳定。

2. 交流发电机的安装位置

交流发电机安装在发动机的前端，由发电机V带传递动力，安装位置如图3-1所示。

图 3-1　交流发电机的安装位置

3. 交流发电机的线路连接

交流发电机的线路连接简图如图3-2所示。

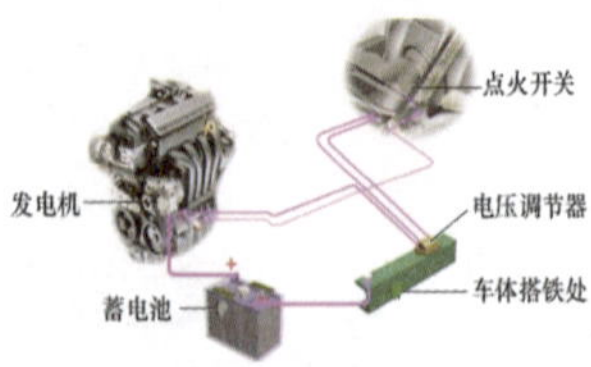

图 3-2　交流发电机的线路连接简图
（注：图中的电压调节器大部分都已集成在发电机内）

二、交流发电机的种类

1. 交流发电机的种类

（1）按总体结构分类

①普通交流发电机。既无特殊装置，也无特殊功能和特点的汽车交流发电机，称为普通交流发电机，如图 3-3 所示。其应用最为普遍，如东风 EQ1090 型载货汽车用 JF132N 型交流发电机，解放 CA1091 型载货汽车用 JF1522A 型交流发电机等。

②整体式交流发电机。即机体内装电子调节器的交流发电机，如上海桑塔纳等轿车用 JFZ1813Z 型交流发电机，如图 3-4 所示。

③带泵交流发电机。即带动真空制动助力泵工作的交流发电机，如 JFB1712 型交流发电机，如图 3-5 所示。

④无刷交流发电机。即没有电刷和滑环的交流发电机。如 JFW2621 型 28V 45A 整体式交流发电机，如图 3-6 所示。

图 3-3 普通交流发电机

图 3-4 整体式交流发电机

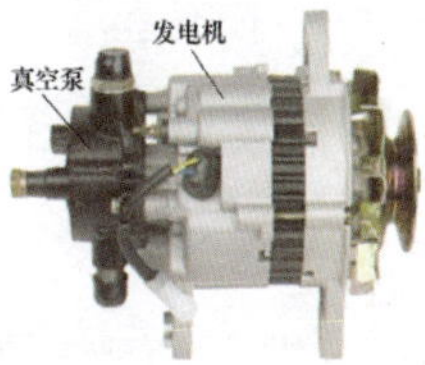

图 3-5 带泵交流发电机

图 3-6 无刷交流发电机

（2）按磁场绕组搭铁方式分类

①内搭铁式交流发电机。即磁场绕组的一端经滑环和电刷在发电机端盖上搭铁的发电机称为内搭铁型交流发电机，如图 3-7a 所示。东风 EQ1090 型载货汽车用 JF132N 型交流发电机即为内搭铁型交流发电机。

②外搭铁式交流发电机。即磁场绕组的两端均与端盖绝缘，其中一端经调节器后搭铁的发电机称为外搭铁型交流发电机，如图 3-7b 所示。外搭铁式交流发电机现被广泛采用。

（3）按装用的二极管数量分类

①六管交流发电机。其整流器由 6 只硅二极管组成，这种形式应用最为广泛，如东风 EQ1090 车用的 JF132 型、CA1091 型车用 JF1522A、JF152D 型交流发电机等。六管交流发电机电路简图如图 3-8 所示。

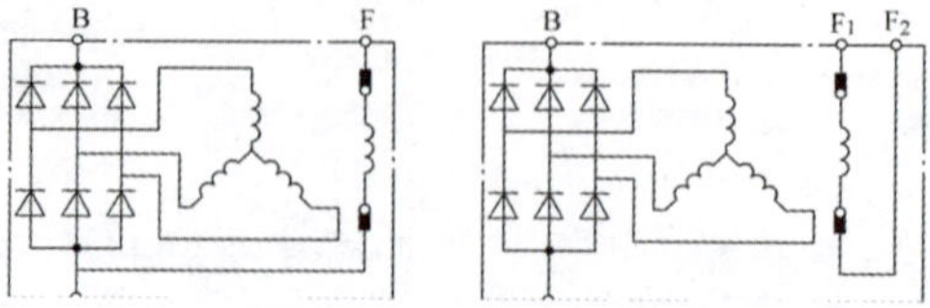

a) 内搭铁型交流发电机　b) 外搭铁型交流发电机

图 3-7　交流发电机的搭铁型式

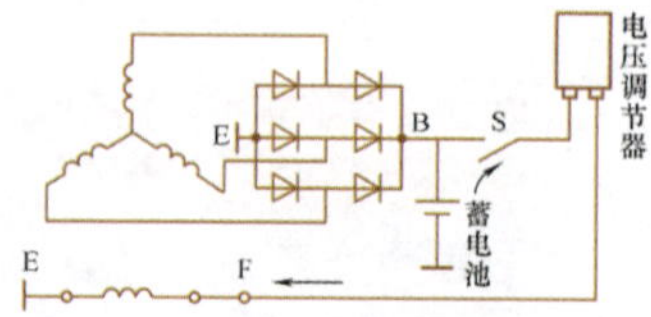

图 3-8　六管交流发电机电路简图

②八管交流发电机。其整流器总成共有 8 只二极管，其中有两个中性点二极管的交流发电机，如天津夏利 TJ7100、TJ7100 微型轿车所用的 JFZ1542 型交流发电机。八管交流发电机电路简图如图 3-9 所示。

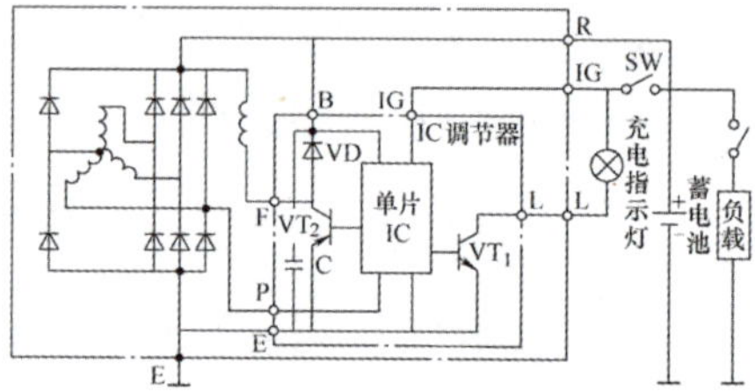

图 3-9　八管交流发电机电路简图

③九管交流发电机。在有些交流发电机中，除了有普通交流发电机用来整流的 6 只二极管外，又多装了 3 个磁极二极管的交流发电机。如北京 BJ1022 型轻型载重车用的 JFZ141 型交流发电机。九管交流发电机电路简图如图 3-10 所示。

④十一管交流发电机。其整流器总成共有 11 只二极管，其中有两只中性点二极管和 3 只磁场二极管的交流发电机，如桑塔纳轿车用 JFZ1813Z 型交流发电机。十一管交流发电机电路简图如图 3-11 所示。

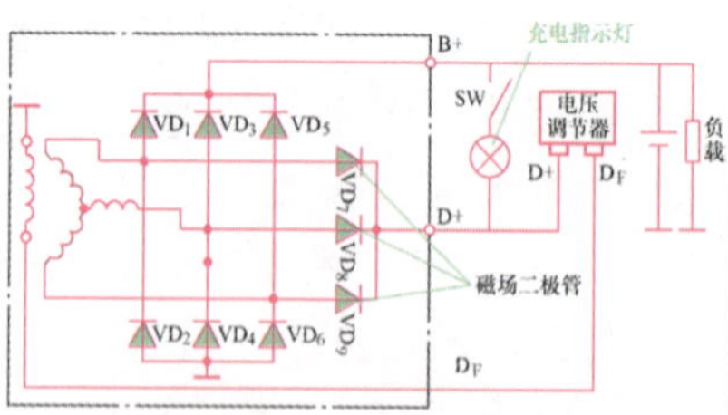

图 3-10　九管交流发电机电路简图

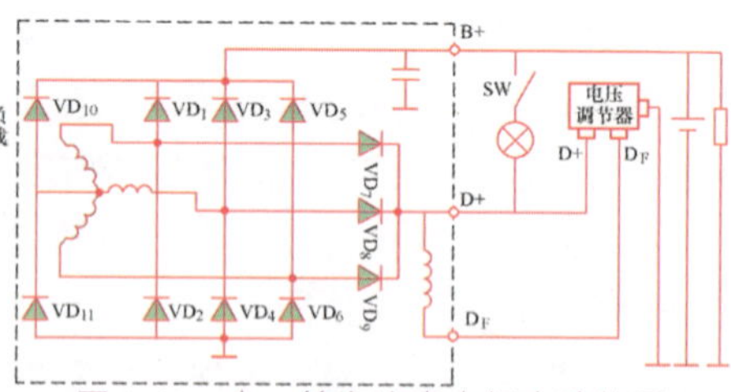

图 3-11　十一管交流发电机电路简图

2. 电压调节器的种类

（1）电压调节器的分类

交流发电机电压调节器可分为触点式电压调节器、晶体管调节器和集成电路调节器，如图 3–12 所示。3 种调节器的基本原理都是以转速为基础，通过改变励磁电流，使发电机的输出电压保持恒定。

（2）电压调节器的结构及外形举例

①夏利轿车用电压调节器。图 3-13 所示为天津夏利轿车发电机使用的集成电路调节器外形图，该发电机为整体式交流发电机，调节器为内装式外搭铁型。

要点

- 触点式电压调节器应用较早，这种调节器触点振动频率慢，存在机械惯性和电磁惯性，电压调节精度低，触点易产生火花，对无线电干扰大，可靠性差，使用寿命短，现已经被淘汰。
- 随着半导体技术的发展，采用了晶体管调节器。其优点是晶体管的开关频率高，且不产生火花，调节精度高，还具有重量轻、体积小、使用寿命长、可靠性高和无线电干扰小等优点。
- 集成电路调节器除具有晶体管调节器的优点外，还具有超小型的特点，安装于发电机的内部（又称内装式调节器），减少了外接线，并且冷却效果得到了改善，现已广泛应用。

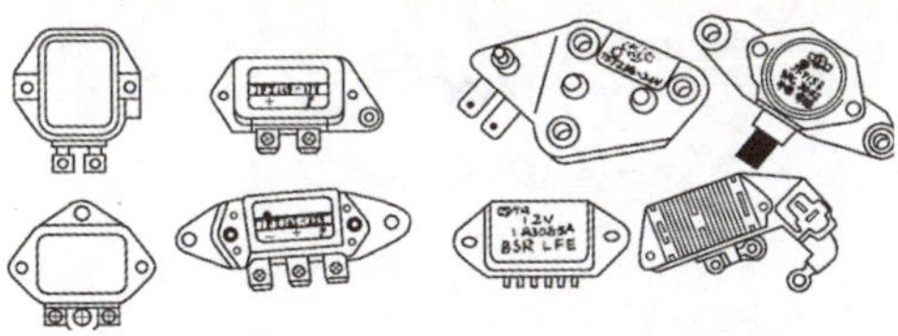

a）触点式 b）晶体管式 c）集成电路式
图 3-12 常见电压调节器外形

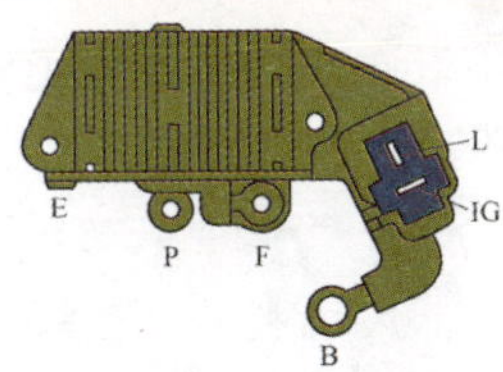

图 3-13 夏利轿车单片电压调节器
B、E、F、IG、L、P—端子

要点

- 该调节器有 6 个接线端子，F、P、E 三个端子用螺钉直接和发电机连接，B 端用螺母固定在发电机的输出端子 B 上，IG、L 两个端子用导线连接到调节器的外部接线插座上。

②桑塔纳轿车用电压调节器。该车电压调节器为集成电路调节器，调节器与电刷组件制成一个整体结构，并采用外装式结构。当电刷磨损或调节器损坏需要更换时，拆下总成部件的两个固定螺钉，即可取

下总成，检修十分方便。

电压调节器与电刷组件总成如图 3-14 所示。两只电刷的引线分别用导电片与电压调节器电路的正极（D_+）和磁场（D_F）连接，主视图中右边一个安装孔用导电片与调节器电路的负极（D_-）连接。当调节器发生故障时，只能更换。

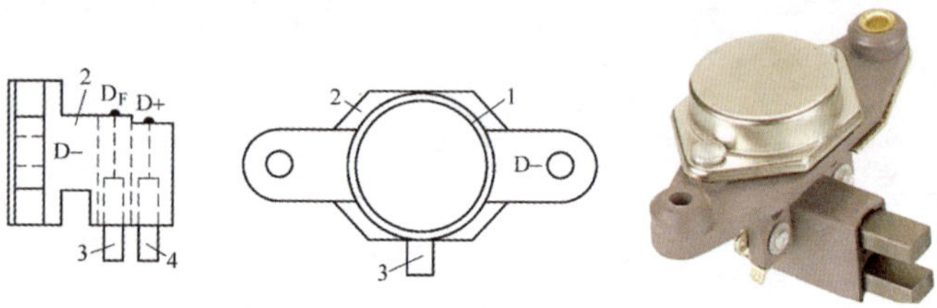

a) 右视图　　b) 主视图　　c）实物图

图 3-14　IC 调节器与电刷组件

1—IC 调节器　2—电刷架　3—负电刷　4—正电刷

三、交流发电机的结构

1. 普通交流发电机的结构

普通交流发电机由前后端盖、电刷架、电刷、硅二极管、元件板、转子、定子、风扇和 V 带轮等组成，分解图如图 3-15 所示。

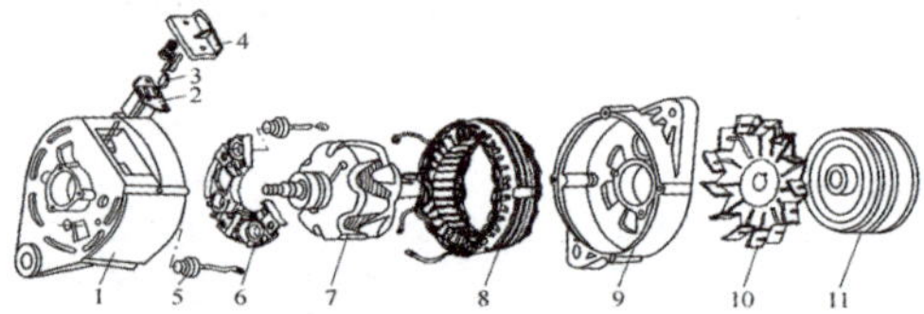

图 3-15　交流发电机分解图

1—后端盖　2—电刷架　3—电刷　4—电刷弹簧压盖　5—硅二极管　6—元件板　7—转子　8—定子　9—前端盖　10—风扇　11—V 带轮

2. 整体式交流发电机的结构

要点

- 整体式交流发电机的基本结构也是由定子、转子、整流器和端盖等组成。
- 整体式交流发电机与普通交流发电机的不同点是在基本结构的基础上增加了电压调节器，且都采用集成电路调节器。

整体式交流发电机的整体结构如图 3-16 所示，分解图如图 3-17 所示。

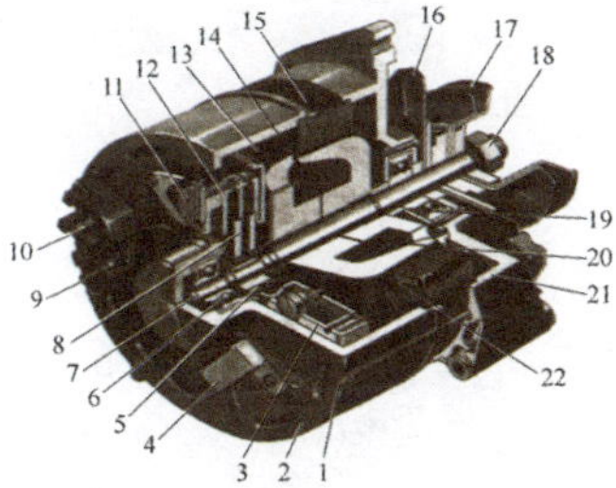

图 3-16　交流发电机的整体结构

1—连接螺栓　2—后端盖　3—整流板　4—防干扰电容器　5—集电环　6、19—全封闭高速轴承　7—转子轴　8—电刷　9—D+ 端子　10—B+ 端子　11—集成电路（IC）调节器　12—电刷架　13—磁极　14—定子绕组　15—定子铁心　16—风扇叶轮　17—传动带轮　18—紧固螺母　20—磁场绕组　21—前端盖　22—定子槽楔子

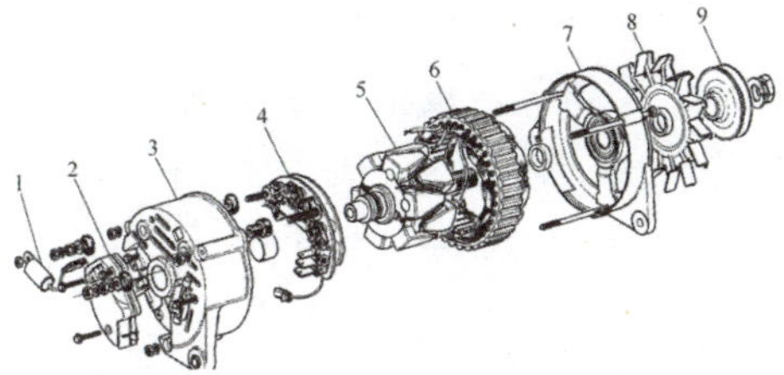

图 3—17　整体式交流发电机分解图

1—抗干扰电容器　2—集成电路调节器与电刷组件总成　3—电刷端盖　4—整流器总成　5—转子总成　6—定子总成　7—驱动端盖　8—风扇　9—驱动带轮

3. 交流发电机各部件的结构

（1）定子

定子的功用是产生交流电，其结构如图 3-18 所示，由定子铁心和定子绕组组成。定子铁心由内圆带槽的环状硅钢片叠成，定子绕组为三相对称绕组，安放在定子铁心的槽内。三相绕组的连接方法采用星形连接，绕组引线端子共有 4 个，三相绕组各引一个，中性点引出一个。

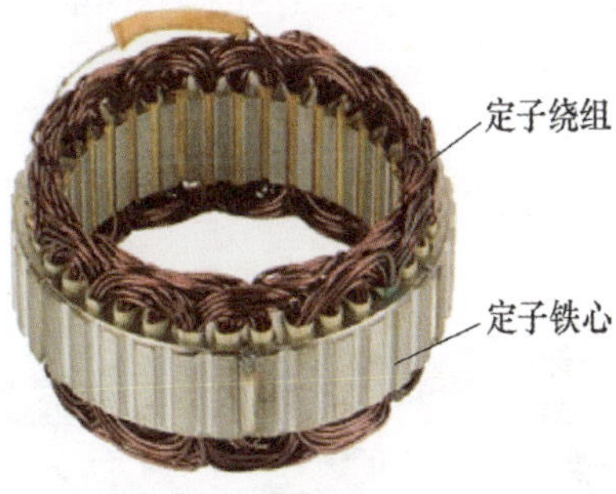

图 3-18　发电机定子的结构

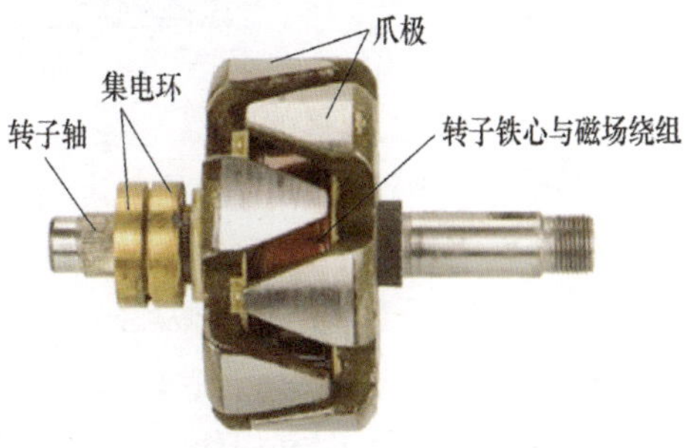

图 3-19　转子的分解图

（2）转子

转子的功用是产生磁场，转子主要由转子铁心、磁场绕组、爪极和集电环组成，转子的分解图如图 3-19 所示。

①爪极。爪极有两块，每块上都有 6 个鸟嘴形磁极，两块爪极压装在转子轴上，爪极间的空腔内装有转子铁心和磁场绕组。磁场绕组绕在铁心上，铁心压装在两块爪极之间的转子轴上。

②集电环。集电环由彼此绝缘的两个铜环组成，压装在转子轴一端并与转子轴绝缘。磁场绕组的两端分别从内侧爪极上的两个小孔中引出，其中一端焊接在集电环的内侧铜环上，另一端则穿过内侧铜环上的小孔并焊接在外侧铜环上，两上铜环分别与发电机的两个电刷接触。当两个电刷与直流电源接通时，磁场绕组中便有电流流过，并产生轴向磁通，使一块爪极磁化为 N 极，另一块爪极磁化为 S 极，从而形成 6 对相互交错的磁极。

（3）整流器

整流器的功用是将三相绕组产生的交流电变为直流电。其整流二极管的特点是工作电流大、反向电压高。交流发电机整流二极管有正极管和负极管之分，引出电极为二极管正极的称为正极管，引出线为二极管负极的称为负极管。整流器如图 3-20 所示。

图 3-20　整流器外形

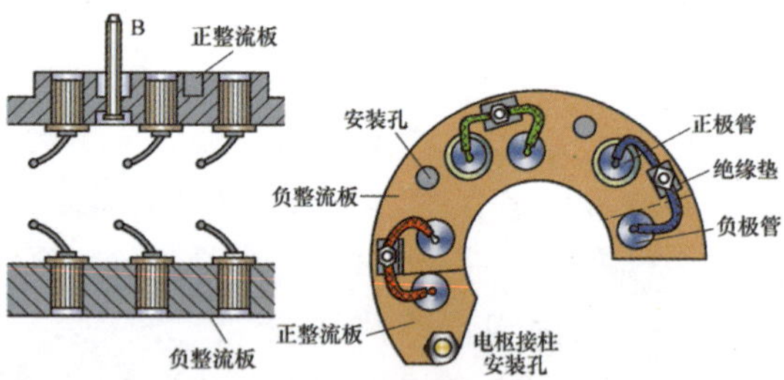

图 3-21　六管交流发电机的整流器

①六管交流发电机的整流器上各元件的安装位置如图 3-21 所示。3 个正二极管压装在正整流板上，3 个负二极管压装在负整流板上，其中，一个正极管和一个负极管连接在一起。

②十一管交流发电机的整流器上各元器件的安装位置如图 3-22 所示（桑塔纳系列车型发电机。发电机输出接柱端子标记为“B_+”为发电机正极。发电机整流器设有 11 只二极管，其中包括 3 只正极管，3 只负极管，3 只磁场二极管和两只中性点二极管。

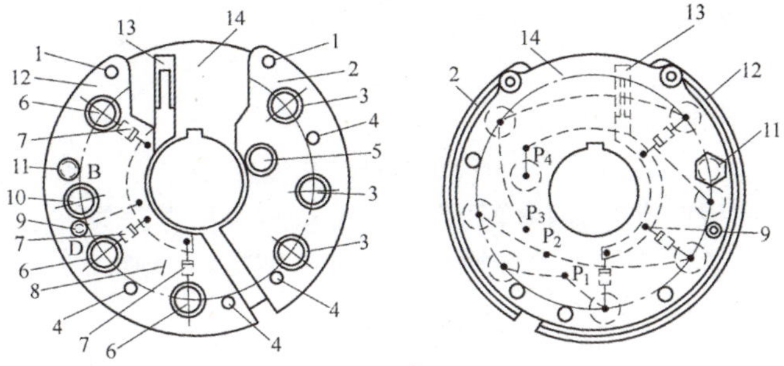

a）从后端盖一侧视　　b）从前端盖一侧视

图 3-22　十一管交流发电机的整流器

1—IC 调节器安装孔（2 个）　2—负整流板　3—负极管　4—整流器总成安装孔（4 个）　5—中性点二极管（负极管）　6—正极管　7—磁场二极管　8—防干扰电容器连接插片　9—"D+"端子　10—中性点二极管（正极管）　11—"B+"端子　12—正整流板　13—电刷架压紧弹片

要点

- 3 只正极管和中性点二极管压装在正整流板上。
- 磁场二极管焊接在正整流板与电刷架压紧弹片之间，压紧弹片与发电机磁场电流输出端子（"D+"）相通，同时又是 IC 调节器的电源输入端。
- 负极管和中性点二极管压装在负极板上。
- 发电机三相绕组的始端分别与正极管引线和磁场二极管的正极引线焊接在 3 个点，中性点引线与中性点二极管引线焊接在一点。

维修提示

- 分解和维修发电机时，需用电烙铁（220V/35W 左右）将这些焊点焊开之后，才能进行分解或维修。

（4）端盖

前后端盖如图 3-23 所示。交流发电机的前、后端盖均用铝合金铸造而成，具有质量轻、散热性好、不导磁等优点。

图 3-23　前后端盖

在发电机前端盖前安装有风扇和 V 带轮，由发动机通过 V 带来驱动发电机带轮和转子转动。发电机的通风散热依靠风扇来实现。在后端盖上安装有电刷组件与调节器总成。

（5）电刷及电刷架

如图 3-24 所示，电刷组件由电刷、电刷架和电刷弹簧组成。电刷安装在电刷架的孔内，借弹簧张力使电刷与滑环保持良好接触。每只电刷都有一根引线，该引线直接引到电压调节器内部，从而将磁场绕组与调节器工作电路连接起来。

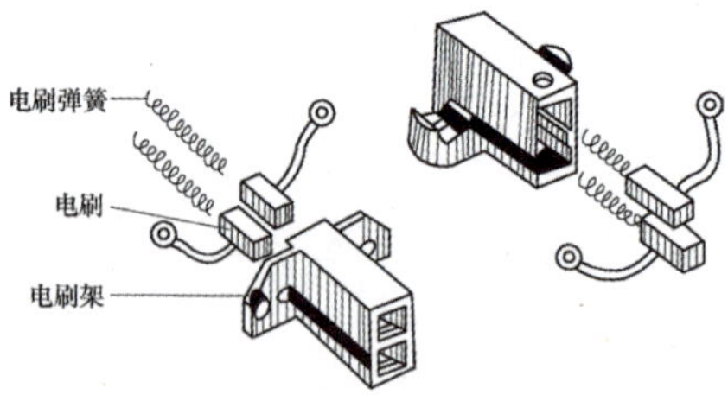

a）外装式　　b）内装式

图 3-24　电刷及电刷架

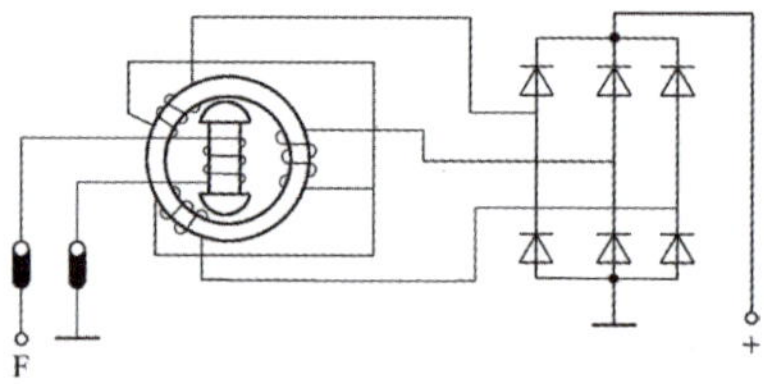

图 3-25　交流发电机的发电原理

四、交流发电机的工作原理

1. 交流发电机发电原理

交流发电机产生交流电的基本原理是电磁感应原理，即交流发电机是利用产生磁场的转子旋转，使穿过定子绕组的磁通量发生变化，在定子绕组内产生交流感应电动势。图 3-25 所示为交流发电机的工作原理图。

当励磁绕组有电流通过时，励磁绕组便产生磁场，转子轴上的两个爪极分别被磁化为 N 极和 S 极。当转子旋转时，磁极交替地在定子铁心中穿过，形成一个旋转的磁场，磁力线和定子绕组之间产生相对运动，在三相绕组中产生交流感应电动势。

2. 交流发电机整流原理

硅整流二极管具有单向导电性当给硅整流二极管加上正向电压（正极电位高于负极电位）时导通，硅整流二极管呈现低电阻状态；当给硅整流二极管加一反向电压（正极电位低于负极电位）时截止，硅整流二极管呈现高电阻状态。利用硅整流二极管的这种单向导电性，制成了交流发电机的硅整流器，使交流电变为直流电。硅整流器实际上是一个由 6 只硅整流二极管组成的三相桥式整流电路，如图 3-26 所示。

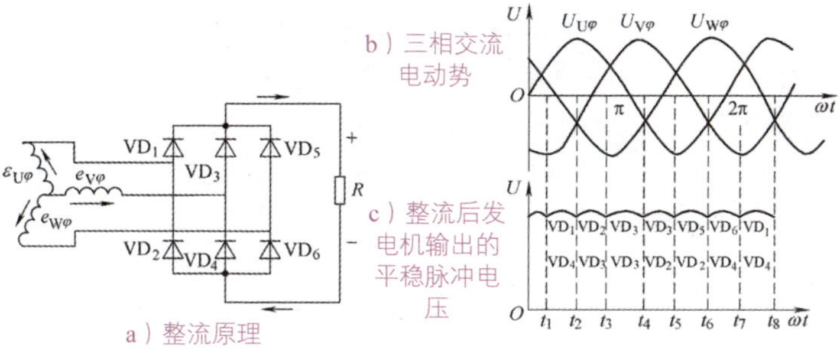

图 3-26　三相桥式整流电路中的电压、电流波形

三相桥式整流电路的整流原理如下（图 3-26a)。

要点

- 由于 3 个正极管子 (VD_1、VD_3、VD_5) 的正极分别接在发电机三相绕组的首端 (U_1、V_1、W_1)，而它们的负极同接在元件板上，因此这三个正极管子导通的条件是在某一瞬间，哪一相的电压最高（相对其他两相来说正值最大），则该相的正极管子就导通。
- 由于 3 个负极管子 (VD_2、VD_4、VD_6) 的负极也分别接在发电机三相绕组的首端，而它们的正极同接在后端盖上，所以这三个负极管子的导通条件是在某一瞬间，哪一相的电压最低（相对其他两相来说负值最大），则该相的负极管子就导通。
- 在每一瞬间，同时导通的管子只有两个，即正、负管子各一个。

第二节 如何检查交流发电机

一、交流发电机的拆装

1. 发电机从车上的拆装

①关闭点火开关，断开蓄电池负极（-）端子的电缆（导线）。

②断开发电机上的连接电缆和插接器，如图 3-27 所示。

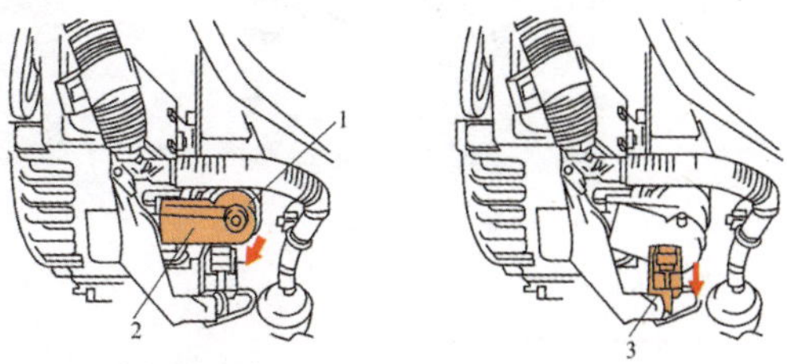

a）断开插接电缆　b）断开插接器

图 3-27　断开发电机电缆和连接器
1—紧固螺母　2—插接电缆　3—插接器

③拧松发电机上的固定螺栓，然后拆下发电机 V 带。

④拆下发电机的固定螺栓，从发动机上拆下发电机。

安装发电机时可按拆卸相反的顺序进行。

2. 发电机的分解

①如图 3-28 所示，拆下固定电刷组件和电压调节器总成的两个固定螺钉，取下电刷和调节器。

②如图 3-29 所示，拆下防干扰电容器固定螺钉，拔下电容器引线插头，取下电容器。

③用套筒扳手拆下输出端子（B_+）上的紧固螺母，若有磁场输出端子（D_+），也一并拆下。

④拆下后端盖上的转子轴承防尘罩（护罩），拆下转子轴承的紧固螺母，如图 3-30 所示。

⑤拆下前端盖上 V 带轮上的紧固螺母，拆下发电机 V 带轮和风扇，如图 3-31 所示。

图 3-28　拆下固定电刷组件和电压调节器总成的两个固定螺钉

图 3-29　取下电容器

图 3-30　拆下转子轴承的紧固螺母

图 3-31　拆下紧固螺母、V 带轮和风扇

⑥拆下前、后端盖连接螺栓，分离前、后端盖。

维修提示

- 应使定子与后端盖在一起拆下，以免折断定子绕组导线。

⑦从后端盖的内部拆下定子绕组导线与二极管的固定螺钉，从后端盖上取下定子总成，如图 3-32 所示。

⑧拆下整流器总成，如图 3-33 所示。

图 3-32　从后端盖上取下定子总成

图 3-33　拆下整流器总成

3. 发电机的装配

发电机的安装基本上可按与拆卸的相反顺序进行。

1）安装整流器。拧上固定螺钉，整流器即被固定在后端盖上。

维修提示

- 各绝缘垫片或套管不能漏装。

装复后用万用表电阻档测量 B 接线柱与端盖间电阻应为 ∞。测量两散热板之间及绝缘散热板与端盖之间电阻，均应为 ∞。若上述电阻较小或者为零，表明漏装了绝缘垫片或套管，应拆开重装。

2）安装定子总成。装定子绕组上的 4 个接线端子从后端盖孔中穿出，将接线端分别连接在整流器的接线螺钉上。

3）安装前端盖。先将前端盖上的轴承、轴承盖安装并紧固好，再将该部分套到转子轴上，若过盈量较大，可用木锤轻轻敲入。

4）将后端盖、定子装到转子轴上。

维修提示

- 应使前后端盖上发电机安装挂脚位置恰当（符合拆解标记）。

前后端盖结合好后，穿上前、后端盖紧固螺栓并分几次拧紧。

维修提示

- 各螺栓的拧紧切不可一次完成，而应轮流进行，并且不断转动转子，若转子运转受阻或者内部有摩擦，应调整拧紧力矩。

5）安装风扇、V带轮。在转子轴上套上定位套、安装半圆键、风扇叶片、V带轮、弹簧垫圈，拧紧带轮紧固螺母。

6）安装电刷架和电压调节器。

7）检验装配质量。

维修提示

● 使用万用表检测各接线柱与外壳间的电阻值，应该符合规定技术数据要求。否则应该拆解并重新装配。

二、交流发电机的检测

1. 转子的检查

1）转子表面不得有刮痕，否则表明轴承松旷，应更换前后轴承。集电环表面应光洁平整，两集电环之间的槽内不得有油污和异物，转子绕组不允许有搭铁、短路和断路故障。

2）转子的断路检查。如图 3-34 所示，用万用表测试转子两集电环之间是否断路或电阻值过大，如有，应更换转子总成或检修。集电环与集电环之间电阻正常值为 2.9Ω。

3）转子的搭铁检查。如图 3-35 所示，用万用表测试集电环和转子轴之间是否搭铁短路；如有，则表明线圈搭铁，应更换转子或线圈。

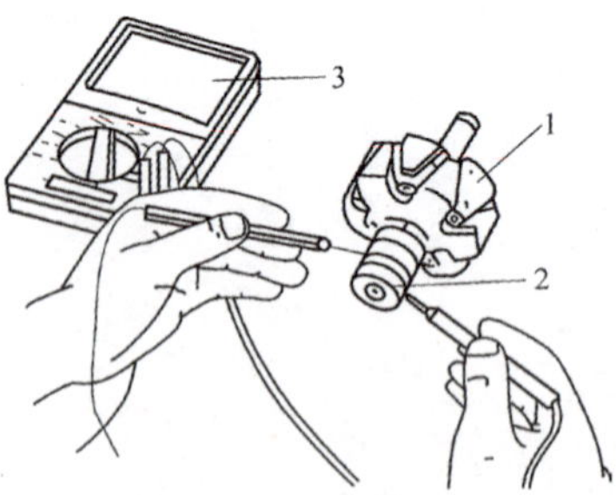

图 3-34 转子的断路检查
1—转子总成 2—集电环 3—万用表

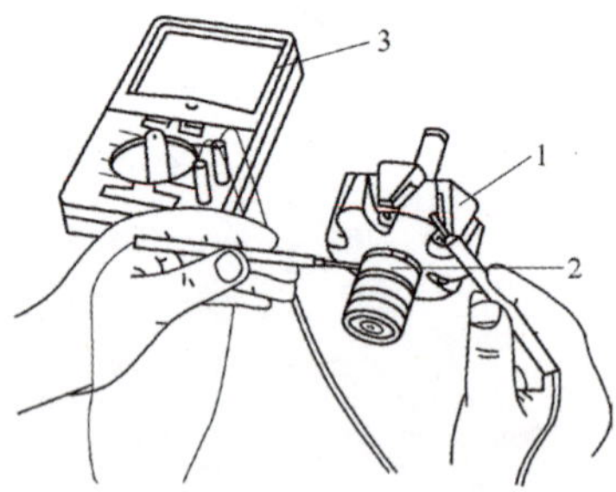

图 3-35 转子的搭铁检查
1—转子总成 2—集电环 3—万用表

2. 定子的检查

1）定子表面不得有刮痕，导线表面不得有碰伤、绝缘漆剥落现象，绕组不得有搭铁、短路和断路现象。

2）定子的断路检查。如图 3-36 所示，使用万用表测量定子绕组的 3 根导线与中心抽头是否导通，如不导通，应更换定子。

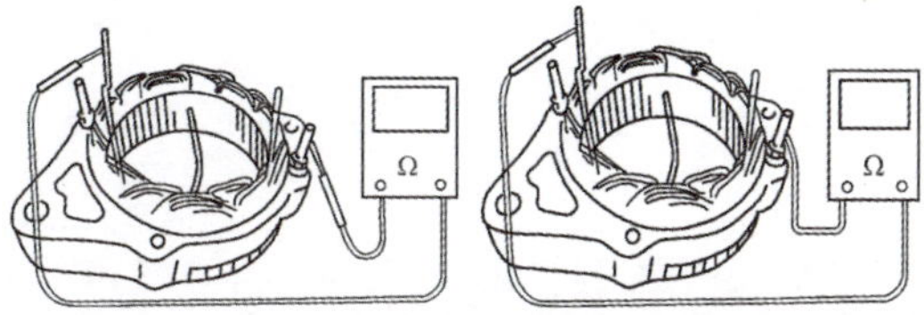

图 3-36 定子的断路检查 图 3-37 定子的搭铁检查

3）定子的搭铁检查。如图 3-37 所示，使用万用表测量定子绕组三根导线与定子铁芯是否导通，如能导通，应更换定子。

3. 电刷长度的检查

如图 3-38 所示，用游标卡尺测量电刷的长度，应符合规定值。标准值一般为 10.5mm，极限值一般为 4.5mm。如低于使用极限值时，应更换新的电刷；如表面烧损，应予修磨。

4. 整流器的检查

如图 3-39 所示，用万用表分别检测 B 和 E 与 P_1、P_2、P_3、P_4 与 P_1、P_2、P_3、P_4 之间的正向和反向导通情况，正常时应为正向导通，反向截止。若正、反向电阻值均为 0，则说明二极管短路；若正、反向电阻值均为无穷大，则说明二极管断路，应更换整流器。

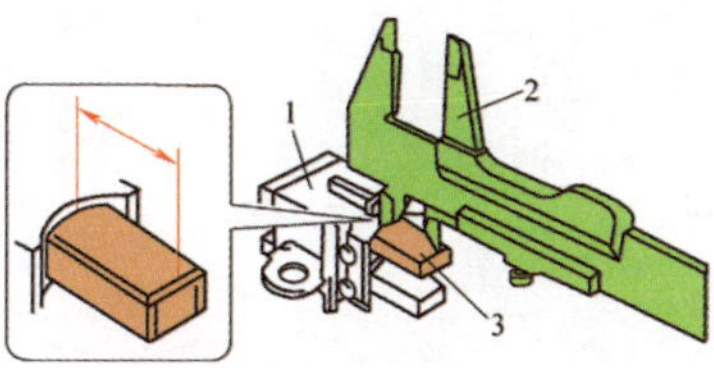

图 3-38 电刷长度的检测
1—电刷架 2—游标卡尺 3—电刷

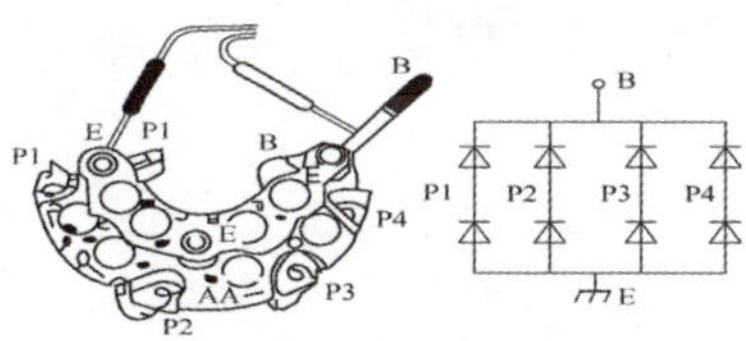

图 3-39 整流器的检测
B—正极接线柱 E—负极接线柱
P_1 ~ P_4—整流器接线柱

5. 电压调节器（IC）的检查

集成电路式电压调节器（IC）是全封闭模块，对它的性能检测通常按以下方法进行。

1）使用万用表测量各接线柱之间的电阻值，初步判断其性能。

维修提示

当使用此方法时，要选择合适的电阻档位以及合适的万用表种类与型号。

常见集成电路式电压调节器各接线柱之间正常电阻参考数值见表 3-1。

表 3–1　见集成电路式电压调节器各接线柱之间正常电阻参考数值

（单位：Ω）

发电机型号	“F”与“E”间电阻	“B”与“E”间电阻		“N”与“B”间电阻	
		正向	反向	正向	反向
JF11,13,15,21,132N	4~7	40~50	≥ 10k	10~15	≥ 10k
JWF14（无刷）	3.5~3.8	40~50	≥ 10k	10~15	≥ 10k
夏利 JFZ1542	2.8~3.0	40~50	≥ 10k	10~15	≥ 10k
桑塔纳 JFZ1913	2.8~3.0	65~80	≥ 10k	10~15	≥ 10k

2) 使用可调直流稳压电源和试灯试验其性能。使用可调直流稳压电源（输出电压 0 ~ 30 V，电流 5A）和一只 20W 的汽车灯泡代替发电机磁场绕组，按图 3–40 所示接线进行试验。

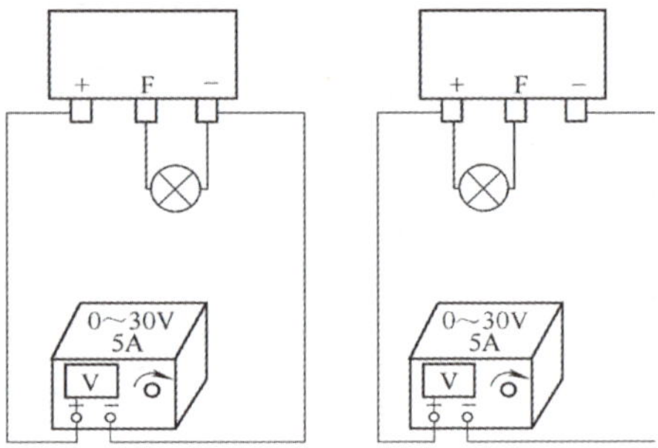

a）内搭铁式调节器　　b）外搭铁式调节器

图 3-40　用直流稳压电源检查集成电路式电压调节器接线图

试验步骤如下：

①调节直流稳压电源，使其输出电压从零逐渐升高，14V 调节器当电压升高到 6V(28V 调节器电压升高到 12V) 时，试灯开始点亮。

维修提示

- 检查内搭铁式晶体管调节器时，试灯应接在调节器“F”与“−”接线柱之间。
- 检查外搭铁式晶体管调节器时，试灯则应接在调节器“F”与“+”接线柱之间。

②随着电压的不断升高，试灯逐渐变亮，14V 调节器当电压升高到 14 ±0. 5V（28V 调节器当电压升高到 28 ±1V）时，试灯应立即熄灭。

③继续调节直流稳压电源，使电压逐渐降低，试灯又重新变亮，且亮度随电压的降低逐渐减弱，则说明调节器良好。

④当施加到电子式电压调节器上的电压超过调节电压规定值时，试灯仍不熄灭，或者起控电压数值与规定值相差较大时，说明调节器有故障，已不能起到调节作用。

⑤如试灯一直不亮，也说明调节器有故障，这样的调节器不能使用在汽车发电机上。

维修提示

● *在试验时，应该使用万用表检测电压，而不应以稳压电源指示数值为准。*

6. 交流发电机性能简单测试

如图 3-41 所示，检修装复的交流发电机，在车辆使用前照灯、应急闪光灯(4 个)、刮水器的情况下，发动机以 3000 ~ 4000r / min 的转速运转，用万用表测试其输出电压和电流。若检测数据与标准值不符时，应找出原因并予以修理。

三、交流发电机整机测试

1. 测量交流发电机各接线柱之间的电阻

1) 利用万用表的(R×1)档测量“F”与“-”之间的电阻值，测量“+”与“-”之间和“+”与“F”之间的正、反向电阻值，也可以判断交流发电机内部的技术状况，其标准见表 3-1。

2) 如果“F”与“-”之间的阻值过大，表明电刷与集电环接触不良或励磁绕组断开；若阻值过小，则表明励磁绕组有匝间短路的情况。

3) 若“+”与“-”、“+”与“F”之间的正向电阻小于表中的标准值，则表示有硅二极管发生短路；如接近表中的数值，但负载电流测试时电流很小，则表示有的硅二极管发生断路。

2. 用数字万用表检测发电机的二极管

用数字万用表的二极管测试功能，一个表笔接触发电机壳，另一个表笔接触发电机输出端，如图 3-42 所示。

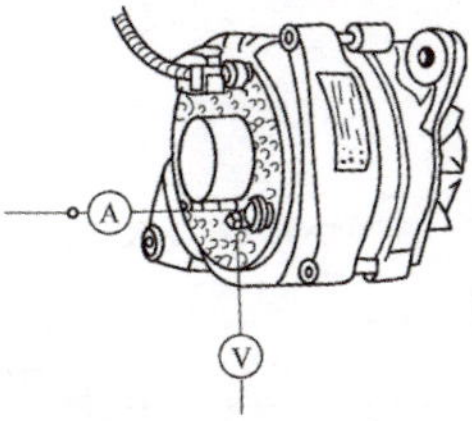

图 3-41 发电机的检测

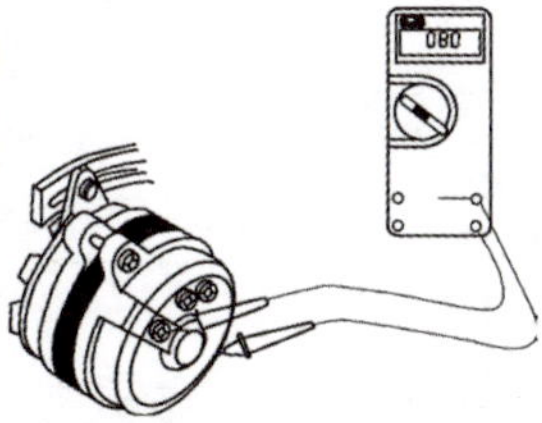

图 3-42 用数字万用表测试发电机的二极管

要点

- 万用表读数在0.8V附近时，表示正常；万用表读数为0.4V时，表示单个二极管短路。
- 对调两个表笔，再次测量，当两个二极管短路时万用表会发出连续的蜂鸣声。
- 为了确定是哪个二极管失效，应把发电机拆解后，再单独检查每个二极管。

3. 用示波器检测发电机输出电压波形

当交流发电机有故障时，其输出电压的波形将出现异常。因此，根据输出电压波形可以判断交流发电机内部二极管及定子绕组是否有故障，也是快速判断二极管是否损坏的方法。用示波器检测发电机输出波形试验步骤如下。

①将示波器连接到发电机B端子与搭铁之间，线路连接如图3-43所示。

②将示波器调整到发电机波形测试功能。

③起动发电机，记录发电机输出波形。

④参照图3-44所示的发电机正常波形及常见故障波形，对比分析发电机工作性能，从而判断交流发电机的工作情况。

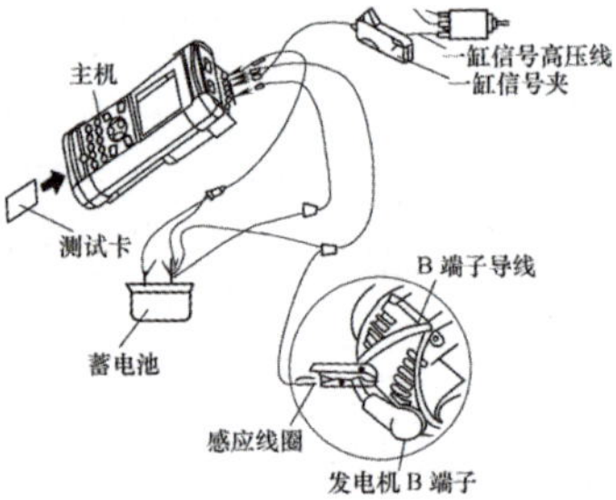

图3-43 示波器与发电机端子之间的线路连接

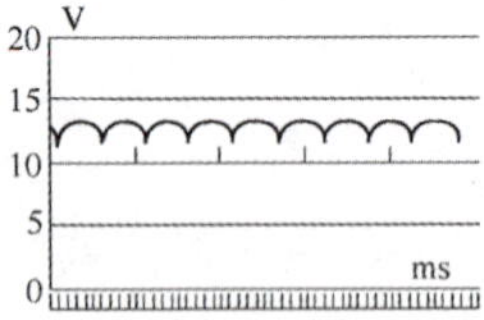

a) 发电机满载时输出的正常波形

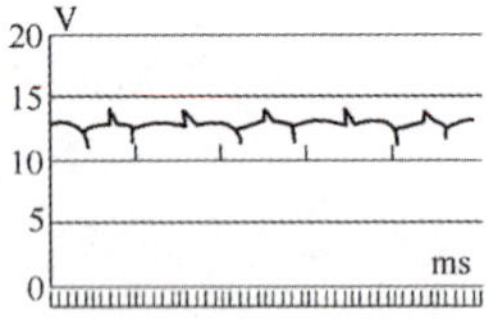

d) 发电机空载时输出的正常波形

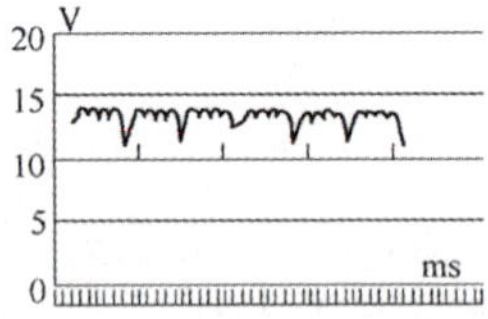

c) 一个二极管断路时输出的波形

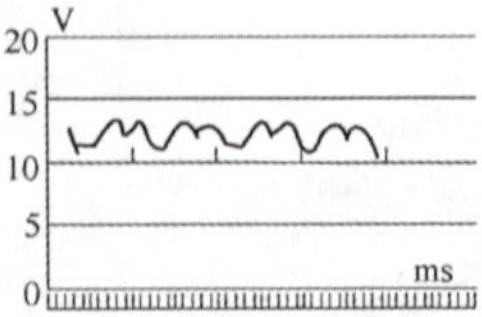

d) 一个二极管短路时输出的波形

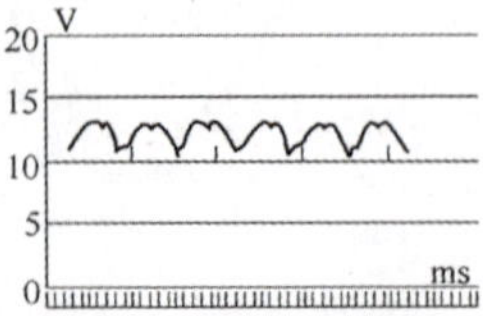

e) 两个同性二极管断路时输出的波形

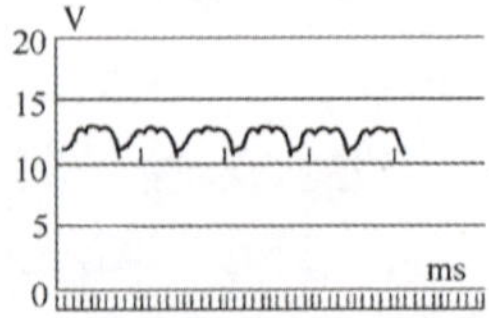

f) 两个异性二极管断路时输出的波形

图3-44 发电机正常波形及常见故障波形

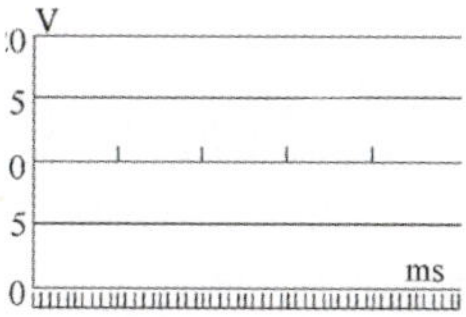

g) 两个同性二极管短路时输出的波形

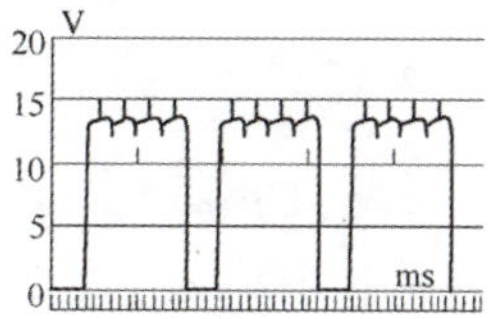

h) 3 个同性二极管断路时输出的波形

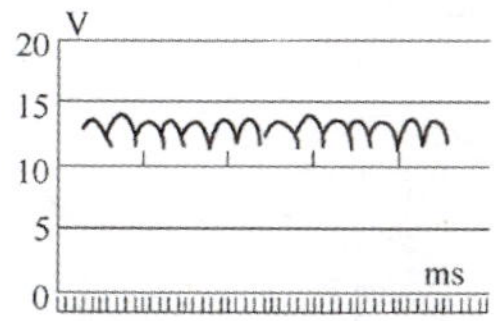

i) 一相定子线圈路时输出的波形

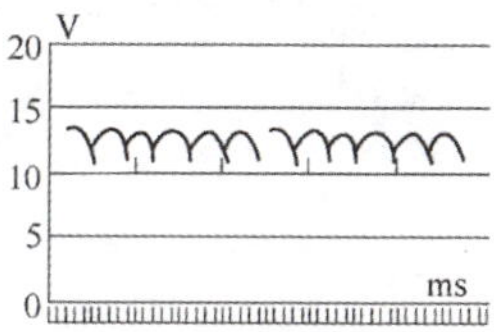

i) 一相定子线圈短路时输出的波形

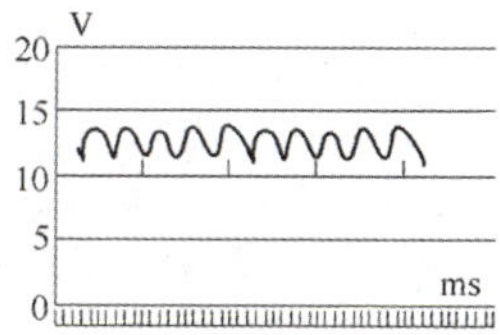

f) 两相定子线圈短路时输出的波形

图 3-44　发电机正常波形及常见故障波形（续）

四、交流发电机的使用与维护

1. 交流发电机与调节器的使用

维修提示

- 蓄电池的极性必须负极搭铁，不得接反。否则，会烧坏发电机与调节器中的电子元件。
- 发电机工作时，不允许用试火的方法检查发电机的火线接线柱是否发电，否则将损坏发电机的整流器。
- 当发现发电机不发电或发电量小时，应及时到修理厂检修，否则易导致蓄电池充电不足。
- 发电机正常工作时，切不可任意拆动用电设备的连接线，以防止引起电路中的瞬时过电压，损坏电子元件。
- 发动机自行熄火时，应及时关闭点火开关，以防止蓄电池通过励磁电路放电。
- 选用专用调节器，特殊情况临时使用代用调节器时，注意代用调节器的标称电压与搭铁极性。

2. 交流发电机与调节器的维护

（1）充电系统的初步检验

在进行充电系统检测前，初步检验是很有必要的。许多故障都

是从这简单的步骤中查出的。其检查项目如下

要点

- 检查发电机V带的状况。过松将影响发电机的发电量，过紧将导致轴承过早损坏。桑塔纳轿车发电机V带松紧度的检查方法如图3-45a所示，用拇指在冷却液泵带轮与张紧轮或张紧轮与发电机带轮的中央部位，施加100N左右的压力，其V带的合适挠度新带应为2mm，旧带应为5mm。如不符合规定应进行调整，调整方法如图3-45b所示。
- 检查发电机、调节器的线束连接。
- 检查蓄电池的电缆线和极桩，发动机与底盘的搭铁线。
- 检查蓄电池有无充电不足的迹象。
- 检查蓄电池有无过充电的迹象。

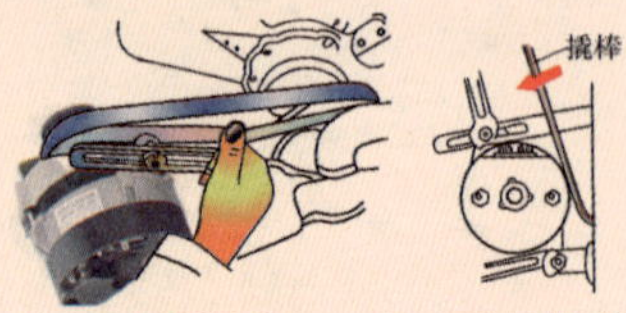

a）V带松紧度的检查　b）V带松紧度的调整

图3—45　发电机V带松紧度的检查与调整

（2）解体后的检验

解体后清洁各个部件，在进行零部件检测前进行简单检验。

要点

- 通过使前后轴承在转子轴上旋转的办法检查轴承有无噪声、晃动或发涩，如果有任何一种情况，都必须更换轴承。
- 目测检查集电环。如果集电环烧蚀、划伤、变色、变脏可用细砂布抛光。
- 目测定子绕组和励磁绕组转子有无绝缘物烧蚀的迹象，如果有，更换定子或转子总成。
- 目测前后端盖、风扇及V带轮有无裂纹。如果有，更换该部件。
- 电刷高度小于7mm时，必须更换。

（3）发电机的拆卸注意事项

要点

- 必须首先拆下蓄电池的搭铁线，然后才可以断开发电机与调节器的线束。
- 当拆卸发电机轴承时，必须使用顶拔器。
- 一般情况下，发电机的带轮、风扇和前端盖不必从转子轴上拆卸。
- 拆卸整流器及后端盖上的接线柱时，所有绝缘衬套和绝缘垫圈，不得丢失。

（4）就车维修检测时注意事项

要点

- 最好使用专用工具对充电系统进行检测。
- 在判断不发电故障部位是在发电机还是调节器，将调节器短路时，必须注意这时发电机的电压将失控，电压可能达到 16 ~ 30V，所以实验要控制在很短时间内进行。
- 当线路故障没有排除时，不要更换新的调节器，这样做可能会损坏新的调节器。

第三节 常见故障诊断与维修实例

一、常见故障诊断

充电系统的故障诊断方法基本相同，下面以桑塔纳 2000 系列轿车为例，介绍充电系统常见故障诊断方法。

（一）充电系统电路简介

桑塔纳 2000 系列轿车充电系统线路如图 3-46 所示。交流发电机的电流整流电路输出端 B_+ 用红色导线与起动机 30 端子连接（部分轿车输出端 B_+ 用红色导线经 80A 易熔线与蓄电池正极柱连接，易熔线支架固定在蓄电池附近的发动机防火墙上）。3 只磁场二极管与 3 只负极管组成一个三相桥式全波整流电路，称为磁场电流整流电路。其输出端 D_+ 用蓝色导

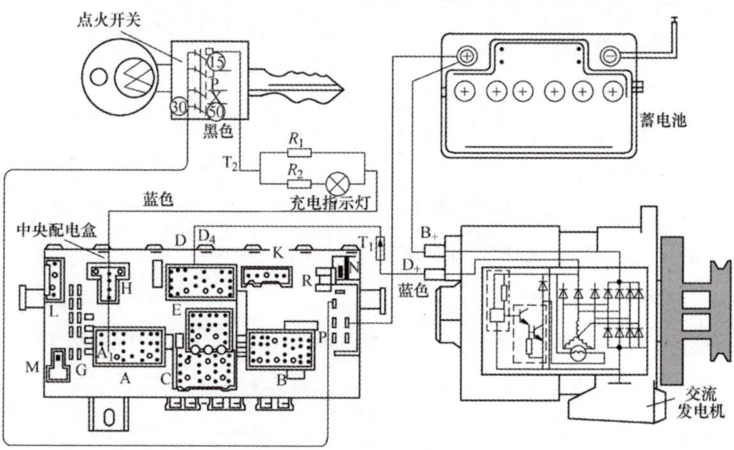

图 3-46　桑塔纳 2000 系列轿车充电系统电路

线经蓄电池旁边的单端子插接器 T_1 后与中央线路板 D 插座的 D_4 端子连接，再经中央线路板内部线路与 A 插座的 A_{16} 端子相连。点火开关 30 端子用红色导线经中央线路板上的单端子插座 P 与蓄电池正极连接，点火开关 15 端子用黑色导线与仪表板左下方黑色插座的 14 端子连接（图中未画出，可参见原厂线路图），经仪表板印制电路上的电阻 R_1、R_2 和充电指示灯（R_2 和充电指示灯串联后再与 R_1 并联）和二极管接回到 14 端子黑色插座 12 端子，再用蓝色导线与中央线路板 A 插座的 A_{16} 端子连接。

充电指示灯及发电机励磁绕组电流路径：蓄电池正极→中央线路板单端子插座 P 端子→中央线路板内部线路→中央线路板单端子插座 P 端子→点火开关 30 端子→点火开关→点火开关 15 端子→电阻 R_2 和充电指示灯（发光二极管）→二极管→中央线路板 A_{16} 端子→中央线路板内部线路→中央线路板 D_4 端子→单端子连接器 T_1（蓄电池旁边）→交流发电机 D_+ 端子→发电机的励磁绕组→电子调节器功率管→搭铁→蓄电池负极。

当发电机电压高于蓄电池电压时，则由 3 只励磁二极管的共阴极端（D_+）直接向励磁绕组提供电流。

（二）充电系统常见故障诊断

1. 发电机不充电故障诊断

（1）故障现象

发动机在怠速以上转速运转时，充电指示灯不熄灭；在怠速以下转速运转时，充电指示灯不亮，但蓄电池出现亏电现象。

（2）故障原因

①发电机 V 带过松或有油污引起打滑。

②磁场绕组断路、搭铁或匝间短路。

③定子绕组断路、搭铁或匝间短路。

④电刷与集电环接触不良。

⑤整流二极管、励磁二极管断路或击穿。

⑥充电指示灯损坏。

⑦充电指示灯与仪表板 14 孔黑色插件 T14/12 插孔间的二极管断路。

⑧电压调节器损坏。

（3）故障诊断

接通点火开关，检查充电指示灯是否闪亮，如果不亮，则可按图

3-47 所示的步骤进行判断与排除。

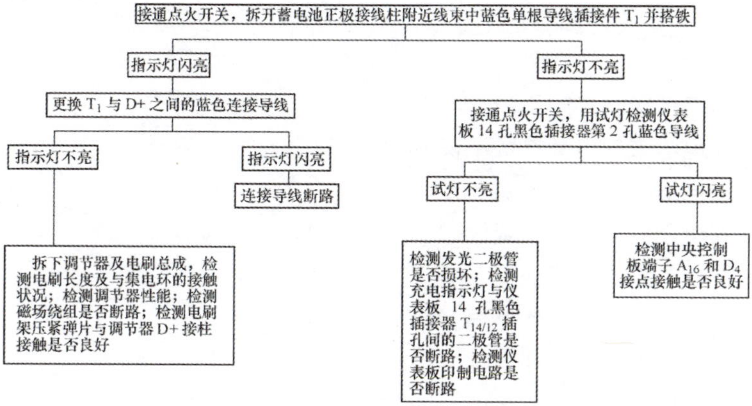

图 3-47　充电指示灯不亮故障判断与排除流程图

发动机在怠速以上转速运转时充电指示灯仍亮，则按图 3-48 所示的顺序进行判断与排除。

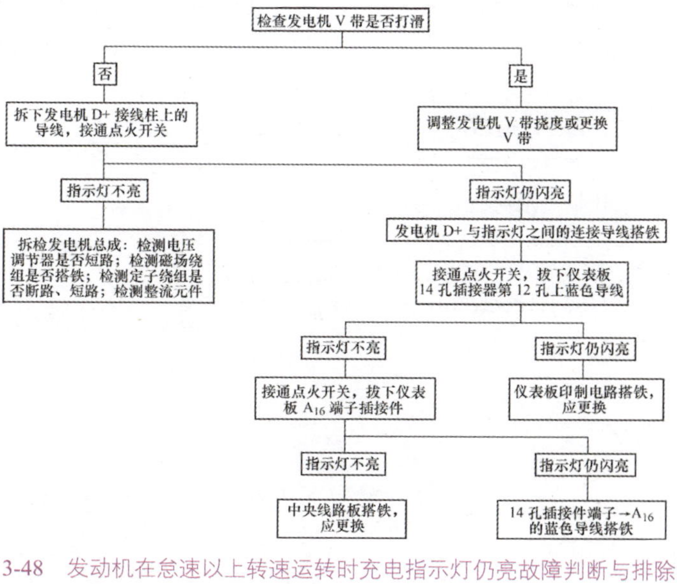

图 3-48　发动机在怠速以上转速运转时充电指示灯仍亮故障判断与排除流程图

2. 充电电流过小故障诊断

（1）故障现象

发动机在中速以上转速运转时，充电指示灯方能熄灭，打开前照灯时灯光暗淡。

（2）故障原因

①发电机 V 带打滑。

②充电线路接触不良。

③电刷与集电环接触不良。

④电枢绕组局部短路。

⑤个别整流二极管或励磁二极管断路、击穿。

⑥定子绕组断路或局部短路。

⑦电压调节器工作不良。

（3）故障诊断

充电电流过小故障诊断，如图 3-49 所示。

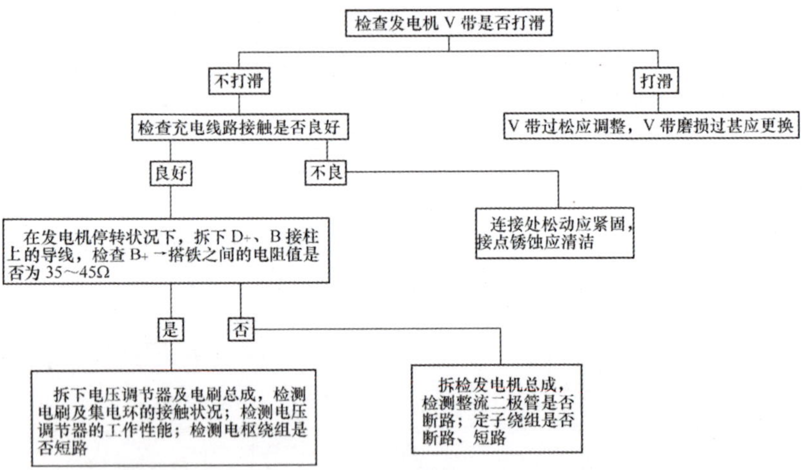

图 3-49　充电电流过小故障诊断流程图

3. 充电电流过大故障诊断

（1）故障现象

蓄电池电解液消耗过快，发电机及点火线圈容易过热，灯泡易烧坏。

（2）故障原因

电压调节器 D_F → D_- 之间短路。

（3）故障诊断

更换电压调节器。

4. 充电不稳故障诊断

（1）故障现象

发动机在怠速以上转速运转时，充电指示灯时亮时灭。

（2）故障原因

①发电机 V 带打滑。

②充电线路或磁场接柱松动。

③电刷与集电环接触不良。

④发电机内部导线连接松动。

⑤电压调节器内部元件损坏。

（3）故障诊断

①检查并调整 V 带的挠度，若 V 带磨损严重应更换。

②检查充电线路、励磁线路是否松动或锈蚀，并视情予以紧固和清洁。

③拆下电刷总成，检查电刷的高度是否符合标准，与集电环接触面是否有油污，在电刷架内运动有无卡滞现象，弹簧弹力是否过小等，并视情予以更换或修理。

④拆解发电机，检查电枢绕组、定子绕组连接导线是否松动或脱焊，视情予以重新焊接。

⑤以上检查均正常，则应更换电压调节器。

5. 发电机过热故障诊断

（1）故障现象

发电机运转过程中温度过高，严重时将烧坏磁场绕组或定子绕组。

（2）故障原因

①发电机前、后端轴承润滑不良。

②发电机电枢爪极与定子铁心相互摩擦。

③交流发电机与发动机不匹配，最高转速过低。

（3）故障诊断

①若非原装发电机，应比较现装与原装的最高允许转速及 V 带轮直径。若现装发电机的最高允许转速低于原装发电机的最高允许转速，且差值较大，或 V 带轮直径小于原装 V 带轮直径，应按标准进行更换。

②若为原装发电机，则应拆解发电机，检查前、后端轴承是否破裂，润滑是否良好；转子爪极与定子铁心之间有无摩擦刮痕。

6. 发电机异响故障诊断

（1）故障现象

发电机工作过程中发出连续或断续的异常响声。

（2）故障原因

①发电机V带打滑。

②发电机轴承损坏。

③转子与定子间发生碰擦。

④风扇叶片与前端盖碰擦。

（3）故障诊断

①若异响断续出现，且发电机转速变化时响声严重，应检查发电机V带的挠度，并予以调整。

②若异响连续，应观察风扇叶片与前端盖是否碰擦。用听诊器或螺钉旋具听诊发电机前、中、后端部，如图3-50所示。如果响声在发电机的前、后部严重，则为发电机轴承损坏或润滑不良；若响声在发电机中部且有振动感，则为转子与定子发生碰擦。应拆解发电机，润滑或更换相应部件。

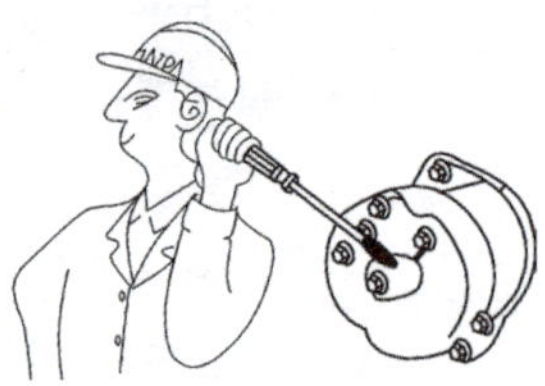

图3-50　用听诊器或螺钉旋具听诊发电机异响

二、维修实例

实例一　打开点火开关时，充电指示灯不亮

（1）故障现象

桑塔纳2000轿车，行驶里程为3.6万km。驾驶人说，打开点火开关时，发电机充电指示灯一直不亮。蓄电池亏电严重，使用较短时间就要更换。

（2）故障原因

发电机整流器二极管损坏。

（3）故障诊断

从以上故障现象初步判断，为发电机不发电。为验证此判断，可拆下发电机磁场F接线柱引线，在发电机的电枢B_+接线柱与磁场F接线柱间并联一试灯，发动机中速运转，试灯不亮，表明发电机不发电。

发电机不发电的原因很多，需要逐一检查。检查发电机V带张紧度，正常（挠度10mm）；拆下并分解发电机检查，电刷磨损在允许范围内（新电刷长度为13mm，磨损超过了1/3应更换），弹簧及架均完好，集电环无严重失圆；用万用表检查转子是否断路或短路（短路电阻值为 2.2Ω，断路电阻值为 ∞），所测电阻值在正常范围内（2.2 ~ 2.3Ω）；接着用万用表测量线圈与集电环间的电阻值为 ∞，表明无搭铁故障。

用万用表检查定子

①搭铁检查。用万用表两试笔接定子铁心和三相绕组端头之一，电阻值为 ∞，无搭铁故障。

②断路检查。用万用表两试笔分别接绕组两端，电阻值近似为 0，无断路和中性点焊接不良故障。

检查整流器二极管的电阻，结果正、反向测量电阻值相等，证实二极管已损坏。

故障原因是桥式整流二极管损坏，造成发电机不发电。桥式整流器由6个二极管组成一体，任何一个二极管损坏，应更换桥式整流器组件（如果无组件更换，应更换发电机总成）。更换后，充电指示灯恢复正常。

实例二 发动机冷车时起动困难，充电指示灯不熄灭

（1）故障现象

福美来轿车，行驶里程为 5.1 万 km。发动机冷车启动困难充电指示灯在发动机运转后仍然闪亮。

（2）故障原因

电压调节器损坏。

（3）故障诊断

充电指示灯（警告灯）在发动机启动后闪亮，表明发电机不向蓄电池充电（桑塔纳轿车在发动机启动和怠速时，发电机也能对蓄电池充电）；冷车启动困难，表明蓄电池亏电。分析故障产生的原因一般有两个

①发电机工作不良，致使发电机发出电量过小，电压不足。

②电压调节器损坏，发电机发出的电不能向蓄电池充电。

在发电机的电枢 B_+ 接线柱与磁场 F 接线柱间并联一个试灯（拆下发电机磁场F 接线柱引线），发动机中速运转。接 12V 蓄电池，试灯不亮，表明电压调节器已经损坏。更换电压调节器集成块（如果没有该零件，则要更换发电机总成），故障排除。

电压调节器一般不易损坏，但长期在大电流冲击下也会损坏。这将造成蓄电池亏电并逐渐损坏。

CHAPTER 4

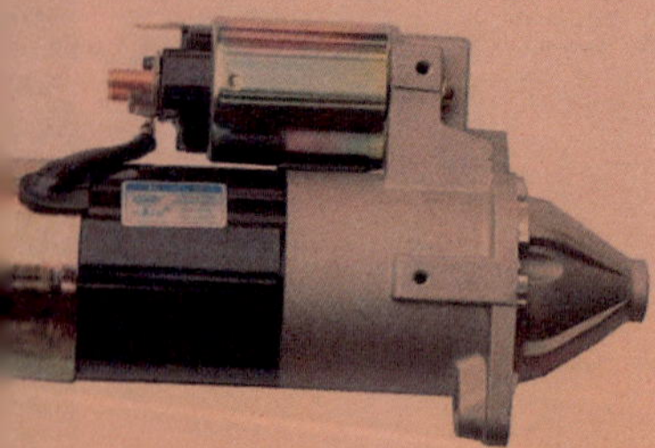

第四章 起动系统

第一节 认识起动系统

一、起动系统的功用与分类

1. 起动机的功用

要点

● 起动机在点火开关和起动继电器的控制下，将蓄电池的电能转化为机械能，带动发动机飞轮齿圈使曲轴转动，完成发动机的起动。

2. 起动机的分类

汽车用起动机种类繁多，形式各异，分类方法各不相同。电磁控制式起动机可按起动机的总体结构、传动机构的啮入方式进行分类。

（1）按起动机总体结构分类

要点

● 电磁式起动机，是电动机的磁场为电磁场的起动机。电磁场是指由线圈通电而在铁心中产生的磁场，如桑塔纳轿车用 QD1225 型、东风 EQ2102 型汽车用 QD2623 型 24V/4. 5kW 起动机以及东风 EQ1090 型汽车用 QD124、QD1212 型和解放 CA1091 型汽车用 QD1215 型起动机，均为电磁式起动机。典型电磁式起动机实物如图 4-1 所示。

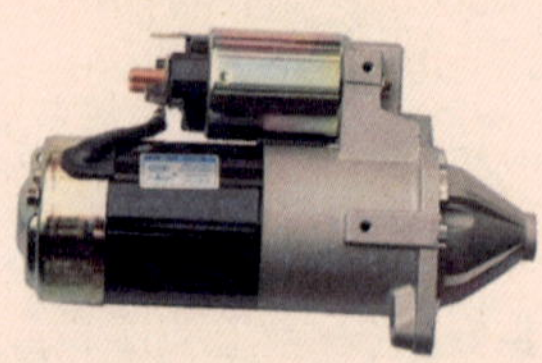

图 4-1 典型电磁式起动机实物

● 减速式起动机，是传动机构设有减速装置的起动机。其电动机一般采用高速小型电动机，质量和体积比电磁式起动机减小 30% ~ 35%。缺点是结构和工艺比较复杂。主要用于小轿车和轻型越野汽车，如桑塔纳 2000GSi 型轿车、丰田轿车、切诺基吉普车用 DWl.4 型起动机。

● 永磁式起动机，是电动机的磁场由永久磁铁产生的起动机。由于磁极采用永磁材料制成，不需要励磁绕组，因此电动机结构简化、体积小、质量小。主要用于小轿车和轻型越野汽车，如大众奥迪轿车等。

（2）按传动机构啮入方式分类

要点

● 强制啮合式起动机，是利用电磁力拉动杠杆机构，使驱动齿轮强制啮入飞轮齿圈的起动机。主要优点是工作可靠性高，因此现代汽车广泛采用。

● 电枢移动式起动机，是利用磁极产生的电磁力使电枢产生轴向移动，从而将驱动齿轮啮入飞轮齿圈的起动机。其特点是结构比较复杂，主要用于大功率发动机汽车，东欧汽车采用较多，如太脱拉 Tlll、T138、斯柯达 706R、却贝尔 D250、13420、13450 等汽车起动机。

● 同轴移动式起动机，是利用电磁开关推动电枢轴孔内的啮合推杆移动，使驱动齿轮啮入飞轮齿圈的起动机。主要用于大功率发动机汽车，如斯太尔 SX2190 型汽车用 QD2745 型 24 V/5. 4 kW 起动机和奔驰 Benz2026 型汽车用 KB 型起动机。

二、起动系统的结构

起动系统是由蓄电池、起动机、起动继电器和点火开关等组成，如图 4-2 所示。

起动机是起动系统的主要组成部分，由串励式直流电动机、传动机构和电磁开关（也称控制装置）3 部分组成，图 4-3 所示为起动机的结构图。

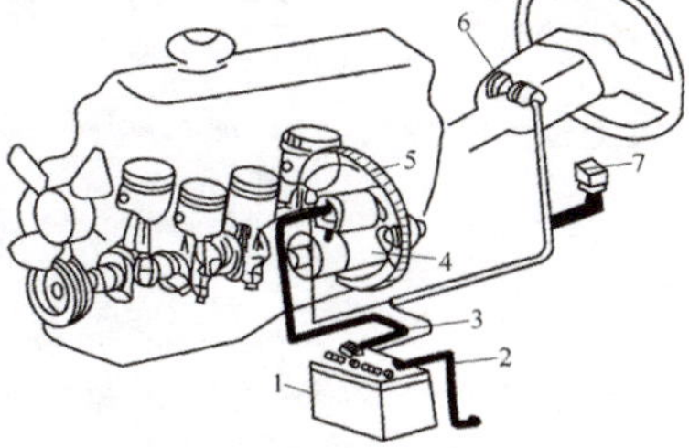

图 4-2 起动系统的组成
1—蓄电池 2—搭铁电缆 3—起动机电缆
4—起动机 5—飞轮 6—点火开关
7—起动继电器

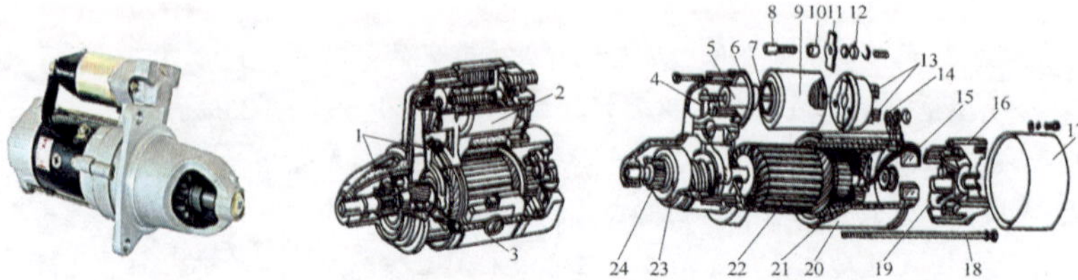

a）实物图　　b) 整体结构图　　c) 分解图

图 4-3　起动机的结构图

1—传动机构　2—电磁开关　3—串励式直流电动机　4—拨叉　5—活动铁心　6—垫圈　7—弹簧　8—顶杆　9—线圈体　10、12—绝缘垫　11—接触盘　13—接线柱　14—连接铜片　15—电刷　16—端盖　17—防护罩　18—穿钉　19—搭铁电刷　20—外壳　21—定子绕组　22—电枢　23—单向离合器 24—驱动齿轮

1. 串励式直流电动机

（1）直流电动机的作用

其作用是产生电磁转矩。一般均采用直流串励式电动机。串励是指电枢绕组与励磁绕组串联。

（2）直流电动机的结构

直流电动机由磁极、电枢、换向器和端盖等组成，其他主要部件如图 4–4 所示。

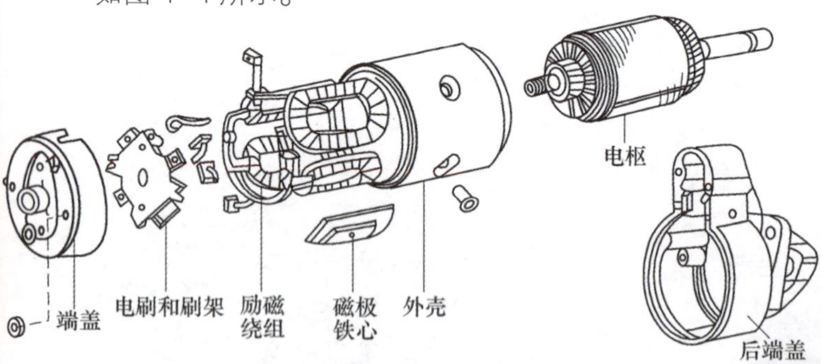

图 4-4　直流电动机的结构

①磁极。磁极的作用是产生电枢转动时所需要的磁场，它由固定在外壳上的磁极铁心和励磁绕组（也称磁场绕组）组成，如图 4-5 所示。

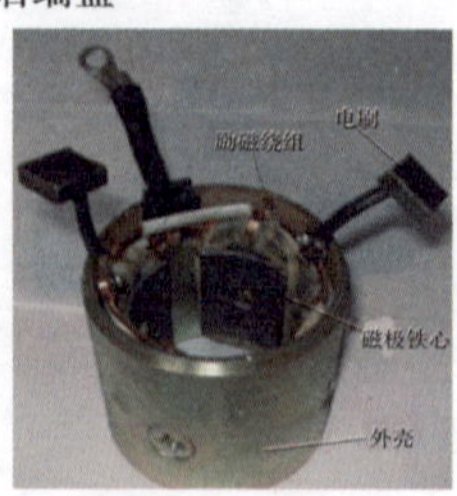

图 4-5　磁极

图 4-6 为励磁绕组的内部电路连接方法，励

磁绕组一端接在外壳的绝缘接线柱上，另一端与两个非搭铁电刷相连。

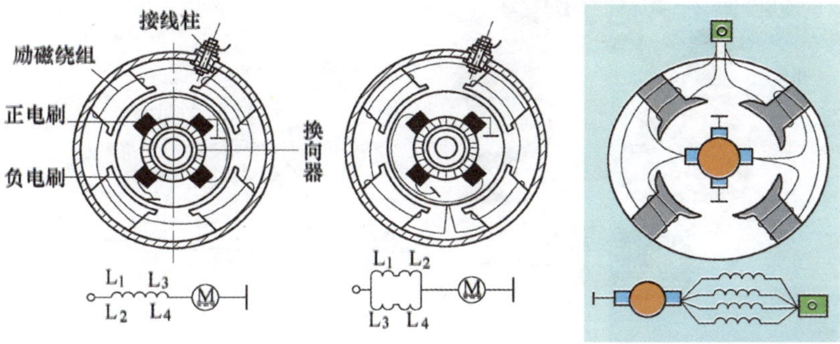

a)4 个励磁绕组相互串联 b) 两个励磁绕组串联后再并联 c）4 个励磁绕组相互并联

图 4-6 励磁绕组与电枢绕组的连接方式

②电枢。图 4-7 为电枢总成，由外圆带槽的硅钢片叠成的铁心和电枢绕组组成，励磁绕组和电枢绕组一般采用矩形断面的裸铜线绕制。

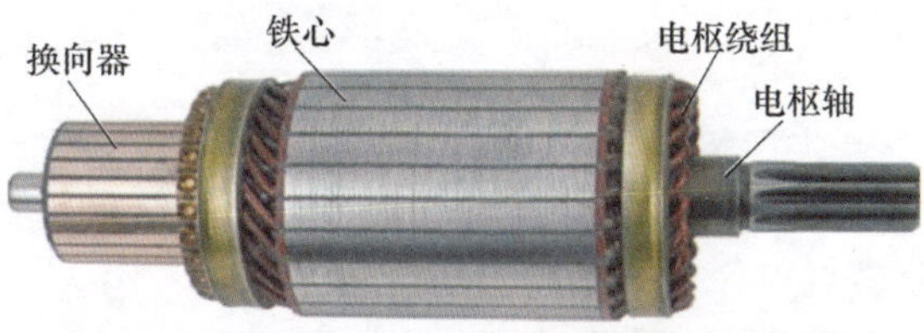

图 4-7 电枢总成

换向器装在电枢轴上，它由许多换向片组成。换向片嵌装在轴套上，各换向片之间均用云母绝缘。

③电刷。电刷和换向器配合使用。它主要用来连接励磁绕组和电枢绕组的电路，并使电枢轴上的电磁力矩保持固定方向。

电刷装在端盖上的电刷架中，电刷弹簧使电刷与换向片之间具有适当的压力，以保持配合，如图 4-8 所示。

以四磁极电动机为例，其中两个电刷与外壳绝缘，电流通过这两个电刷进入电枢绕组，另外两个为搭铁电刷，通过电枢绕组的电流使这两个电刷搭铁。

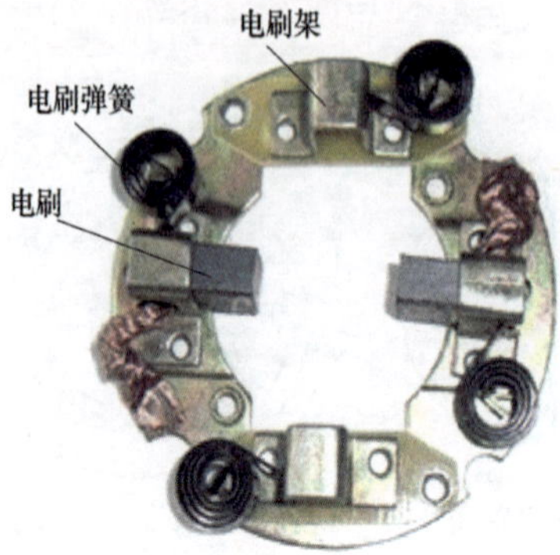

a）电刷与电刷架

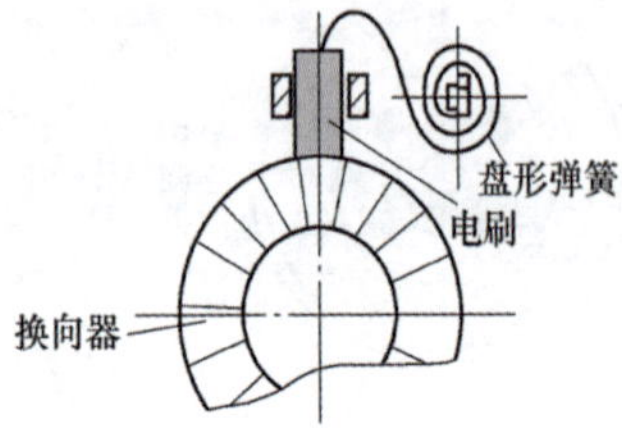

b）电刷与换向器

图 4-8　电刷及电刷架的组合

④外壳。它是电动机的磁极和电枢的安装机体，其中一端有 4 个检查窗口，便于进行电刷和换向器的维护，同时起动机的电磁开关也安装在外壳上，其上有一绝缘接线端，是电动机电流的引入线。

2. 传动机构

（1）传动机构的作用

传动机构是在起动发动机时使起动机驱动齿轮与飞轮齿圈啮合，将起动机的转矩传递给发动机曲轴；在发动机起动后又能使起动机驱动齿轮自动空转或与飞轮齿圈脱离啮合。

（2）对传动机构的要求

要点

- 起动机的驱动齿轮与发动机的飞轮齿圈啮合时要平稳，不能发生冲击现象。
- 由于起动机的驱动齿轮与发动机的飞轮齿圈速比很大，因此发动机起动后，驱动齿轮应能自动打滑或脱离啮合，以免发动机带动起动机电枢高速旋转，造成电枢绕组“飞散”的事故。
- 因为起动机是由点火开关控制的，所以当发动机工作时，要防止点火开关误操作，使起动机的驱动齿轮再次与发动机的飞轮齿圈啮合，导致起动机与发动机的飞轮齿圈损坏。

（3）传动机构的工作过程

图 4-9 所示为传动机构的工作示意图。

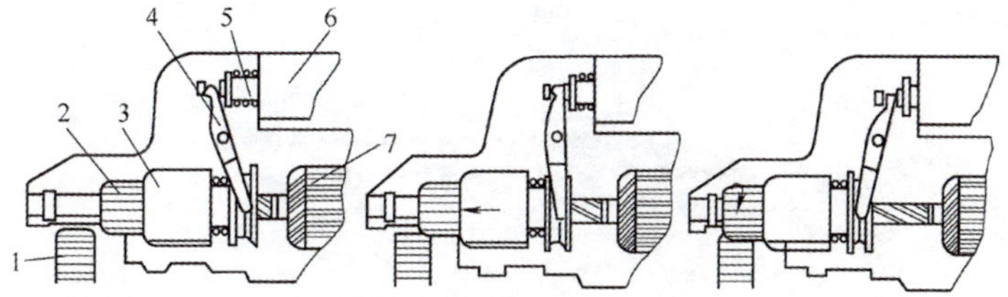

a) 起动机静止状态　b) 驱动齿轮与飞轮齿圈正在啮合　c) 完全啮合

图 4-9　传动机构的工作示意图

1—飞轮　2—驱动齿轮　3—单向离合器　4—拨叉　5—活动铁心　6—电磁开关　7—电枢

要点

- 图 4-9a 所示为起动机不工作时所处的位置。
- 图 4-9b 所示为在电磁开关的作用下，驱动齿轮与飞轮齿圈正在啮合，此时起动机的主电路还没有接通。
- 图 4-9c 所示为驱动齿轮与发动机飞轮齿圈完全啮合，主电路接通，电枢轴开始带动发动机曲轴旋转。

发动机起动后，驱动齿轮与飞轮齿圈仍处于啮合状态，单向离合器打滑，驱动齿轮在飞轮的带动下空转。起动结束后，驱动齿轮在电磁开关的作用下，与发动机飞轮齿圈脱离啮合。

（4）单向离合器

单向离合器起动机传动机构中的关键部件是单向离合器。

要点

- 单向离合器的作用是在起动时将电枢产生的电磁转矩传递给发动机飞轮。
- 当发动机起动后，单向离合器立刻打滑，防止发动机飞轮带动电枢高速旋转。

单向离合器实物如图 4-10 所示。单向离合器主要有滚柱式、摩擦片式和弹簧式 3 种类型。

①滚柱式单向离合器的结构与工作过程。滚柱式单向离合器的原理是通过改变滚柱在楔形槽中的位置来实现分离和结合，其结构如图 4-11 所示。

图 4-10　单向离合器实物

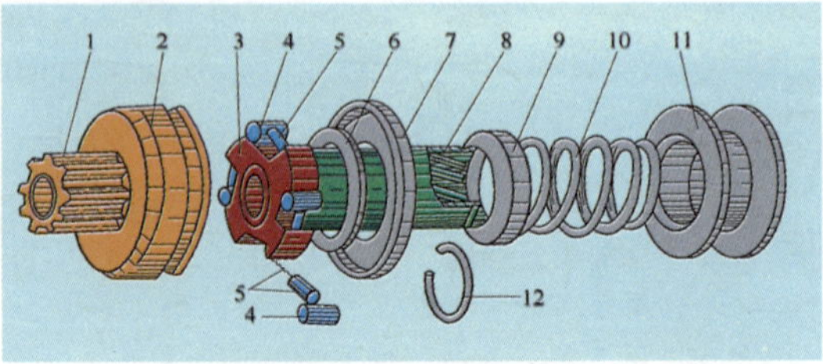

图 4-11 滚柱式单向离合器结构

1—驱动齿轮 2—外壳 3—十字块 4—滚柱 5—弹簧与压帽 6—垫圈 7—护盖 8—传动套筒 9—弹簧座 10—弹簧 11—移动衬套 12- 卡簧

单向离合器的外壳 2 与驱动齿轮 1 为一体，外壳 2 与十字块 3 之间形成四个楔形槽，每个槽中有一个滚柱 4，十字块 3 与传动套筒 8 为一体，传动套筒 8 内侧带键槽，套在电枢轴的花键部位上。

其工作过程如下：当起动机开始工作时，拨叉拨动移动衬套 11，使驱动齿轮 1 与发动机飞轮齿圈啮合，电磁转矩由电枢轴传到传动套筒 8 与十字块 3，使十字块 3 同电枢轴一同旋转。此时，再加上飞轮齿圈给驱动齿轮 1 的反作用力，滚柱在摩擦力矩的作用下，滚入楔形槽的窄端而卡死（图 4-12a），于是驱动齿轮 1 和传动套筒 8 为一个整体，带动飞轮，起动发动机。当发动机起动后，发动机飞轮带动驱动齿轮 1 旋转，外壳 2 的转速高于十字块 3 的转速，此时，滚柱滚向楔形槽的宽端而打滑（图 4-12b）。这样发动机的转矩就不能通过驱动齿轮 1 传递给电枢，防止电枢因高速飞转而造成电枢绕组“飞散”的事故。

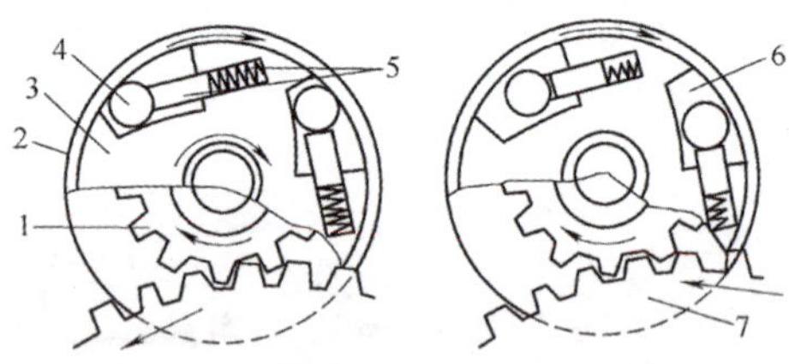

a) 起动时传递电磁转矩　　b) 起动后打滑

图 4-12 滚柱式单向离合器工作原理

1—驱动齿轮 2—外壳 3—十字块 4—滚柱 5—弹簧与压帽 6—楔形槽 7- 飞轮

要点

- 滚柱式单向离合器结构简单，在中、小功率的起动机上被广泛应用。
- 但在传递较大转矩时，滚柱易变形卡死，因此滚柱式单向离合器不适用于功率较大的起动机。

②摩擦片式单向离合器的结构与工作过程。摩擦片式单向离合器的原理是通过主、从动摩擦片的压紧和放松来实现分离，其结构如图 4-13 所示。

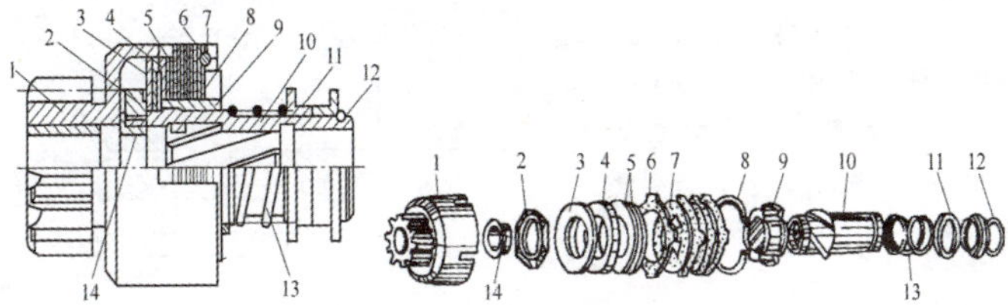

a) 装配图　　b) 解体图

图 4-13　摩擦片式单向离合器结构

1—驱动齿轮与外接合鼓　2—螺母　3—弹性圈　4—压环　5—调整垫圈　6—从动摩擦片　7—主动摩擦片　8、12—卡环　9—内接合鼓　10—传动套筒　11—移动衬套　13—缓冲弹簧　14—挡圈

传动套筒 10 套在电枢轴的螺旋花键上，在传动套筒 10 的外表面上又有三线螺旋花键，套着内接合鼓 (主动鼓)9，内接合鼓上有 4 个轴向槽，用来插放主动摩擦片 7 的内齿。由传动套筒 10、内接合鼓 9 和主动摩擦片 7 共同组成单向离合器的主动部分。从动摩擦片 6 的外齿插放在与驱动齿轮成一整体的外接合鼓 1 的槽中，两者共同组成单向离合器的从动部分。主、从动摩擦片相间组装，螺母 2 与摩擦片之间装有弹性圈 3、压环 4 和调整垫圈 5。

起动机工作时，起动机电枢轴带动传动套筒 10 转动，由于惯性的作用，内接合鼓 9 随着传动套筒 10 的旋转而左移，使主、从动摩擦片紧压在一起，利用摩擦力将电枢转矩传递给飞轮。发动机起动后，起动机的驱动齿轮被飞轮带着转动，转速高于电枢的转速，于是内接合鼓又沿传动套筒上的螺旋线右移，使主、从动摩擦片相互脱离而打滑，避免了因电枢高速飞转而造成电枢绕组“飞散”的事故。

当发动机的起动阻力过大时，曲轴不能立刻转动，此时内接合鼓 9 在传动套筒 10 作用下，继续向左移动，导致弹性圈 3 在压环 4 的压力下弯曲，当弹性圈 3 弯曲到与内接合鼓 9 的左端面接触时，内接合鼓 9 便停止左移，于是主、从动摩擦片之间开始打滑，限制了起动机的最大输出转矩，防止了起动机过载。

摩擦片式单向离合器的最大输出转矩是可调节的，增减调整垫圈

5的片数，可以改变内接合鼓9左端面与弹性圈3之间的间隙，调节起动机的最大输出转矩。

要点

● 摩擦片式单向离合器可以传递较大的转矩，应用于大功率起动机上。

● 但是在使用过程中，摩擦片磨损后，传递的转矩将会下降，因此需要经常调整，而且其结构复杂。

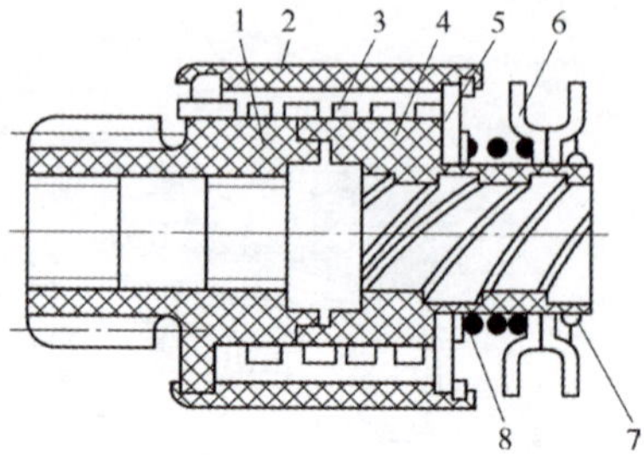

图4-14 弹簧式单向离合器结构
1—驱动齿轮与套筒 2—护套 3—扭力弹簧 4—传动套筒 5—垫圈 6—移动衬套 7—卡簧 8—缓冲弹簧

③弹簧式单向离合器的结构与工作过程。弹簧式单向离合器的原理是通过扭力弹簧的径向收缩和放松来实现分离和接合，其结构如图4-14所示。

要点

● 驱动齿轮与套筒是一体的，套在电枢轴前端的光滑部分，传动套筒套在电枢轴的花键上。在驱动齿轮套筒与传动套筒的外圈上抱有扭力弹簧，扭力弹簧的内径略小于两套筒的外径。

● 当起动机工作时，电枢轴带动传动套筒旋转。由于弹簧与套筒之间存在摩擦力，使弹簧扭紧，抱紧两套筒传递转矩。当发动机起动后，由于飞轮齿圈对驱动齿轮的作用力改变了方向，使弹簧放松，于是驱动齿轮只能在电枢轴的光滑部分高速空转，防止了电枢超速运转带来的危险。

● 弹簧式单向离合器结构简单，成本低，使用寿命长，但由于扭力弹簧的轴向尺寸较长，一般只应用在大功率起动机上。

3. 电磁开关

（1）电磁开关的作用

电磁开关是用来接通和切断串励式直流电动机与蓄电池之间的电路，控制起动机驱动齿轮与发动机飞轮齿圈的啮合与分离。对于汽油发动机，有些起动机的电磁开关还具有在起动发动机时短路点火线圈附加电阻的作用。电磁开关实物如图4-15所示。

图4-15 电磁开关实物

（2）电磁开关的结构

图 4-16 所示为电磁开关的结构图。电磁开关主要由吸引线圈、保持线圈、回位弹簧、活动铁心、接触片等组成。其中，端子 C 接起动机励磁绕组；端子 30 直接接电源（蓄电池）。

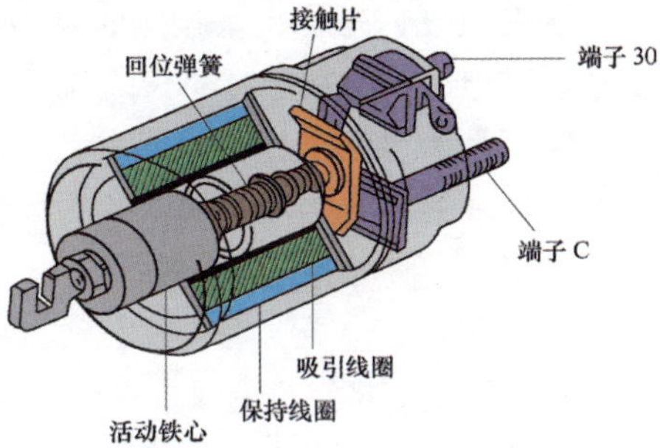

图 4-16　电磁开关结构图

图 4-17 所示为电磁开关的电路连接关系图。电磁开关主要由吸引线圈 7、保持线圈 8、活动铁心、接触盘 6 等组成。其中吸引线圈 7 与电动机串联，保持线圈 8 与电动机并联，直接搭铁。活动铁心一端通过接触盘 6 控制主电路的导通；另一端通过拨叉 11 控制驱动齿轮 13 的啮合。在起动机电磁开关上有 3 个接线柱：主接线柱 3，接蓄电池的起动电缆线，有的写为端子 30；起动接线拄 5，接点火开关起动挡 ST 或起动继电器，有的写为端子 50；点火线圈附加电阻短路接线柱 2，接点火线圈。

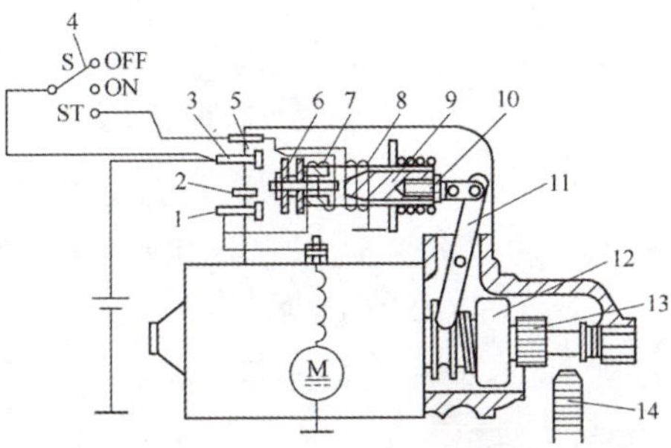

图 4-17　电磁开关的电路连接关系图

1、3—主接线柱　2—点火线圈附加电阻短路接线柱　4—点火开关　5—起动接线柱　6—接触盘　7—吸引线圈　8—保持线圈　9—活动铁心　10—调节螺钉　11—拨叉　12—单向离合器　13—驱动齿轮　14—飞轮

三、起动系统工作原理

1. 直流电动机的工作原理

直流电动机的基本工作原理是通电的导体在磁场中会受电磁力作用，电磁力的方向遵循左手定则。

如图 4-18 所示，两片换向器片分别与环状线圈的两端

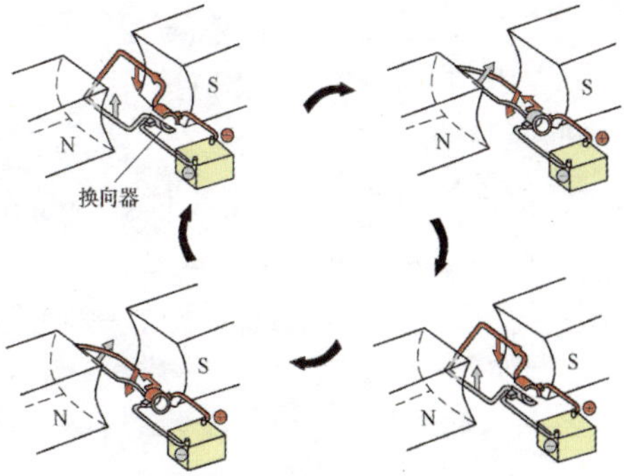

图 4-18　直流电动机的原理图

连接，电刷一端与两换向器片相接触，另一端分别接蓄电池的正极和负极。在环状线圈中电流的方向交替变化，用左手定则判断可知，环状线圈在电磁力矩作用下按顺时针方向连续转动。这样在电源连续对电动机供电时，其线圈就不停地按同一方向转动。

为了增大输出力矩并使运转均匀，实际的电动机中电枢采用多匝线圈，随线圈匝数的增多换向片的数量也要增多。

2. 起动系统的工作过程

参见图 4-17，起动系统的工作过程如下：

1) 起动时，将点火开关 S 打到 ST 挡，电磁开关通电。其电路如下：

蓄电池正极→主接线柱 3→点火开关 S→起动接线柱 5 ↗保持线圈 8→搭铁。 ↘吸引线圈 7→主接线柱 1→串励式直流电动机→搭铁。

此时，吸引线圈 7 与保持线圈 8 的电流绕向相同，磁场方向相同，活动铁心 9 在两个线圈磁场力的共同作用下克服回位弹簧的作用向左移动，通过拨叉 11 使驱动齿轮 13 与发动机飞轮 14 啮合。

当驱动齿轮 13 与飞轮 14 啮合后，接触盘 6 将主接线柱 1、主接线柱 3 内侧触头接通，于是起动机的主电路接通（电流为 200 ~ 600A），电路如下：

蓄电池正极→主接线柱 3→接触盘 6→主接线柱 1→励磁绕组→电刷→电枢绕组→电刷→搭铁。

这时直流电动机产生电磁转矩，通过单向离合器带动曲轴旋转，起动发动机。

2) 发动机起动后，单向离合器打滑。

3) 松开点火开关 S，点火开关 S 从 ST 挡回到 ON 挡，这时从点火开关 S 到起动接线柱 5 之间已没有电流，吸引线圈 7 与保持线圈 8 的电路变为

蓄电池正极→主接线柱 3→接触盘 6→主接线柱 1→吸引线圈 7→保持线圈 8→搭铁。

此时，由于吸引线圈 7 与保持线圈 8 的电流绕向相反，磁场方向相反，磁吸力相互抵消，因此，活动铁心 9 在回位弹簧的作用下，迅速右移，使主电路断开，驱动齿轮 13 与飞轮 14 脱离啮合，起动机停止工作。

在接触盘 6 接通主电路之前，由于电流经吸引线圈 7 到励磁绕组

与电枢绕组，所以电枢产生了一个较小的电磁转矩，使驱动齿轮13在缓慢旋转状态下与飞轮14平稳啮合。主电路接通后，吸引线圈7被短路，活动铁心9的位置由保持线圈产生的磁吸力来保持。

主电路接通的同时，接触盘6将接线柱2接通，使点火线圈的附加电阻短接，提高点火电压。现在附加电阻已经很少采用，所以这个接线柱不接线或已经取消。

第二节 如可检修起动系统

一、起动机的拆装

先将起动机从车上拆下。拆下蓄电池搭铁线，然后再拆下起动机的各插接线。如图4-19所示，从变速器壳上旋下螺母5，取下螺栓3，即可取下起动机总成1。

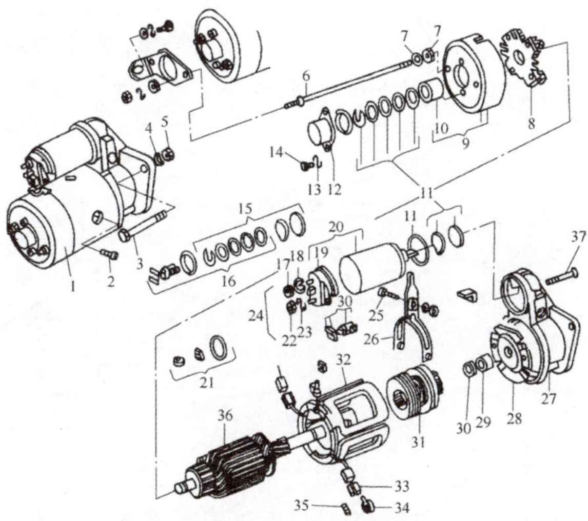

图4-19 分解起动机

1—起动机总成 2—磁场线圈固定螺栓 3—起动机固定螺栓 4、13、18、23—弹性垫圈 5、17、22—螺母 6—端盖连接螺栓 7—垫圈 8—电刷架 9—电刷端端盖 10—衬套 11、15—垫片组件(配件成组供应) 12—衬套座 14—螺钉 16—活动接柱和垫片组件(这一组件包括件24) 19—电磁开关端盖 20—电磁开关总成 21—垫块及密封圈(作配件供应) 24—电磁开关活动接柱组件(配件是仅供组件，不单独供应的) 25—拨叉销 26—移动叉 27—驱动端端盖 28—中间支承盘 29—电枢轴驱动齿轮衬套 30—止推垫圈 31—驱动齿轮与单向离合器 32—磁场线圈 33—电刷 34—电刷弹簧 35—弹簧 36—电枢 37—螺栓

起动机的分解步骤如下：

①如图 4-20 所示，用扳手旋下电磁开关的接线柱 30 及 50 的螺母，取下导线。

②如图 4-21 所示，旋下起动机贯穿螺钉和衬套座螺钉，取下衬套座 2 和端盖 3，取出垫片组件和衬套。

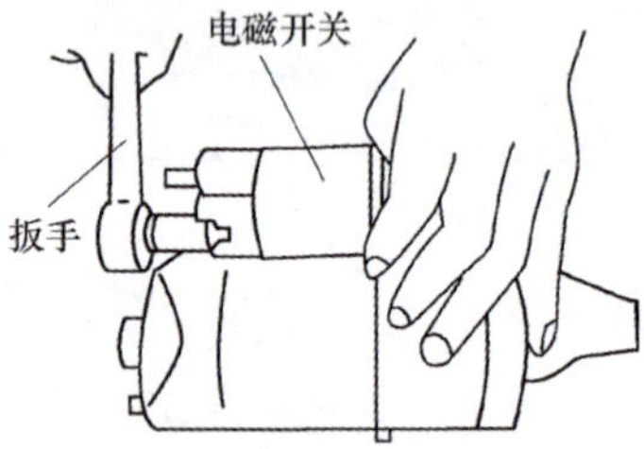

图 4-20　起动机导线的拆卸

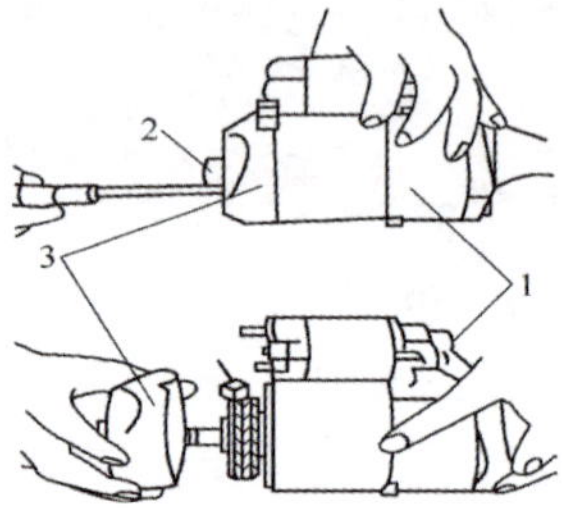

图 4-21　起动机衬套及端盖的拆卸
1—起动机　2—衬套座　3—端盖

③如图 4-22 所示，用尖嘴钳将电刷弹簧抬起，拆下电刷架及电刷。

④如图 4-23 所示，取下磁场线圈后，用扳手 1 旋下螺栓，从驱动端端盖 2 上取下电磁开关总成 3。

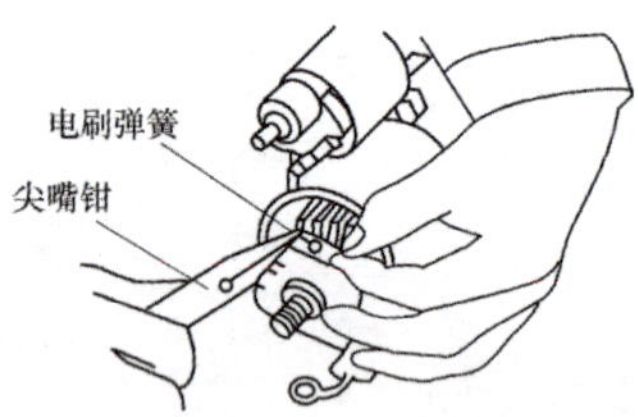

图 4-22　起动机电刷的拆卸

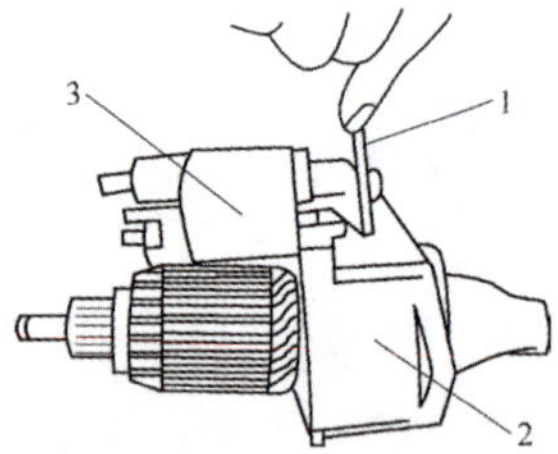

图 4-23　起动机电磁开关的拆卸
1—扳手　2—驱动端端盖　3—电磁开关

⑤如图 4-24 所示，在取出转子后，从端盖上取下传动叉，然后取出驱动齿轮与单向离合器，再取出驱动齿轮端衬套。

二、起动机的检修

（1）起动机电枢轴的维修

用千分表检查起动机电枢轴是否弯曲，如图 4-25 所示。若摆差超过 0.1mm，应进行校正。电枢轴上的花键齿槽严重磨损或损坏，应进行修复或更换。

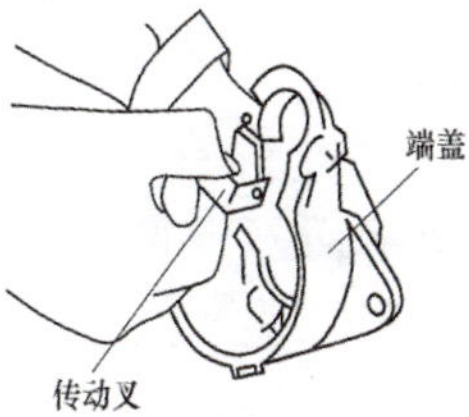

图 4-24　起动机传动叉的拆卸

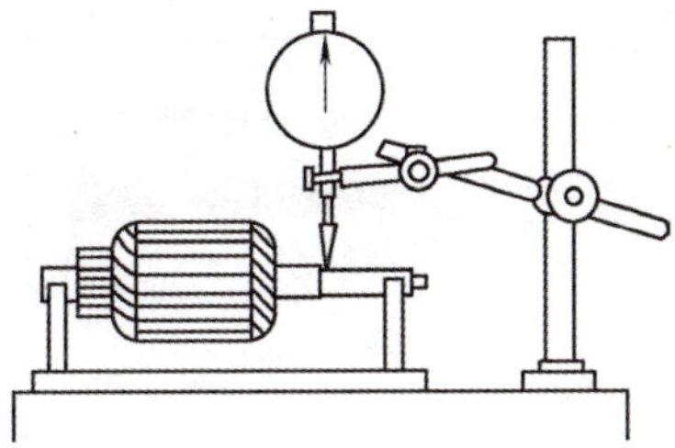

图 4-25　电枢轴弯曲度的检查

电枢轴轴颈与衬套的配合间隙，不得超过 0.15mm，间隙过大，应更换新套，进行铰配。

(2) 起动机换向器的检查

①检查换向器有无脏污和表面烧蚀，若出现此情况，用 400 号砂纸或在车床上修整。

②检查换向器的径向圆跳动，如图 4-26 所示。将换向器放在 V 形架上，用百分表测量圆周上径向圆跳动，最大允许径向圆跳动为 0.05mm。若径向圆跳动大于规定值，应在车床上校正。

③用游标卡尺测量换向器的直径，如图 4-27 所示。其标准值为 30.0mm，最小直径为 29.0mm。若直径小于最小值，应更换电枢。

④检查底部凹槽深度。应清洁无异物，边缘光滑。测量如图 4-28 所示。标准凹槽深度为 0.6mm，最小凹槽深度为 0.2mm。若凹槽深度小于最小值，用手锯条修正。

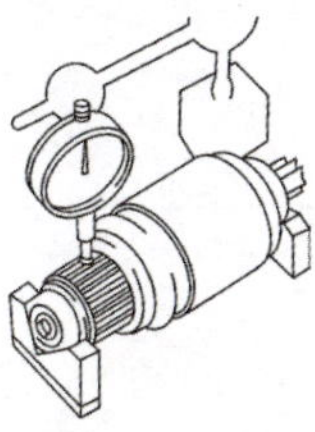

图 4-26　检查换向器径向圆跳动

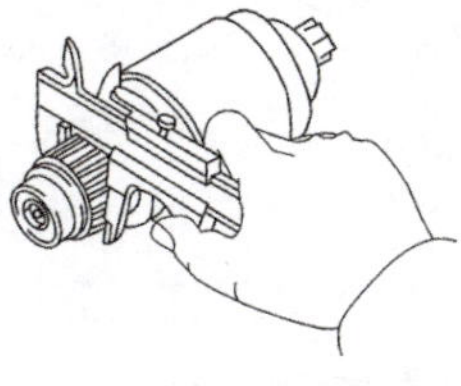

图 4-27　检查换向器直径

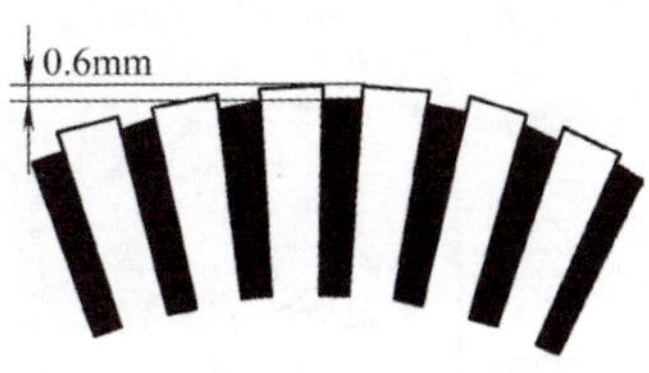

图 4-28　检查换向器底部凹槽深度

(3) 起动机电枢线圈的维修

①检查换向器是否开路。如图 4-29 所示用万用表检查，换向片之

间应导通。若换向片之间不导通，应更换电枢。

②检查换向器是否搭铁。如图 4-30 所示用万用表检查，换向器与电枢铁心之间应不导通。若导通，应更换电枢。.

（4）起动机磁场线圈的检查

①检查磁场线圈是否开路。如图 4-31 所示用万用表检查，引线与磁场线圈电刷引线之间应导通。否则，更换磁极框架。

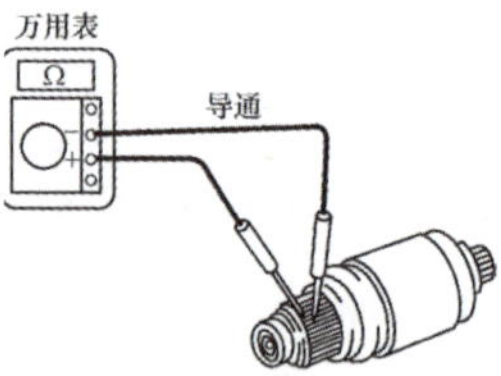

图 4-29　检查换向器是否开路

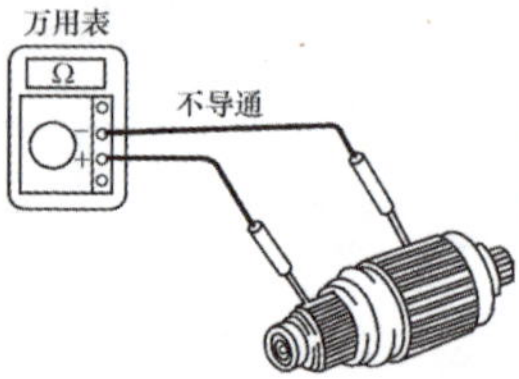

图 4-30　检查换向器是否搭铁

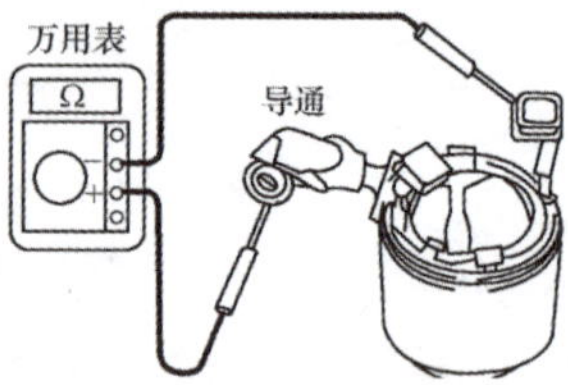

图 4-31　检查磁场线圈是否开路

②检查磁场线圈是否搭铁。如图 4-32 所示。用万表表检查，磁场线圈末端与磁极框架之间应不导通。若导通，修理或更换磁极框架。

（5）起动机电刷弹簧的维修

维修电刷弹簧，可按如图 4–33 所示，读取电刷弹簧从电刷分离瞬间的拉力计读数。标准弹簧安装载荷为 17 ~ 23N，最小安装载荷为 12N。若安装载荷小于规定值，应更换电刷弹簧。

（6）起动机电刷架的维修

如图 4–34 所示用万用表电阻档检查，电刷架正极（+）与负极（–）之间应不导通。若导通，则修理或更换电刷架。

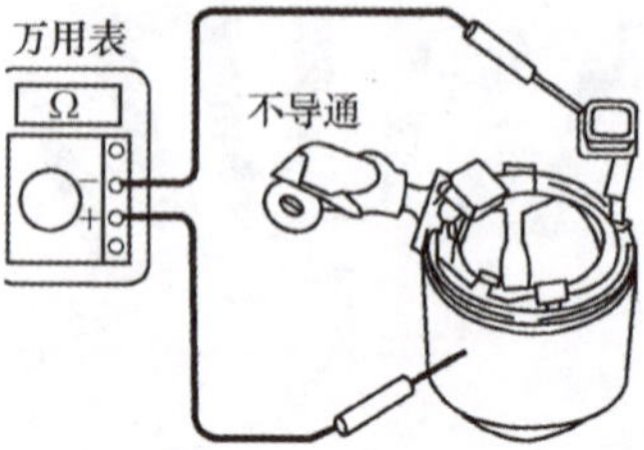

图 4-32　检查磁场线圈是否搭铁

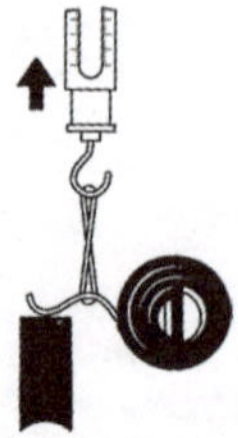
图 4-33　检查电刷弹簧载荷

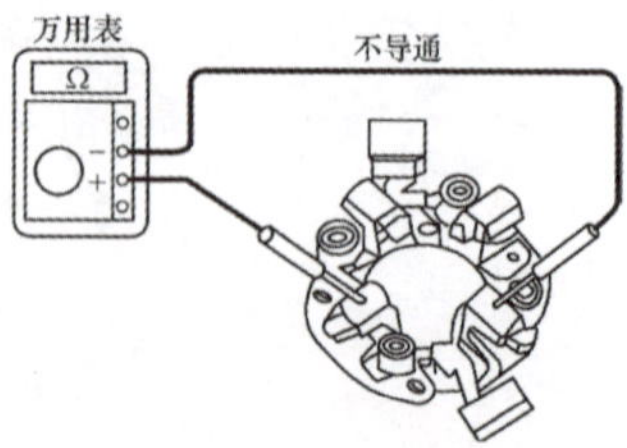

图 4-34　检查电刷架绝缘情况

（7）起动机离合器和驱动齿轮的维修

①检查离合器驱动齿轮是否严重损伤或磨损。如有损坏，应进行更换。

②检查起动机离合器是否打滑或卡滞，可用扳手，如图 4-35 所示，将离合器驱动齿轮夹在台虎钳上，在花键套筒中套入花键轴，使扳手接在花键轴上，测得力矩应大于规定值（24 ~ 26N·m），否则说明离合器打滑。反向转动离合器应不卡滞，否则修理或更换离合器总成。

（8）起动机电磁开关的维修

①检查电磁开关内部线圈断路、短路或搭铁故障，可用万用表测线圈电阻后与标准值比较进行判断。

②按照图 4-36 所示连接好线路，接通开关 K 后应能听到活动铁心动作的声音，同时试灯 L 应被点亮；开关 K 断开后，试灯 L 应立即熄灭。否则应更换电磁开关或更换起动机总成。

三、起动机的组装与调整

起动机的组装可按拆卸相反的顺序进行，但应注意以下事项：

①如图 4-19 所示，在衬套 10 和 29 中涂上润滑脂。

②如图 4-37 所示，用止推垫圈（图 4-19 件 30）调整驱动齿轮的轴向间隙（推到极限位置时），标准值为 0.3 ~ 1.5mm。

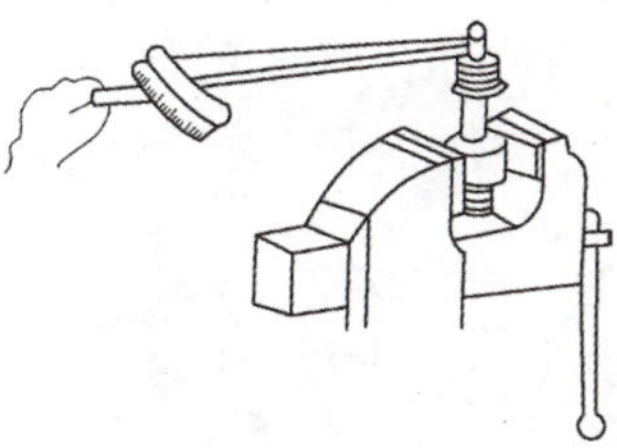

图 4-35　检查离合器工作是否正常

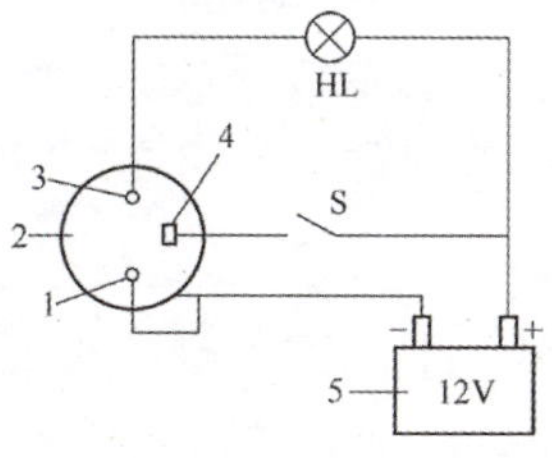

图 4-36　电磁开关的检查
1—磁场线圈接线柱　2—起动机开关　3—蓄电池接线柱　4—点火开关接线柱　5—蓄电池

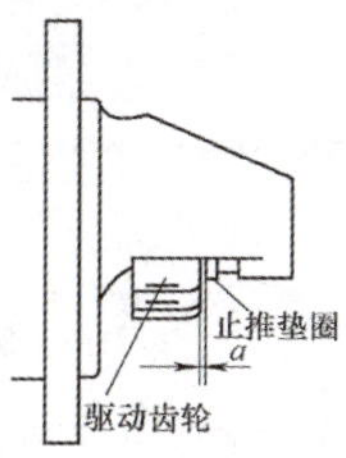

图 4-37　起动机驱动齿轮轴向间隙的调整

四、起动机的测试

（1）起动机空载性能试验

试验时，先将蓄电池充足电，每项试验应在 3 ~ 5s 内完成，以防线圈被烧坏。

①按图 4-38 所示将起动机与蓄电池和电流表（量程为 0 ~ 100 A 以上的直流电流表）连接。蓄电池正极与电流表正极连接，电流表负极与起动机端子 30 连接，蓄电池的负极与起动机外壳连接。

②如图 4-39 所示，用带夹电缆将端子 30 与端子 50 连接起来，此时驱动齿轮应向外伸出，起动机应平稳运转。当蓄电池电压大于或等于 11.5V 时，消耗电流应不超过 50A，用转速表测量电枢轴的转速应不低于 5000r/min。

③如电流大于 50A 或转速低于 5000r/min，说明起动机装配过紧或电枢绕组和磁场绕组有短路或搭铁故障。如电流和转速都低于标准值，说明电动机电路接触不良，如电刷与换向器接触不良或电刷弹簧弹力不足等。

（2）电磁开关试验

①吸拉动作试验。将起动机固定到台虎钳上，拆下起动机端子 C 上的磁场绕组电缆引线端子，用带夹电缆将起动机端子 C 和电磁开关壳体与蓄电池负极连接，如图 4-40 所示。用带夹电缆将起动机端子 50 与蓄电池正极连接，此时驱动齿轮应向外移动。如驱动齿轮不动，说明电磁开关有故障，应予修理或更换。

②保持动作试验。在吸拉动作基础上，当驱动齿轮保持在伸出位置时，拆下电磁开关端子 C 上的电缆夹，如图 4-41 所示，此时驱动齿轮应保持在伸出位置不动。如驱动齿轮回位，说明保持线圈断路，应予修理。

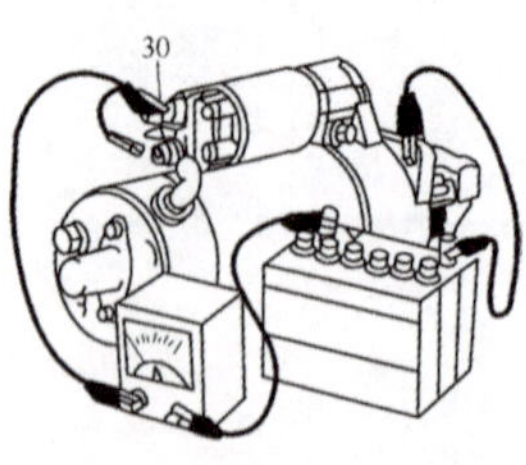

图 4-38　起动机的空载试验

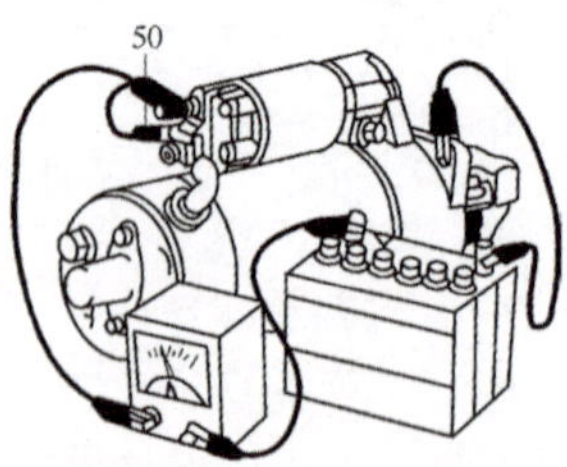

图 4-39　接通 50 端子进行试验（30 端子见图 4-38）

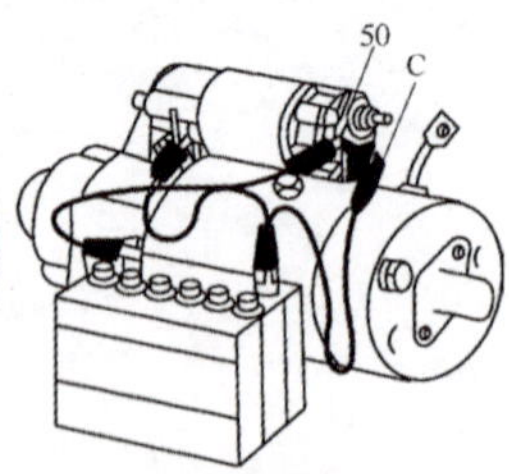

图 4-40　吸拉动作试验线路

③回位动作试验。在保持动作的基础上，再拆下起动机壳体上的电缆夹，如图 4-42 所示。此时驱动齿轮应迅速回位。如驱动齿轮不能

回位，说明回位弹簧失效，应更换弹簧或电磁开关总成。

（3）全制动试验。如图 4-43 所示，将起动机放在测矩台上，用弹簧秤 5 测出其发出的力矩，当制动电流小于 480A 时，输出最大力矩不小于 13N·m。

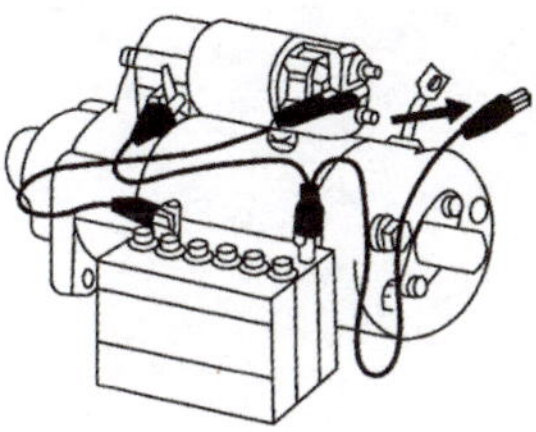

图 4-41　保持动作试验方法

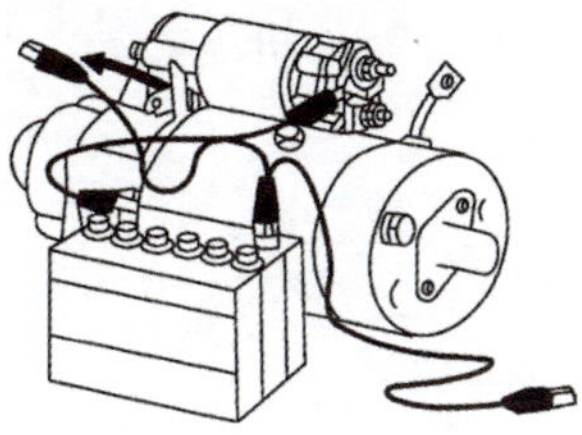

图 4-42　回位动作试验方法

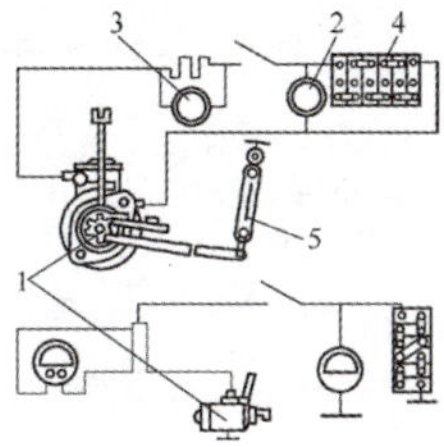

图 4-43　起动机的全制动试验

1—起动机　2—电压表　3—电流表　4—蓄电池　5—弹簧秤

五、起动机的使用与维护

1. 起动机的使用注意事项

维修提示

- 起动前应将变速器挂上空档，起动同时踩下离合器踏板。自动变速器的汽车应将变速杆置于 P 位或 N 位。
- 每次接通起动机的时间不得超过 5s，两次之间应间歇 15s 以上。
- 当发动机起动后应立刻松开点火开关，切断 ST 档，使起动机停止工作。
- 经过 3 次起动，发动机仍没有起动着火，则停止起动，进行简单的检查，如蓄电池的容量、极柱的连接、油电路等，否则蓄电池的容量将严重下降，起动发动机变得更加困难。

2. 起动机的维修注意事项

维修提示

- 在车上进行起动检测之前，一定要将变速器挂上空档，并实施驻车制动。
- 在拆卸起动机之前，应先拆下蓄电池的搭铁电缆线。
- 有些起动机在起动机与法兰盘之间使用了多块薄垫片，在装配时应按原样装回。

第三节 常见故障诊断与维修实例

一、常见故障诊断

1. 起动机不转动的诊断

（1）故障现象

接通点火开关至起动档，起动机不转动。

（2）故障原因

①蓄电池内部有故障或严重亏电。

②蓄电池接线柱严重锈蚀或导线连接松动。

③点火开关起动档接触不良。

④电磁开关吸引线圈或保持线圈出现断路、短路故障；接触盘与接触头严重烧蚀。

⑤换向器严重油污或烧蚀。

⑥电刷磨损严重；电刷弹簧过软、折断或电刷在电刷架内卡住，以致电刷与换向器不能接触。

⑦起动机电枢线圈或磁场线圈断路、短路。

⑧起动机与蓄电池间连接导线断路。

⑨中央线路板内部线路或连接导线断路。

（3）故障的诊断

起动机不转动故障的诊断，如图 4-44 所示（以桑塔纳轿车为例）。

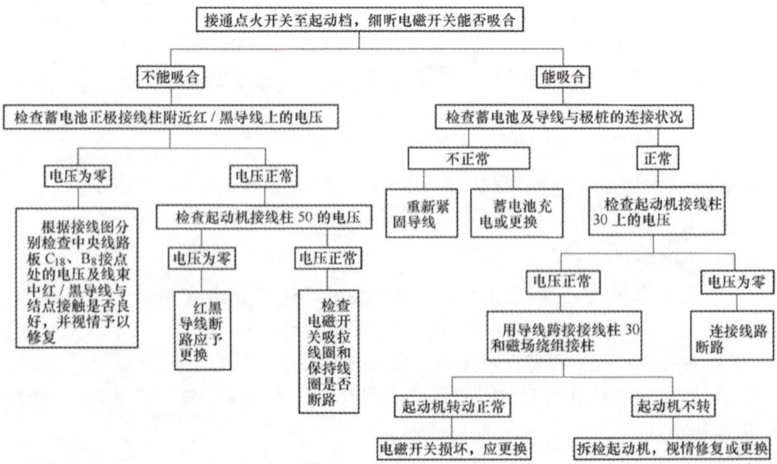

图 4-44 起动机不转动故障的诊断流程图

2. 起动机转动无力的诊断

（1）故障现象

接通点火开关至起动档位，起动机转动缓慢无力，发动机曲轴转速太低，甚至起动时发出“卡喀”一声响后便不再转动。

（2）故障原因

①蓄电池内部有故障或亏电。

②蓄电池接线柱与导线接触不良。

③电磁开关接触盘与接触头接触不良。

④换向器与电刷接触不良。

⑤电枢绕组或磁场绕组匝间短路。

⑥前、后支承衬套磨损严重或转子轴弯曲致使电枢与磁极相碰。

（3）故障的诊断

起动机转动无力故障的诊断，如图 4-45 所示。

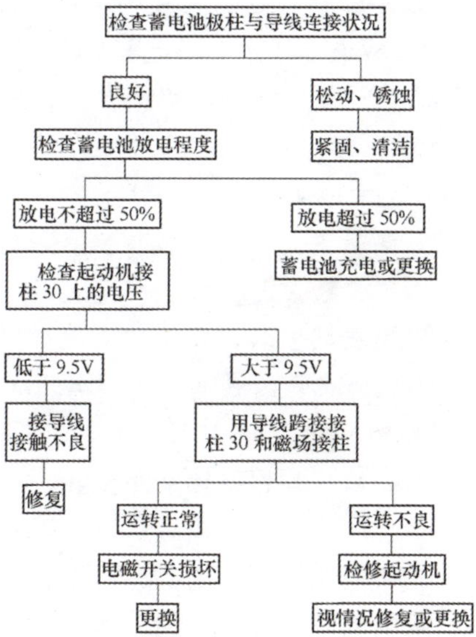

图 4-45　起动机转动无力故障的诊断

3. 起动机空转的诊断

（1）故障现象

接通点火开关至起动档，起动机高速空转，但发动机曲轴不转动。

（2）故障原因

①单向离合器打滑。

②拨叉与电磁开关或单向离合器与拨叉环脱开。

③飞轮齿圈或驱动齿轮损坏。

④起动机电枢轴支承衬套磨损严重。

（3）故障的诊断

①将曲轴转动一定角度后重新起动发动机，若起动正常，说明飞轮齿圈少数轮齿损坏，应更换齿圈。

②若起动机仍然空转，应拆下起动机检查变速器壳上电枢轴支承

衬套是否磨损严重。

③若衬套良好，应检查单向离合器是否打滑，驱动齿轮是否损坏，拨叉与电磁开关是否脱开，拨叉各铰接部件是否磨损松旷等，并视情予以修复或更换。

4. 电磁开关吸合不牢的诊断

（1）故障现象

接通点火开关至起动档，电磁开关吸合不牢，发出“哒、哒”声。

（2）故障原因

①蓄电池亏电或内部有故障。

②蓄电池接线柱与连接导线接触不良。

③电磁开关的保持线圈存在断路故障。

（3）故障的诊断

①检查蓄电池连接导线处有无松动、锈蚀。若松动，应当紧固；若锈蚀，应拆下连接导线，用“00”号砂纸清洁接线柱和夹子后重新紧固。

②检查蓄电池的放电程度，若亏电严重，应进行充电或更换。

③若蓄电池正常，应检查电磁开关保持线圈是否断路。若有断路故障，应予以更换。

5. 起动机单向离合器不回位的诊断

（1）故障现象

起动发动机时，发动机不能起动且起动机不停转动或起动后驱动齿轮仍然与飞轮齿圈啮合高速运转。

（2）故障原因

①点火开关起动档不回位。

②起动机驱动齿轮齿形与飞轮齿圈齿形不相符。

③蓄电池亏电或内部有故障。

④电磁开关触点烧蚀严重。

⑤电磁开关回位弹簧折断、活动铁心卡住。

⑥单向离合器在转子轴上卡住。

（3）故障的诊断

①遇此故障时，应迅速切断电源，防止长时间通电烧坏起动机。

②切断电源后，若单向离合器能自动回位，应检查点火开关起动档回位是否良好，不符合要求时，应予以更换。

③若单向离合器不能回位，再转动曲轴检查单向离合器是否回位，回位时应检查蓄电池的放电程度及电磁开关触点是否严重烧蚀，并视情况予以充电或更换。不回位则应拆检起动机，检查电磁开关回位弹簧是否折断；活动铁心是否卡滞；单向离合器在电枢轴上移动是否灵活，并视情予以修复或更换。

6. 热车时起动机不转的诊断

（1）故障现象

热车熄火后，随即起动发动机时，电磁开关无反应，但冷车时起动正常。

（2）故障原因

电磁开关吸引线圈、保持线圈温度升高后，因绝缘性能下降而产生短路或搭铁。

（3）故障的诊断

发动机热状态时起动机不转，待发动机降温后，重新起动，若起动机运转正常，说明电磁开关有故障，应更换开关。

二、维修实例

实例一 起动机不能使飞轮转动

（1）故障现象

桑塔纳轿车，行驶里程为 2.7 万 km。驾驶人说，点火开关转至起动档，起动机运转无力，在飞轮齿圈上发出“嚓、嚓”的声响，却带不转飞轮，车辆不能着火。

（2）故障原因

起动机单向离合器损坏。

（3）故障诊断

按动喇叭，声音响亮；打开前照灯，亮度很好；用万用表（或试灯）量取蓄电池端电压，电压值为 14.5V 初步断定蓄电池电量充足。

点火开关置于起动档，听到电磁开关吸合声，证明电磁开关工作正常，但仍不能起动发动机。将点火开关置于 OFF 档，检查起动机接线柱，发现其松动和线端铜片已有氧化黑屑。打磨和清洁后，紧固接线柱螺母，此项操作应在取下蓄电池搭铁线的情况下进行，以免扳手使用不慎造成两接柱短路。

起动发动机，虽能带动飞轮转动，但仍觉十分费力，起动多次才能使发动机着火。

拆下起动机，对各部件进行检查。用万用表对定子、转子、电刷架、换向器进行检测，均未发现故障。

检查单向离合器，用手顺时针方向能够转动自如；然后将单向器夹在台虎钳上，用扭力扳手逆时针方向转动，单向离合器竟能转动，证明单向离合器内壳磨损，带动飞轮转动时打滑。

更换单向离合器，装合起动机后，点火开关置于起动档，发动机顺利起动，故障排除。

实例二　起动机运转无力，飞轮处有异响

（1）故障现象

夏利轿车，行驶里程为186300km。驾驶人说，接通点火开关起动档，起动机运转无力，转速慢，听见飞轮处有“咋咋”声，发动机不能着火运转。

（2）故障原因

起动机起动接线柱松动，线端头铜片已氧化。

（3）故障诊断

按动喇叭，声音响亮。打开前照灯亮度很好，说明蓄电池电量充足。用万用表（或试灯）测量蓄电池端电压，电压值为12V，进一步说明蓄电池电量充足，性能良好，排除了因蓄电池亏电造成起动机运转无力的可能。

检查起动机。

首先将点火开关置于起动档，听到电磁开关吸合声，证明电磁开关工作正常，但仍不能起动发动机。

将点火开关置于OFF档（或拔出点火钥匙），检查起动机接线柱上的线插头及起动机上插头与变速线间搭铁线插头连接情况（检查时应拆开蓄电池搭铁线），发现起动机起动接线柱松动，线端头铜片已有氧化黑屑。

清除线端头氧化层，紧固线柱，试车，故障排除。

起动机引入火线接触不良，是由端头氧化和固紧不牢造成的。由于插头电阻大，线路压降过大，工作电流大大减小，起动机工作无力，转动不快，难以起动发动机。

该故障为起动机常见故障。起动机接线柱上两根粗而短的导线要传输800W的功率，电阻必须很小，虽不易烧损而造成断路，但却可能因连接不牢和线端氧化而造成电阻过大。

第五章　点火系统

CHAPTER 5

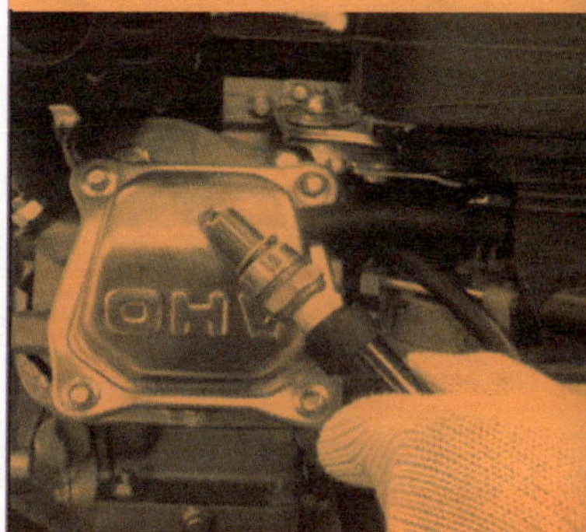

第一节 认识点火系统

一、点火系统的功用

要点

◎ 在汽油发动机中，气缸内的可燃混合气是靠高压电火花点燃的。而产生电火花的功能是由点火系统来完成的。

◎ 点火系统的作用是将汽车电源供给的低压电转变为高压电，并按照发动机的做功顺序与点火时刻的要求，适时准确地将高压电送至各缸的火花塞,使火花塞跳火,点燃气缸内的可燃混合气。

二、点火系统的分类

目前应用在汽车上的点火装置较多，点火系统的分类方法见表 5-1。

三、电子点火系统的结构与工作原理

1. 电子点火系统的结构

电子点火系统的组成如图 5-1 所示，主要包括以下几部分。

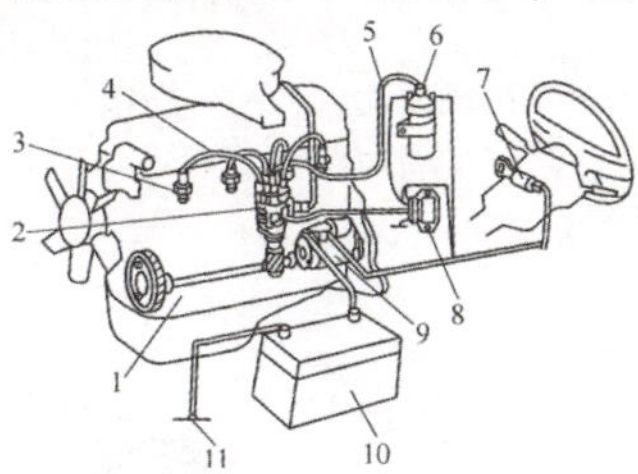

图 5-1　点火系统的组成

1—中间轴　2—分电器　3—火花塞　4—分高压线　5—中央高压线　6—点火线圈　7—点火开关 8—点火控制器　9—起动机　10—蓄电池　11—搭铁端

（1）电源

点火系统的电源为蓄电池或发电机，其作用是给点火系提供低压直流电源，电压一般为 12V。

表 5-1 点火系统的分类方法

分类原则	名称	说明
按点火能量的储存方式分类	电感储能式电子点火系统	也称电感放电式电子点火系统。所谓电感储能式，就是点火系统电火花的能量以磁场的形式储存在点火线圈中。应用比较广泛，目前使用的绝大部分点火系统为电感储能式
	电容储能式电子点火系统	也称电容放电式电子点火系统。所谓电容储能式，就是点火系统电火花的能量以电场的形式储存在专门的储能电容器中。应用较少，主要应用于赛车
按信号发生器的原理分类	电磁感应式电子点火系统	一般是由分电器轴驱动的导磁转子转动，改变磁路磁阻，使感应线圈的磁通量发生变化而产生点火电压信号。应用比较广泛，如丰田车系
	霍尔效应式电子点火系统	一般是由分电器轴驱动的导磁转子转动，通过霍尔元件所通过的磁通量的变化而产生点火信号。应用比较广泛，如大众车系
	光电式电子点火系统	一般是由分电器轴驱动的遮光转子转动，通过遮挡和穿过发光二极管光线的变化使光敏晶体管产生点火信号。应用较少，常见于日产车系
按照初级电路的控制方式分类	传统点火系统	也称蓄电池点火系统，是由断电器的触点（俗称“白金”）来控制点火初级电路的接通与切断。传统点火系统结构简单，成本低，但工作可靠性较差，故障率较高，目前已淘汰
	电子点火系统	也称晶体管点火系统，是由晶体管来控制初级电路的接通与切断。与传统点火系统相比，电子点火系统具有工作可靠性高、体积小、点火时间精确等优点。应用于早期生产的捷达、奥迪、桑塔纳等车型
	计算机控制点火系统	也称微机（电脑）控制点火系统，是由计算机根据各种传感器的输入信号，经过运算和处理，去控制点火初级电路的接通与切断。计算机控制点火系统可根据发动机工况的变化对喷油时刻、点火提前角等进行调整，使发动机获得良好的动力性、经济性和排放性能。计算机控制点火系统是目前最先前的点火系统，已广泛应用
按照高压电的配电方式分类	机械配电点火系统	也可称有分电器点火系统，在传统点火系统和电子点火系统中曾广泛应用
	计算机配电点火系统	即无分电器点火系统，也称直接点火系统，缩写为 DIS（Direct Ignition system）。在 DIS 中，各缸的火花塞直接与点火线圈次级绕组相连，在计算机控制下，各次级绕组产生的高压电直接加到各缸的火花塞上，依照发动机点火顺序控制各缸火花塞点火。目前生产的车型均广泛应用

（2）分电器

分电器由配电器、信号发生器和机械式点火提前角调节机构等组成。

①配电器。如图 5-2 所示，配电器由分电器盖和分火头组成，其作用是按发动机的点火顺序，将高压电分

a）分电器盖　　b）分火头

图 5-2 分电器盖与分火头

配到各缸火花塞上。分火头插装在分电器轴的顶端，和信号发生器转子一起旋转，分火头上有金属导电片。分电器盖的中间有高压线插孔，其内装有带弹簧的炭柱，炭柱压在分火头的导电片上。分电器盖的外围有与发动机气缸数相等的旁电极插孔，以安装分高压线。

要点

- 分火头上的导电片距离旁电极有 0.2 ~ 0.8mm 间隙。
- 当初级电路截止、次级电路产生高压电时，分火头正好对准某一旁电极，于是高压电由分火头上的导电片跳至与其相对的旁电极，再经分高压线送至相应的火花塞。

②信号发生器。

要点

- 常用的信号发生器有三种类型，分别是电磁感应式、霍尔式及光电式。

当分电器轴转动时，带动转子旋转，使点火信号发生器产生电压信号（分为模拟信号和数字信号两种类型），该电压信号传送给点火控制器，经点火控制器大功率晶体管放大、整形等处理后，控制点火线圈初级绕组的通、断，使点火线圈次级绕组产生高压电。

③机械式点火提前角调节机构。为了保证发动机在任何工况下都能实现在最佳点火时刻点燃混合气，在分电器内设置了机械式点火提前角调节机构，即离心式调节器和真空式调节器（该技术已被淘汰，不做过多介绍）。

（3）点火线圈

点火线圈的作用是将 12V 低压电转变成 15 ~ 20kV 的高压电，其结构与自耦变压器相似，所以也称变压器。

要点

- 点火线圈由初级绕组、次级绕组和铁心等组成。
- 按磁路的结构形式不同，可分为开磁路点火线圈和闭磁路点火线圈两种类型。

①开磁路点火线圈。开磁路点火线圈的结构如图 5-3 所示，点火

线圈中心是用硅钢片叠成的条形铁心，由于铁心没有构成闭合回路，所以称为开磁路点火线圈。铁心外部套有绝缘的纸板套管，套管上绕有次级绕组，直径为 0.06 ~ 0.10mm 的漆包线，次级绕组一般约为 2 万匝。初级绕组是直径为 0.5 ~ 1.0mm 的高强漆包线，绕在次级绕组的外面，初级绕组一般约为 200 匝，绕组和外壳之间装有导磁钢套。为加强绝缘与防潮，条形铁心底部装有瓷绝缘支座，外壳内充满沥青或变压器油等绝缘物。点火线圈的顶部是胶木盖，并加以密封。

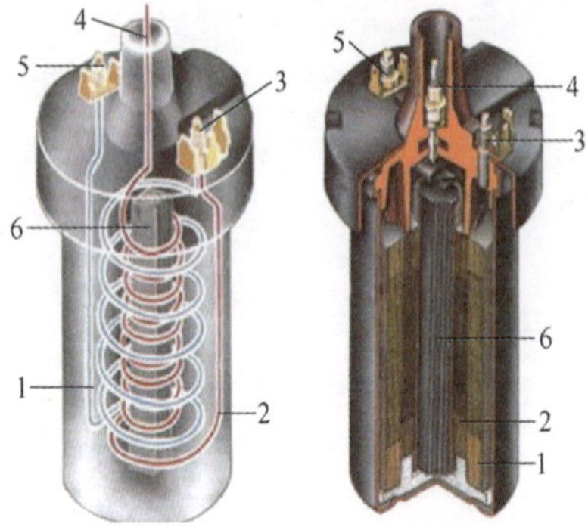

图 5-3　开磁路点火线圈的结构
1—初级绕组　2—次级绕组　3—点火线圈“+”极接线柱　4—中央高压线接线柱　5—点火线圈“-”极接线柱　6—铁心

为改善点火性能，在应用开磁路点火线圈的点火系初级电路中，一般设有附加电阻（热敏电阻），温度升高，附加电阻阻值增大。这样，当点火线圈温度高时，可减小初级电流，防止点火线圈过热。同时，在起动机起动发动机时，利用起动电路将附加电阻短路，增大初级电流，提高次级电压，有利于发动机起动。附加电阻有两种结构形式，一种是设在点火线圈外部，这种形式的点火线圈有 3 个接线柱；还有一种附加电阻为导线形式，用来连接点火开关与点火线圈，这种形式的点火线圈有两个接线柱。

在早期的点火系中，开磁路点火线圈应用较多。但由于开磁路点火线圈磁路磁阻大，磁通量泄漏多，因此，能量转换效率低，现已很少应用。

②闭磁路点火线圈。闭磁路点火线圈也称为高能点火线圈，图 5-4 所示为闭磁路点火线圈实物（奇瑞

图 5-4　闭磁路点火线圈实物（奇瑞轿车用）

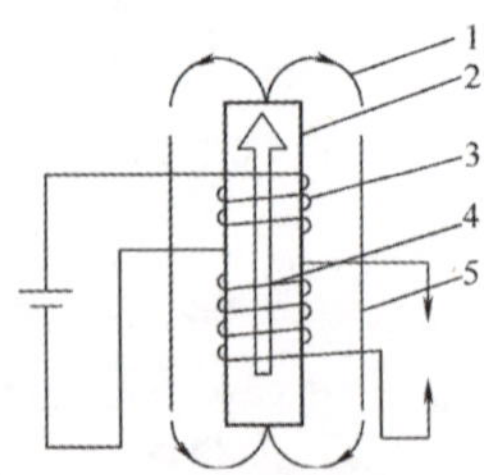

图 5-5　闭磁路点火线圈的结构
1—磁通量　2—铁心　3—初级绕组　4—次级绕组　5—闭合磁路

轿车用），其结构如图 5-5 所示。在“口”字形或“日”字形铁心内绕有次级绕组，在次级绕组外面绕有初级绕组，初级绕组产生的磁通量通过铁心构成闭合磁路，其磁路如图 5-6 所示。

要点

● 与开磁路点火线圈相比，闭磁路点火线圈具有漏磁少、能量损失小、转换效率高、体积小、质量轻和易散热等优点，因此在点火系统中广泛应用。

（4）点火控制器

要点

● 点火控制器也称为点火模块，集成电路主要由整形电路、放大电路和开关电路组成，其主要起开关作用，用来控制点火系统初级电路的导通与截止。

● 点火控制器内部为集成电路，全密封结构。

桑塔纳轿车点火控制器的实物如图 5-7 所示。该点火控制器具有初级电流上升率的控制、闭合角控制、停车断电保护和过电压保护等功能。

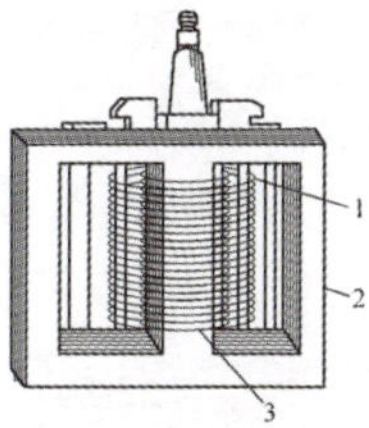

图 5-6　闭磁路点火线圈的磁路
1—磁力线　2—铁心
3—次级绕组

图 5-7　桑塔纳轿车点火控制器的实物

（5）火花塞

火花塞的作用是将高压电引入气缸燃烧室，产生电火花点燃可燃混合气。

①火花塞的构造。火花塞的构造如图 5-8 所示，中心电极用镍铬合金制成，具有良好的耐高温、耐腐蚀性能，中心电极做成两段，中间加有导电玻璃，由于导电玻璃和瓷绝缘体的膨胀系数相近，

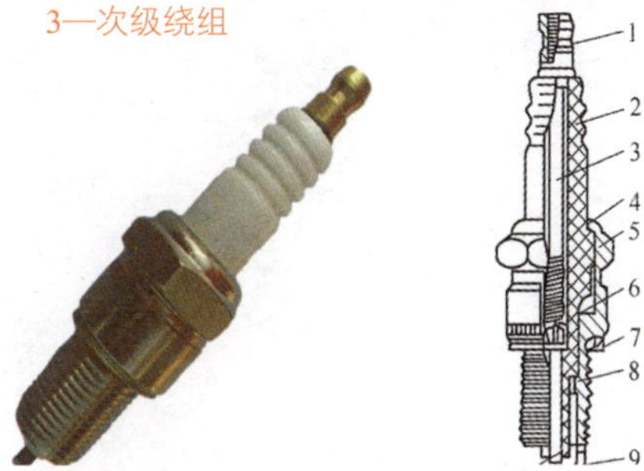

a）火花塞实物　　b）火花塞结构

图 5-8　火花塞的构造

1—接线螺母　2—瓷绝缘体　3—金属杆　4、8—内密封垫圈　5—壳体　6—导电玻璃　7—密封垫圈　9—侧电极　10—中心电极

因此，导电玻璃主要是起密封作用。火花塞间隙多为 1.0 ~ 1.2mm。

②对火花塞的工作要求。火花塞的工作条件十分恶劣，它承受高压、高温及燃烧产物的强烈腐蚀。因此，火花塞必须具有足够的强度，能承受温度的强烈变化，应有良好的热特性，火花塞的电极应采用难熔、耐腐蚀的材料制成。

③火花塞的热特性。火花塞的热特性是指火花塞裙部（下部）的温度特性。实践证明，火花塞裙部温度保持在 500 ~ 600℃时，落在绝缘体上的油滴能立即烧去，通常将这个温度称为火花塞的自净温度。低于这个温度时，火花塞易产生积炭，高于这个温度时，在火花塞表面易产生炽热点，形成早燃。因此，要使火花塞正常工作，就要保证火花塞的裙部温度为自净温度。

要点

- 火花塞的热特性主要决定于绝缘体裙部的长度。
- 绝缘体裙部长的火花塞，其受热面积大，传热距离长，散热困难，裙部温度高，称为热型火花塞（图 5-9a)
- 裙部短的火花塞，其吸热面积小，传热距离短，散热容易，裙部温度低，称为冷型火花塞（图 5-9b）。
- 热型火花塞用于低压缩比、低转速、小功率的发动机中；冷型火花塞用于高压缩比、高转速、大功率的发动机中。

④火花塞的结构类型。常见的火花塞结构类型有标准型、绝缘体突出型、细电极型、锥座型、多电极型、沿面跳火型等，如图 5-10 所示。常见的单电极、双电极与多电极型火花塞实物如图 5-11 所示。

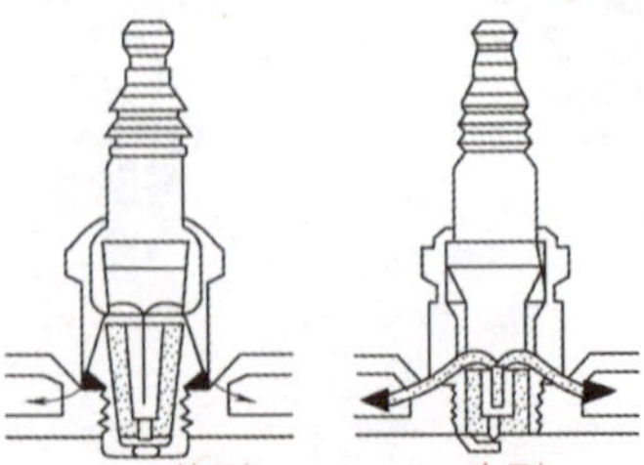

a) 热型　b) 冷型

图 5-9　火花塞的热特性

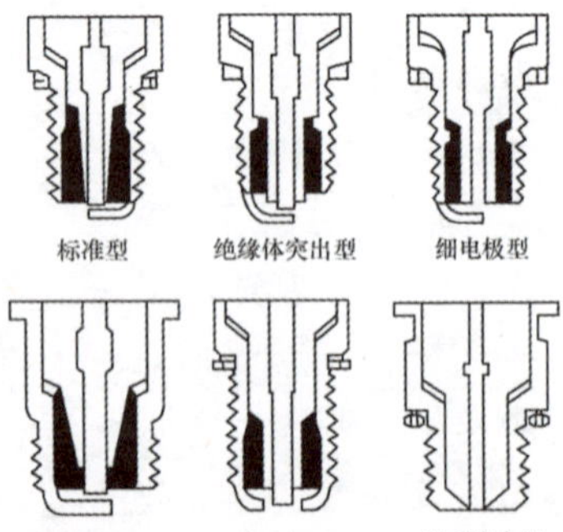

图 5-10　常见的火花塞结构类型

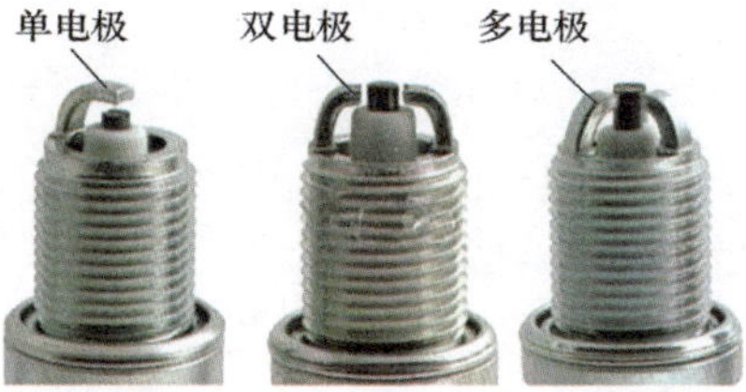

图 5-11 单电极、双电极与多电极型火花塞实物

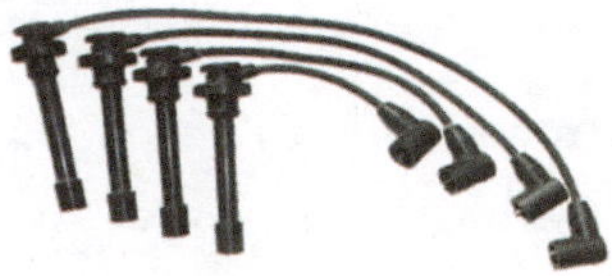

图 5-12 高压线

（6）高压线

高压线实物如图 5-12 所示，高压线的作用是用来连接点火线圈、分电器及各个火花塞。

（7）点火开关

点火开关的作用是用来控制点火系统的初级电路，同时也控制充电系的励磁电路、起动电路及由点火开关控制的所有用电设备。

2. 电子点火系统的工作原理

图 5-13 所示为电子点火系统的工作原理图。在点火系中，一般将点火线圈初级绕组 N_1，所在的闭合电路称为初级电路（低压电路）；将点火线圈的次级绕组 N_2 所在的闭合电路称为次级电路（高压电路），一般将点火线圈到火花塞的电路称为高压电路。流经初级绕组 N_1 的电流为初级电流，一般初级电流为 7 ~ 8A，初级电路的电压为电源电压 12V，次级电路的电压为 1.5 ~ 2kV 左右的高压电。

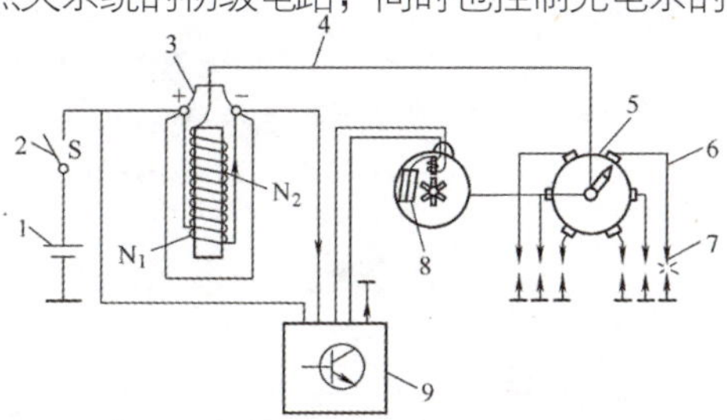

图 5-13 点火系统的工作原理图

1—蓄电池 2—点火开关 3—点火线圈 4—中央高压线 5—配电器 6—分高压线 7—火花塞 8—信号发生器 9—点火控制器

发动机工作时，分电器中信号发生器的转子也随之旋转。转子旋转时，在信号发生器的感应线圈中便产生正弦脉冲信号。当信号发生器传送给点火控制器的信号为正脉冲信号时，点火控制器中起开关作用的晶体管导通，初级电路导通，电路为蓄电池正极→点火开关→点火线圈的“+”极接线柱→初级绕组 N_1 →点火线圈的“-”极接线柱→点火控制器→搭铁，初级电路的电流方向如图 5-13 中箭头所示。点

火系统的初级电路导通时，初级绕组便产生磁场。

当信号发生器传送给点火控制器的信号为负脉冲信号时，点火控制器中起开关作用的晶体管截止，初级电路被切断，初级电流及磁场迅速消失。这时，在点火线圈两个绕组中都产生感应电动势。由于次级绕组 N_2 的匝数多，因此，在点火线圈的次级绕组中产生高压电。

此时，随分电器轴一同旋转的分火头正好对准分电器盖上某缸的旁电极，高压电由分高压线送给火花塞，使火花塞跳火，点燃可燃混合气。

根据以上分析，点火系统的工作过程可分成 3 个阶段：初级电路导通，点火能量储存；初级电路截止，次级电路产生高压电；火花塞电极产生电火花，点燃可燃混合气。

要点

信号发生器向点火控制器每传送一个点火信号时，点火线圈便产生一次高压电，信号发生器转子转动一周，即分电器每转动一圈，由配电器按照点火顺序将高压电依次引至各气缸，使各个气缸火花塞点火一次。

3. 电磁感应式电子点火系统的结构与工作原理

电磁感应式电子点火系统一般由信号发生器、点火控制器、点火线圈、分电器和火花塞等组成，如图 5-14 所示。

（1）电磁感应式信号发生器的功用与组成

①功用。信号发生器的功用是产生信号电压，输出给点火控制器，通过点火控制器来控制点火系统的工作。

②组成。信号发生器在分电器内，主要由转子、感应线圈和永久磁铁等组成，其结构如图 5-15 所示。

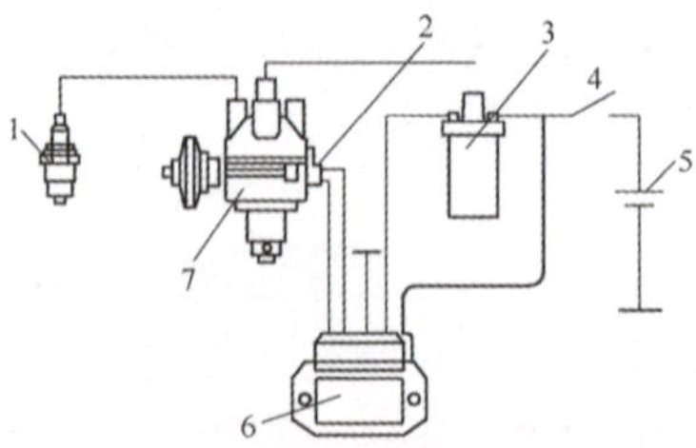

图 5-14　电磁感应式电子点火系统
1—火花塞　2—信号发生器　3—点火线圈　4—点火开关　5—蓄电池　6—点火控制器　7—分电器

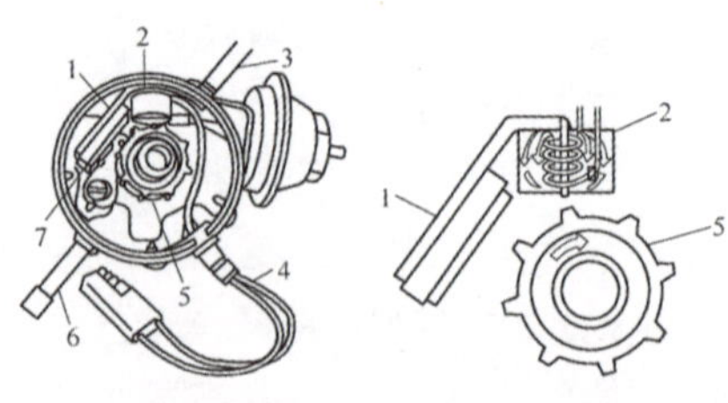

a) 在分电器中的安装位置　　b) 结构原理
图 5-15　电磁感应式信号发生器的结构
1—永久磁铁　2—信号线圈　3、6—分电器盖卡簧　4—信号发生器线束　5—转子　7—活动板（定子盘）

（2）电磁感应式电子点火系统的工作原理

信号发生器的转子是由分电器轴带动的，转子上的凸齿数与发动机的气缸数相等，其工作原理如图 5-16 所示。

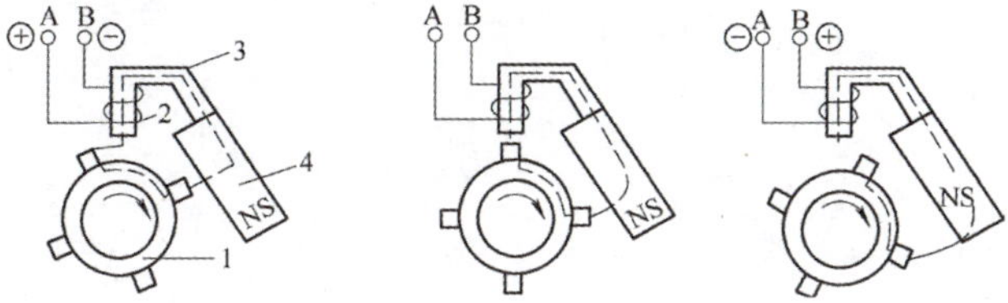

图 5-16 丰田汽车电磁感应式电子点火系统信号发生器

1—转子 2—感应线圈 3—铁心 4—永久磁铁

①永久磁铁的磁路：永久磁铁 N 极→空气气隙→转子→空气气隙→铁心→永久磁铁 S 极。当发动机工作时，分电器轴带动信号发生器的转子旋转，使转子与铁心之间的空气气隙发生有规律的变化，因此穿过感应线圈的磁通量也发生变化，从而在感应线圈中产生感应电动势。

②如图 5-16a 所示，当转子中的凸齿逐渐接近铁心时，磁通量逐渐增加，此时感应线圈的磁通量和感应电动势的变化情况如图 5-17a 中的 0° ~ 45° 之间的波形所示。

③如图 5-16b 所示，当转子凸齿与铁心对正时，穿过感应线圈的磁通量最大，此时感应线圈的感应电动势为 0，如图 5-17a 中转子 45° 转角所对应的情况所示。

④如图 5-16c 所示，当转子的凸齿离开铁心时，磁通量逐渐减小，此时感应线圈的磁通量和感应电动势的变化情况如图 5-17a 中的 45° ~ 90° 之间的波形所示。

要点

● 转子每转过一个凸齿，感应线圈中的感应电动势正好变化一个周期，即转子每转 90° 产生一个交变信号，转子每转一周，便产生 4 个交变信号，该信号输出给点火控制器，通过点火控制器来控制点火系统的工作。

此信号发生器的缺点是发动机转速的高低将影响信号发生器输出信号的大小，如图 5-17b 所示。

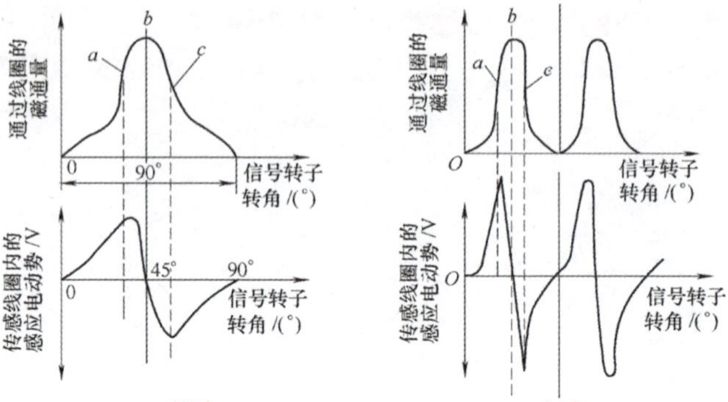

a) 低速　　b) 高速

图 5-17　不同转速时感应线圈内磁通量及感应电动势的变化情况

a、b、c- 感应线圈的磁通量和感应电动势的变化情况

4. 霍尔效应式电子点火系统的结构与工作原理

（1）霍尔效应式电子点火系部件的组成

霍尔效应式电子点火系统其信号发生器是利用霍尔效应制成的。目前大众车系如桑塔纳、帕萨特 B5、宝来、奥迪等轿车的点火系统均采用这种点火装置。霍尔效应式点火系统的组成如图 5-18 所示，主要由点火控制器、霍尔信号发生器和点火线圈等组成。

（2）霍尔信号发生器的结构与工作原理

图 5-19 所示为带有霍尔信号发生器的分电器。霍尔信号发生器位于分电器内，霍尔信号发生器的结构如图 5-20 所示，

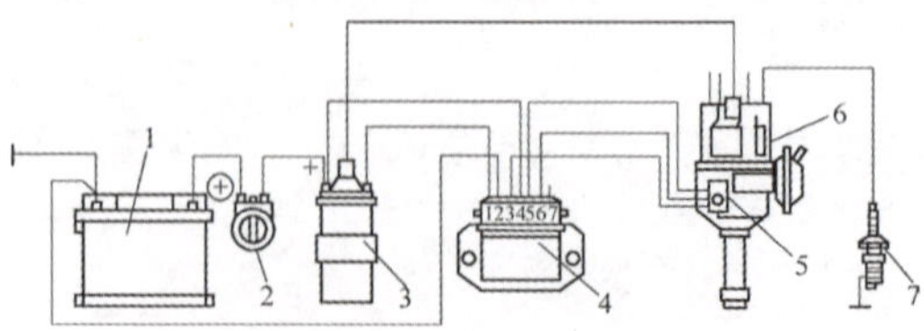

图 5-18　霍尔效应式电子点火系统的组成

1—蓄电池　2—点火开关　3—点火线圈　4—点火控制器　5—霍尔信号发生器　6—分电器　7—火花塞

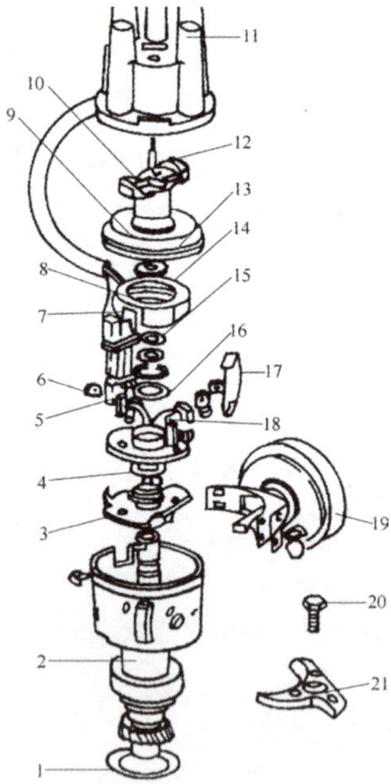

图 5-19　带有霍尔信号发生器的分电器

1、4、15、16—垫圈　2—分电器壳　3—底板 5—插座　6、14—定位销　7—插头　8—叶轮　9—防尘罩　10—分火头　11—分电器盖　12—电刷 13—挡圈　17—固定夹　18—霍尔信号发生器　19—真空式调节器　20—固定螺栓　21—压板

主要由触发叶轮、永久磁铁和霍尔元件等组成。触发叶轮与分火头制成一体，由分电器轴带动，且触发叶轮的叶片数与发动机的气缸数相等。

在霍尔信号发生器中应用的霍尔元件实际上是一个霍尔集成电路，其内部集成电路原理如图 5-21 所示。因为在霍尔元件上得到的霍尔电压一般为 20mV 左右，因此必须把 20mV 的霍尔电压进行放大、整形后再输送给点火控制器。

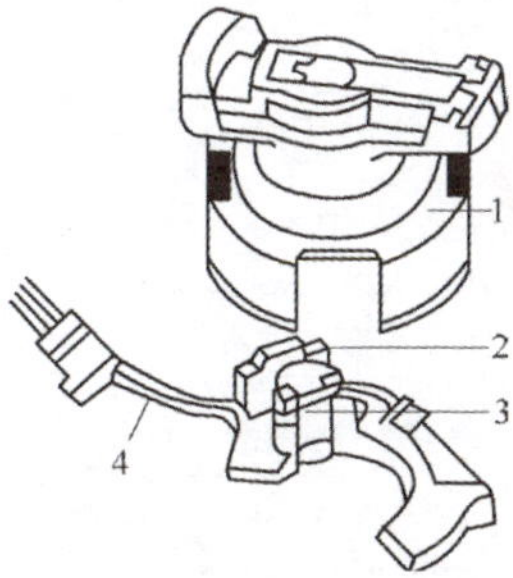

图 5-20　霍尔信号发生器的结构
1—分火头及触发叶轮　2—霍尔集成电路　3—永久磁铁　4—专用插座

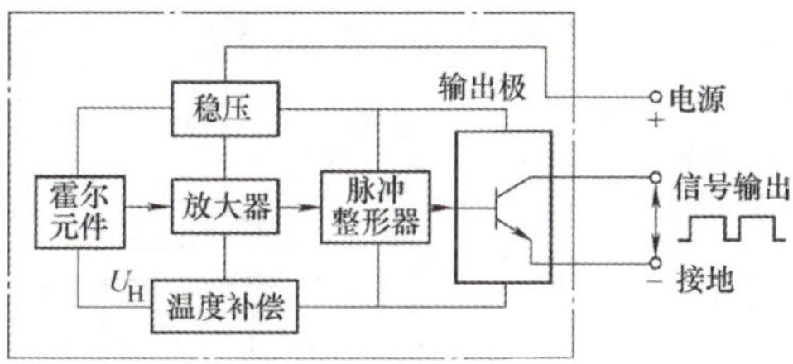

图 5-21　霍尔信号发生器的内部集成电路原理

霍尔信号发生器的工作原理如图 5-22 所示。当发动机工作时，分电器轴带动触发叶轮转动，每当触发叶轮的叶片进入永久磁铁和霍尔元件之间的气隙时，原来垂直进入霍尔元件的磁力线被叶片遮住，霍尔元件的磁路被触发叶轮的叶片旁路，因此霍尔元件不产生霍尔电压，霍尔集成电路输出级的晶体管处于截止状态，其集电极电位为高电位 11 ~ 12V，即此时信号发生器的输出信号为 11 ~ 12V(参见图 5-21)；当触发叶轮的叶片离开此气隙时，永久磁铁的磁力线则可垂直进入霍尔元件，于是在霍尔元件中便会产生霍尔电压，霍尔集成电路输出极的晶体管处于导通状态，其集电极电位为低电位 0.3 ~ 0.4V，这时霍尔信号发生器输出信号为 0.3 ~ 0.4V。故触发叶轮每转一周，霍尔信号发生器便可产生四个脉冲信号，将此信号输送给点火控制器便可实现对点火系统的控制。

霍尔电压受汽车发动机的转速影响小，可靠性高，霍尔感应式电子点火系统在欧系车中应用较为广泛。

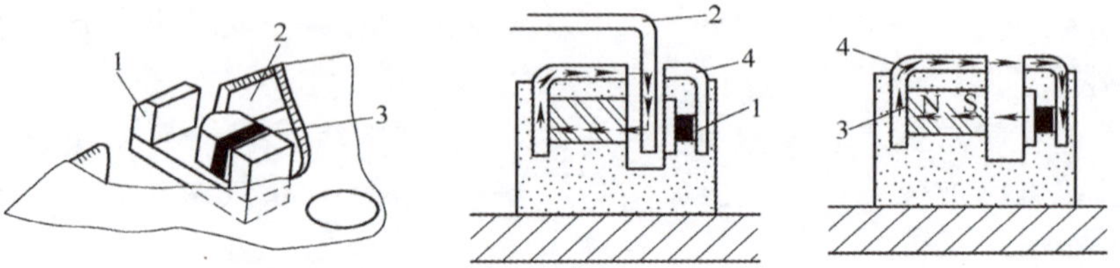

a) 结构原理　b) 叶轮片在霍尔元件与永久磁铁之间　c) 叶轮片离开霍尔元件与永久磁铁之间的气隙

图 5—22　霍尔信号发生器的工作原理

1—霍尔元件　2—触发叶轮片　3—永久磁铁　4—导磁板

（3）霍尔效应式电子点火系统的工作原理

霍尔效应式电子点火系统的工作原理如图 5-23 所示。

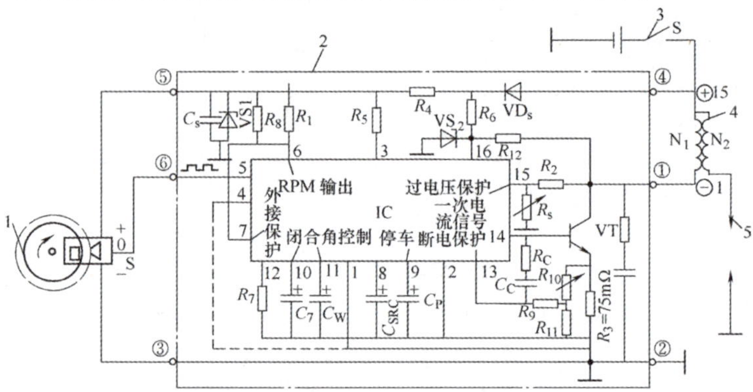

图 5-23　霍尔效应式电子点火系统的工作原理

1—霍尔信号发生器　2—点火控制器　3—点火开关　4—点火线圈　5—火花塞

①发动机工作时，分电器轴带动霍尔信号发生器的触发叶轮旋转。当触发叶轮的叶片进入空气气隙时，霍尔信号发生器输出高电压信号为 11 ~ 12V，高电压信号使点火控制器集成电路中的末级大功率晶体管 VT 导通，点火系统的初级电路导通：

电源“+”极→点火线圈 N_1→点火控制器（VT）→搭铁。

②当触发叶轮的叶片离开霍尔元件的气隙时，霍尔信号发生器输出 0.3 ~ 0.4V 的低电压信号，低电压信号使点火控制器末级大功率晶体管 VT 截止，初级电路截止，初级电流消失，次级电路产生高压电。

③高压电由分电器分配到各缸火花塞，点燃可燃混合气。

5. 光电式电子点火系统的结构与工作原理

(1) 光电式电子点火系统结构特点

要点

- 光电式电子点火系统与前两种点火系统相比，唯一不同的是分电器中的信号发生器为光电式信号发生器。
- 点火系统的组成也是由蓄电池、点火开关、点火线圈、点火控制器、光电式信号发生器和分电器等组成。
- 日本日产公司生产的大部分汽车都使用这种点火装置。

(2) 光电式信号发生器的结构

光电式信号发生器主要由发光二极管、光敏晶体管和遮光盘 3 部分组成，如图 5-24 所示。

要点

- 发光二极管作为光源，可发出红外线光束，且发光二极管耐振、使用寿命长。
- 光敏晶体管作为光接收器，当红外线光束照射到晶体管时，晶体管导通。
- 遮光盘安装在分电器上，遮光盘外缘上的缺口与发动机的气缸数相等。

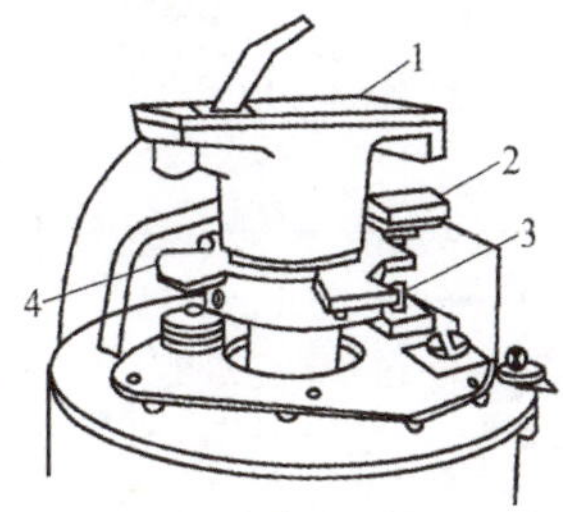

图 5-24　光电式信号发生器的结构
1- 分火头　2—发光二极管　3—光敏晶体管　4—遮光盘

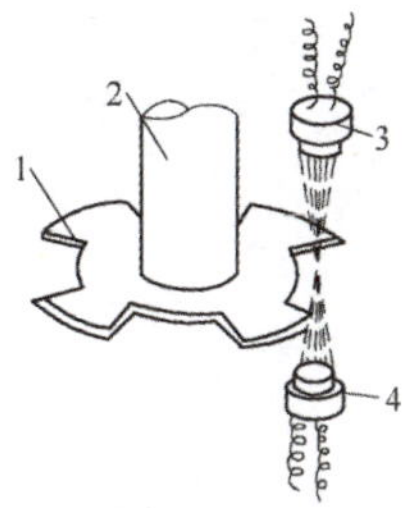

图 5-25　光电式信号发生器的工作原理
1—遮光盘　2—分电器轴　3—发光二极管　4—光敏晶体管

(3) 光电式信号发生器的工作原理

要点

- 如图 5-25 所示，遮光盘随分电器轴旋转时，当遮光盘的叶片转至发光二极管与光敏晶体管之间时，便把发光二极管发出的光束阻断，使其不能射入光敏晶体管，此时光敏晶体管截止。
- 遮挡遮光盘上的缺口通过发光二极管与光敏晶体管之间时，发光二极管所发出的光束直接照到光敏晶体管上，使其导通。
- 遮光盘每转一周，信号发生器便产生 4 个交变信号，输送给点火控制器，控制着点火系统的正常工作。
- 光电式信号发生器输出的信号不受发动机转速的影响，且没有时间上的滞后。

（4）光电式电子点火系统的工作原理

光电式电子点火系统的工作原理如图 5-26 所示。VL 为发光二极管，VT 为光敏晶体管。

1）当发动机工作时，遮光盘随分电器转动，当遮光盘的缺口通过 VL 与 VT 时，则红外线通过缺口照射到 VT，使其导通，则 VT_1 导通，VT_2 导通，VT_3 截止，由于 R_6、R_8 的分压为 VT_4 提供偏置电压，VT_4 导通。于是点火系统的初级电路导通。

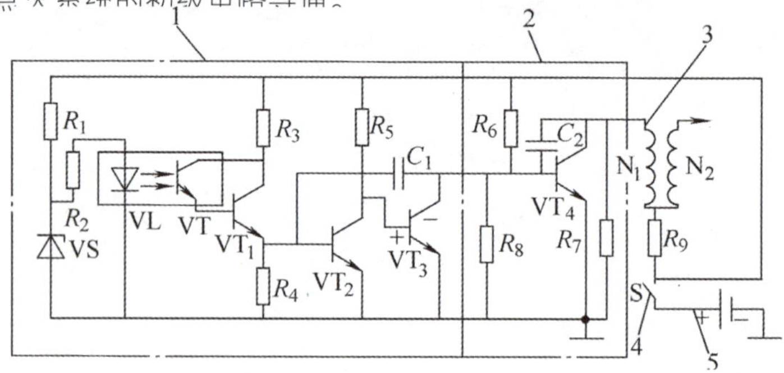

图 5-26　光电式电子点火系统的工作原理

1—光电式信号发生器　2—点火控制器　3—点火线圈　4—点火开关　5—蓄电池

2）当遮光盘的叶片部分遮住发光二极管发出的红外线光束时，VT 截止，则 VT_1、VT_2 截止，VT_3 经 R_5 获得偏流而导通，VT_4 截止，使点火系统的初级电路截止，点火线圈的次级绕组产生高压电。

3）高压电通过分电器分配给各缸火花塞，点燃可燃混合气。

电路中其他元件的作用：

（a）稳压管 VS 使 VL 的工作电压维持在 3V 左右。

（b）电阻 R_7 的作用是当 VT_4 截止时，短路初级电路中的自感电动势，保护 VT_4。

（c）电容器 C_1 对 VT_2 正反馈，使 VT_2、VT_3 加速翻转。

四、计算机控制点火系统的结构与工作原理

1. 概述

在早期的电子点火系统中，机械式点火提前角调节机构位于分电器中，而现在的计算机控制点火系统中，机械式点火提前角调节机构

已经被取消，点火提前角由计算机来完成。

要点

在计算机控制的发动机系统中已取消了分电器，点火信号来自于曲轴位置传感器和凸轮轴位置传感器，高压电由点火线圈直接送给火花塞，有的是一个点火线圈控制两个火花塞，也有的是一个点火线圈控制一个火花塞。

无分电器点火系统的点火线圈实物如图 5-27 所示，安装位置如图 5-28 所示。

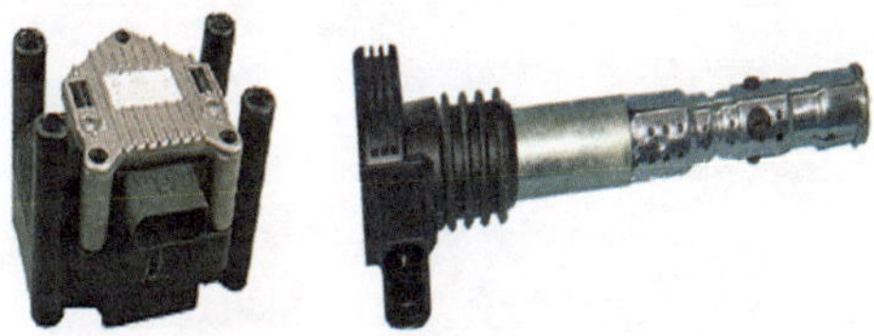

（a）一个点火线圈控制两个火花塞（桑塔纳车型）　（b）独立点火方式的点火线圈（帕萨特 B5 车型）

图 5—27　无分电器点火系统的点火线圈

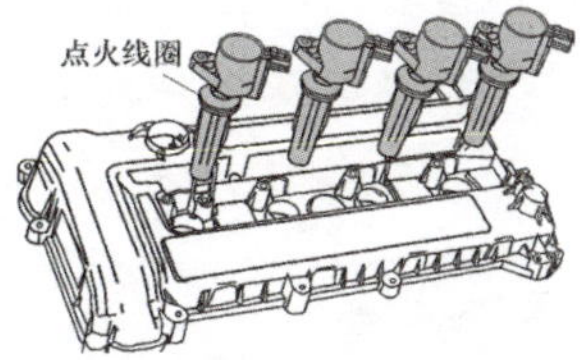

图 5-28　一个点火线圈控制一个火花塞

2. 计算机控制点火系统的类型

计算机控制点火系统目前主要有两种形式：一种是带分电器的计算机控制点火系统；另一种是不带分电器的直接点火系统（DIS 点火系统）。

3. 计算机控制点火系统的组成及功用

计算机控制点火系统的组成及功用见表 5-2。

表 5-2　计算机控制点火系统的组成及功用

组成		功能
传感器	空气流量计（L 型）	检测进气量（负荷）信号输入 ECU，点火系统的主控制信号
	进气歧管绝对压力传感器（D 型）	
	曲轴位置传感器（N_e 信号）	检测曲轴转角（转速）信号输入 ECU，点火系统的主控制信号
	凸轮轴位置传感器（G_1、G_2 信号）	检测凸轮轴转角信号输入 ECU，点火系统的主控制信号
	节气门位置传感器	检测节气门开度信号输入 ECU，点火提前角的修正信号
	冷却液温度传感器	检测发动机冷却液温度信号输入 ECU，点火提前角的修正信号
	起动开关	向 ECU 输入发动机正在起动中的信号，点火提前角的修正信号
	空调开关 A/C	向 ECU 输入空调的工作信号，点火提前角的修正信号

（续）

组成		功能
传感器	进气温度传感器	检测进气温度信号输入ECU，点火提前角的修正信号
	N位开关	检测P位或N位信号输入ECU，点火提前角的修正信号
	爆燃传感器	检测发动机的爆燃信号输入ECU，点火提前角的修正信号
	发电机负荷信号	检测发电机负荷信号ECU，点火提前角的修正信号
执行器	点火控制器	根据ECU输出的点火控制信号控制点火线圈初级电路的通断，产生次级高压。同时，向ECU反馈点火确认信号
ECU		根据各传感器输入的信号，计算出最佳点火提前角，并将点火控制信号输送给点火控制器

4. 计算机控制点火系统的控制内容

(1) 点火提前角（点火时刻）的控制

要点

◎ 点火提前角的大小对发动机功率、油耗、排放、爆燃和行驶特性等都会产生较大的影响，而影响点火提前角的因素有很多，因而为满足各种工况下的最佳点火提前角，使点火提前角适应发动机的所有工况，需经大量试验获得最佳数据，并将此数据存在ECU的存储器中，以便发动机工作时供ECU采用。

◎ ECU综合各种传感器输入的信息，从存储器中选出最佳的点火提前角，再根据曲轴位置传感器判别曲轴位置，然后控制大功率管的导通和截止，即控制点火线圈低压电流的断续。

①原始点火提前角。为了确定点火正时，ECU需根据上止点位置确定点火的时刻，一般发动机点火系统的正时记号位于压缩行程上止点前8°～12°左右，ECU计算点火正时时，就把这一点作为参考点。这个角度就称为原始点火提前角。

②点火提前角的计算。发动机工作时，ECU根据空气流量（或进气歧管绝对压力）和发动机转速，从存储器存储的数据中找到相应的基本点火提前角，再根据其他参数如发动机冷却液温度、进气温度、节气门开度和爆燃等加以修正，计算出最佳点火提前角。

最佳点火提前角＝原始点火提前角＋基本点火提前角＋修正点火提前角。

③点火提前角控制。点火提前角控制有两种工作情况：一是起动期间的点火时间控制；二是起动后发动机正常运转期间的点火时间控制。

要点

● 起动期间点火时间控制。在起动期间，发动机转速较低，由于空气流量或进气歧管绝对压力信号不稳定，点火时刻固定在原始点火提前角 8° ~ 12° 左右，与发动机工况无关，此时控制信号主要是发动机转速和起动开关信号。

● 起动后点火时间控制。起动后点火时刻控制分为怠速点火提前角控制和正常行驶点火提前控制。

● 发动机在怠速工况运行时，节气门传感器怠速触点闭合，此时 ECU 根据发动机转速和空调开关是否接通确定点火提前角。在此工况的控制信号有：节气门位置信号、发动机转速信号、空调开关信号等。

发动机在正常运行工况下行驶时，节气门位置传感器的怠速触点(IDL)断开，ECU 根据转速信号和空气流量计（或进气歧管绝对压力）信号，在存储器中找到此工况相应的点火提前角，然后再根据有关的传感器信号确定修正点火提前角。在此工况下的控制信号有：空气流量计或进气歧管绝对压力信号、发动机转速信号、节气门位置信号、爆燃信号、进气温度信号以及冷却液温度信号等。

④点火时刻优化控制。点火时刻优化控制的基本准则是使发动机在任何工况下的功率、燃油消耗和废气排放特性达到最佳。但也有适当的侧重，例如在怠速工况下，点火提前角首先应使有害气体排放量最低，然后考虑怠速稳定与怠速油耗，在部分负荷工况下，点火提前角应突出行驶性和节油性；而在全负载运行时，点火提前角的重点是提高最大转矩和避免产生爆燃。

(2) 通电时间（或闭合角）的控制

通电时间是指大功率管的导通时间，即点火线圈初级绕组的通电时间。它直接影响点火线圈产生的二次电压和火花能量。当通电时间短时，初级绕组电流未达到饱和即断开，次级线圈产生的电压和火花能量就达不到额定值；当通电时间过长时，初级绕组电流达到饱和后仍长时间通电，会使点火线圈发热并使电能消耗过大。此外，蓄电池的电压也会影响初级绕组的电流值。因此要控制一个最佳的通电时间，兼顾上述要求需要一个根据发动机转速和蓄电池电压进行通电时间（或闭合角）的控制装置，以保证点火能量不变。当蓄电池电压不变时，大功率管的导通时间也是不变的，在 ECU 内的存储器内储存有大功率管的导通时间；当蓄电池电压变化时，应对通电时间作适当的修正，其修正曲线如图 5-29 所示。ECU 可以从存储器中查出导通时间，对通电时间加以修正。

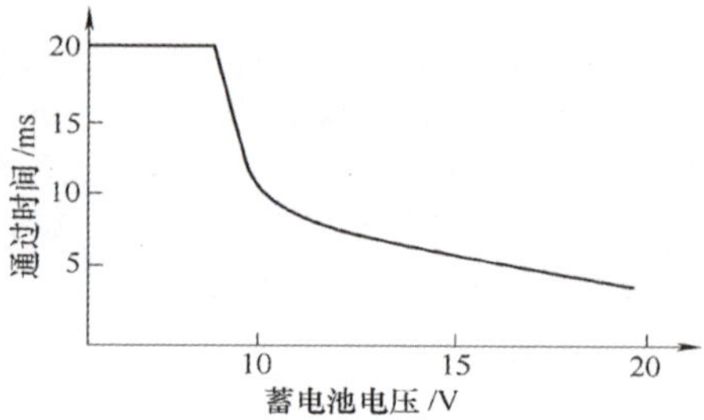

图 5-29　蓄电池电压与通电时间修正曲线

要点：

● 在实际的控制中，ECU 是将导通时间转换成曲轴转角进行控制的，因此通电时间控制又常称闭合角控制。

（3）爆燃控制

为了获得最大的动力性和最佳的经济性，需要增大点火提前角。但点火提前角过大，又会引起爆燃。对于上述问题，计算机控制点火系统增加了爆燃控制。爆燃控制方法如图 5−30 所示。爆燃传感器安装在气缸体上（其实物如图 5−31 所示），其原理是利用压电晶体的压电效应，把爆燃时传到气缸体上的机械振动转换成电压信号，输入 ECU，ECU 把爆燃传感器输出的信号进行滤波处理并判断有无爆燃及爆燃的强度。

要点

● 爆燃强，推迟点火的角度大；爆燃弱，推迟点火的角度小。
● 每次调整都以一固定的角度递减，直到爆燃消失为止。
● 而后又以一固定的角度提前，当发动机再次出现爆燃时 ECU 又使点火提前角再次推迟，调整过程如此反复。

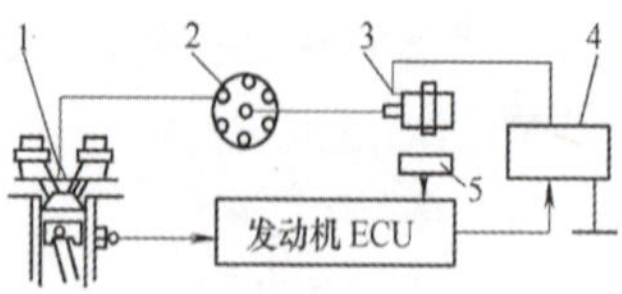

图 5-30　爆燃控制方法
1—火花塞　2—分电器　3—点火线圈　4—点火控制器　5—爆燃传感器

a）安装位置

b）实物

图 5-31　爆燃传感器

5. 计算机控制点火系统的工作原理

如图 5-32 所示为计算机控制点火系统电路图。在计算机控制的点火系统中，发动机 ECU 通过点火信号 IGT 控制点火控制器的搭铁，进而控制初级电路的导通与截止，控制次级电路高压电的产生，控制点火系统的工作。

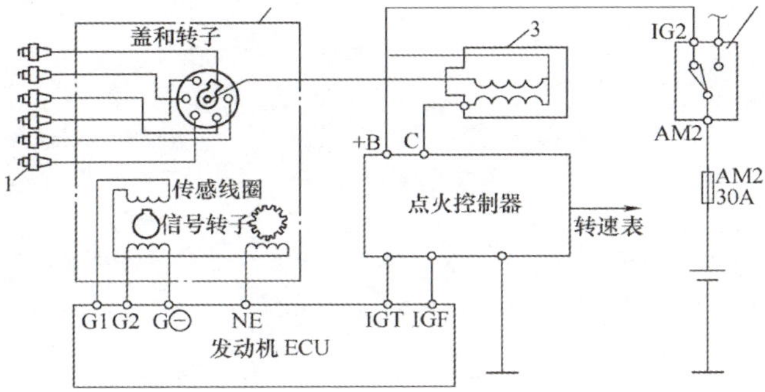

图 5-32　计算机控制点火系统电路图
1—火花塞　2—分电器　3—点火线圈　4—点火开关

在该点火系统中，曲轴位置传感器安装在分电器中，其结构如图 5-33 所示，该传感器为电磁式的。分电器轴转动时，G 转子与 N_e 转子同步转动，具有一个齿的 G 转子与 G_1、G_2 线圈间的磁隙不断变化，分电器每转一圈，G_1 和 G_2 线圈各产生一个电压脉冲。这样发动机 ECU 可根据 G_1、G_2 信号判别 1、6 缸压缩行程上止点位置。

具有 24 个齿的 N_e 转子对应 N_e 线圈，分电器轴每转一圈，N_e 线圈将产生 24 个电压脉冲。这样发动机 ECU 可根据 N_e 信号更精确地检测曲轴的转角位置和发动机的转速。

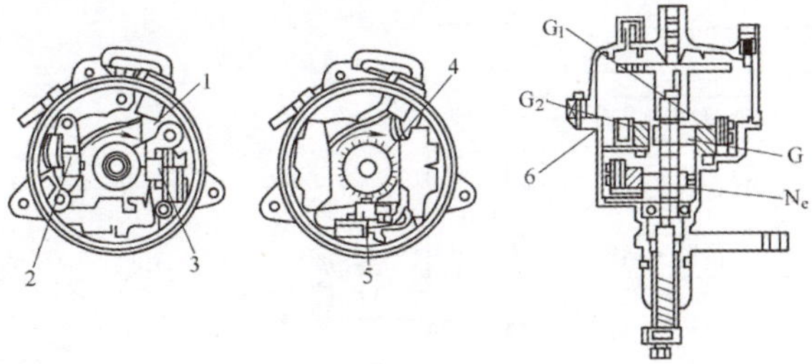

图 5-33　曲轴位置传感器的结构与安装位置
1—G 转子　2—G_1 耦合线圈　3—G_2 耦合线圈　4—Ne 转子　5、9—Ne 耦合线圈　6—分电器

点火系统的工作原理：电流经点火开关向点火控制器和点火线圈初级绕组供电。初级电路：蓄电池正极→点火开关→点火线圈初级绕

组→点火控制器→搭铁。当发动机 ECU 向点火控制器提供 IGT 点火信号时，点火控制器立刻切断初级电路，次级绕组产生高压电，火花塞跳火，点燃混合气。

要点

● 发动机 ECU 根据转速信号 (N_e)、曲轴位置信号 (G_1、G_2)、进气歧管真空度信号、起动开关信号、进气温度信号、冷却液温度信号等计算点火提前角，通过 IGT 端子向点火控制器输出点火正时信号，即点火正时。

● 点火控制器向 ECU 反馈点火确认信号 IGF，当 EGU 接收不到点火控制器反馈的 IGF 点火确认信号时，ECU 立即切断喷油器的电路，停止燃油喷射，发动机熄火。

6. 无分电器点火系统的工作原理

要点

● 无分电器点火系统是在计算机控制的基础上将点火系统中原分电器总成用电子控制装置取代，又称直接点火系统。

● 这种全电子点火系统没有分电器，无机械磨损，无需调整，点火电压高，是较理想的点火系统。

无分电器点火系统的控制原理如图 5-34 所示，与前面介绍的点火系不同的是：无分电器点火系统的点火控制器同时还具备电子配电功能，即可控制点火线圈组中点火线圈导通与截止的时序，以此控制火花塞依次跳火，完成点火控制过程。

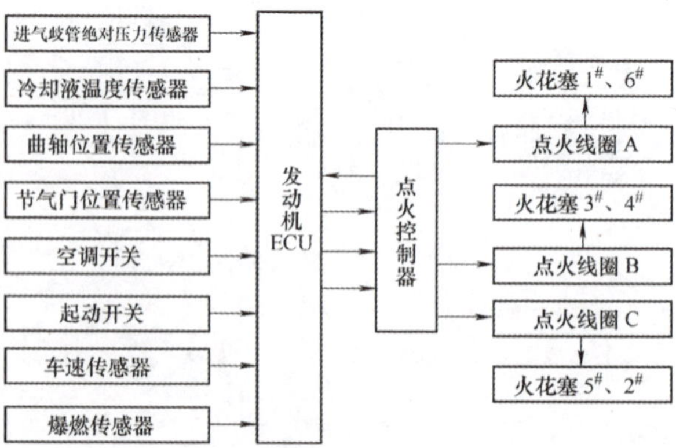

图 5-34　无分电器点火系统的控制原理

无分电器点火系统的组成如图 5-35 所示。由于点火系统无分电器，点火系统主要传感器的位置如图 5-36 所示。

无分电器点火系统工作原理：如图 5-37 所示为点火系统的工作原理图，蓄电池经点火开关向 3 个双点火线圈 N、N128、N158 提供初级电流，3 个点火线圈的初级电路分别经点火控制器 N122 搭铁。

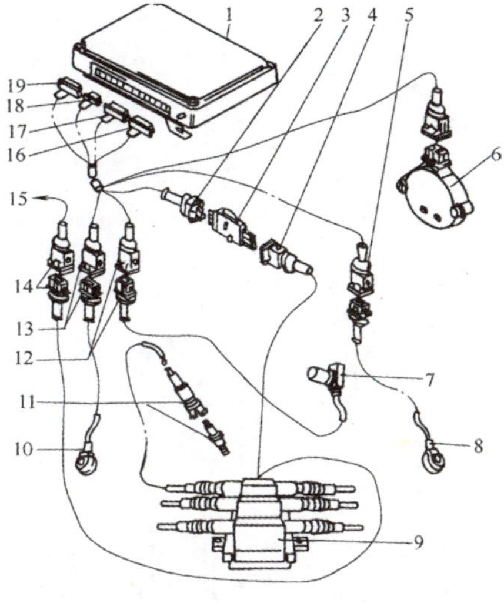

图 5-35　无分电器点火系统组成

1—发动机 ECU　2—发动机 ECU 点火信号线插接器（四孔）　3—点火控制器 N122　4—点火线圈端插接器（三孔）　5、12、13、14、16、17、18、19—插接器　6—凸轮轴位置传感器 G40　7—曲轴位置传感器 G4　8—爆燃传感器 Ⅱ　9—双点火线圈 N、N128 和 N158　10—爆燃传感器 Ⅰ　11—火花塞及插接器　15—点火开关控制的火线

要点

- 发动机 ECU 根据发动机的转速信号、曲轴位置信号、凸轮轴位置信号、进气歧管压力传感器（安装在发动机 ECU 中）信号、冷却液温度信号等计算最佳点火提前角，并判断缸位，向点火控制器发出点火信号和气缸缸序判别信号 (IGD)。
- 点火控制器由此可判断发动机气缸的点火次序，依次使各点火线圈初级电路由导通变为截止，各点火线圈的次级绕组依次产生高压电，使对应的两个火花塞同时跳火，点燃其中处于压缩行程气缸内的可燃混合气。

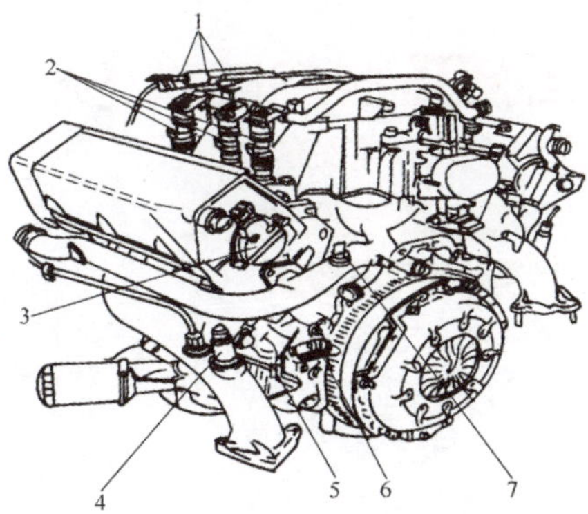

图 5-36　无分电器点火系统主要传感器的位置

1—双点火线圈 N、N128、N158　2—喷油器　3—凸轮轴位置传感器（霍尔式）　4—氧传感器 Ⅱ　5—曲轴位置传感器　6—发动机转速传感器　7—冷却液温度传感器

发动机的 1 缸和 6 缸、2 缸和 4 缸、3 缸和 5 缸同时处于上止点，并且总是一个气缸为压缩行程的上止点，另一个气缸为排气行程的上止点，每两个气缸共用一个双点火线

圈，如图 5-38 所示。点火时，由点火控制器交替地控制 3 个点火线圈，每个点火线圈产生高压电时，两个气缸的火花塞同时跳火，其中一个火花塞点燃处于压缩行程气缸内的可燃混合气，另一个火花塞虽然也跳火，但是由于该气缸处于排气行程，因而不起作用。

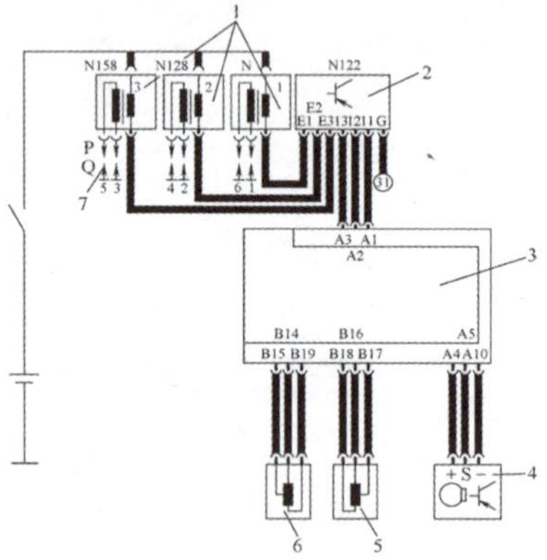

图 5-37　无分电器点火系统的工作原理图
1—双点火线圈 N、N128、N158　2—点火控制器 N122　3—发动机 ECU　4—凸轮轴位置传感器 G40　5—发动机转速传感器 G28　6—曲轴位置传感器 G4　7—火花塞

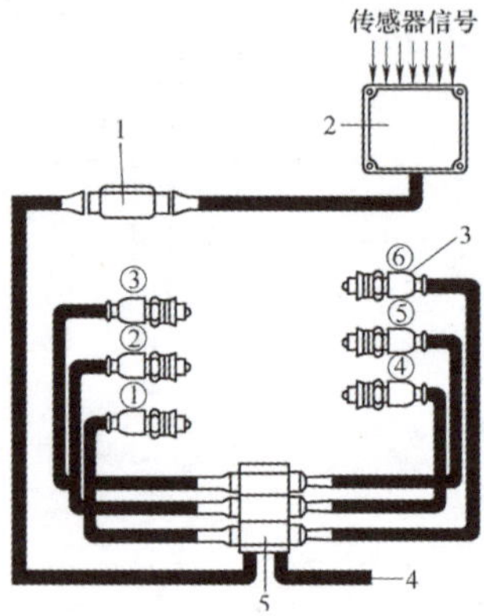

图 5-38　双点火线圈两缸同时跳火
1—点火控制器　2—发动机 ECU　3—火花塞　4—电源　5—双点火线圈

第二节　如何检修点火系统

一、点火系统的检测

1. 点火线圈的检测

（1）外部检查

检查点火线圈的外部，若绝缘盖破裂或外壳破裂，应更换新件。

（2）初级绕组、次级绕组的检查

如图 5-39 所示，用万用表分别测量点火线圈的初级绕组、次级绕组

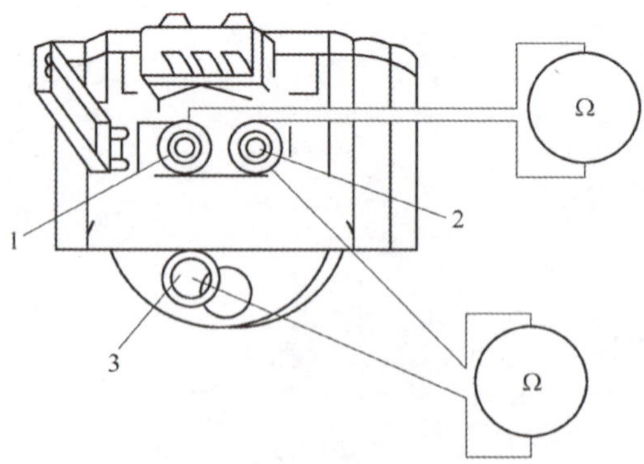

图 5-39　点火线圈的测量
1、2—初级绕组导线端　3—次级绕组导线端

的电阻值，应符合标准值。

电子点火系统的点火线圈为高能点火线圈，初级绕组的电阻一般较小，检测时可参考维修手册。如桑塔纳轿车点火线圈初级绕组的电阻为 0.52 ~ 0.76Ω，次级绕组的电阻为 2.4 ~ 3.5kΩ；奥迪轿车点火线圈初级绕组的电阻为 0.6 ~ 0.7Ω，次级绕组的电阻为 2.5 ~ 3.5kΩ。

（3）点火线圈性能的测试

点火线圈的性能可在万能试验台上进行测试，主要通过测量跳火间隙来判断点火线圈的性能。

2. 信号发生器的检测

（1）磁感应信号发生器的检测

①检查信号发生器的间隙，信号转子与传感线圈铁心之间的间隙一般为 0.2 ~ 0.4mm。如果不符合标准值，应进行调整。

②用万用表测量信号发生器感应线圈的电阻，应符合标准值。

（2）霍尔信号发生器的检测

霍尔信号发生器有 3 根引线，分别为“+”极、“-”极和端子“S”。检测时，分别测“+”极与“-”极电压和端子“S”与“-”极电压，然后与维修手册中的标准值比较，进行判断是否有故障。霍尔信号发生器位于分电器内，引出的三根导线分别如下。

要点：

- 霍尔信号发生器的“+”极，红/黑色，接点火控制器 5 号端子。
- 霍尔信号发生器的输出信号端子“S”，绿/白色，接点火控制器 6 号端子。
- 霍尔信号发生器的“-”极，棕/白色，接点火控制器 3 号端子。

用万用表测量霍尔信号发生器的“+”极与“-”极之间的电压应为 11 ~ 12V；测量端子“S”与“-”极之间的电压，当转子缺口对正霍尔元件的气隙时，应为 0.3 ~ 0.4V，反之应为 11 ~ 12V。

3. 点火控制器的检测

（1）电磁感应式电子点火系统中的点火控制器的检测

要点

- 如图 5-40 所示，用一只 1.5V 的干电池代替信号发生器，接到点火控制器信号输入端子上。

◎ 正接时，点火线圈的初级绕组导通，用万用表测量点火线圈的“-”极接线柱与搭铁之间的电压，应为 1 ~ 2V 如图 5-40a 所示；

◎ 将电池的极性颠倒后，再进行测量(如图 5-40b)，其值应为 12V。若与上述不符，说明点火控制器有故障，应更换。

（2）霍尔效应式电子点火系中的点火控制器的检测

检查点火控制器，应掌握点火控制器的接线。以桑塔纳轿车为例，其点火控制器的接线如图 5-41 所示：端子 1 接点火线圈“-”极(绿色)；端子 2 接电源负极(棕色)；端子 3 接霍尔信号发生器“-”极(棕/白色)；端子 4 接点火线圈“+”极(黑色)； 端子 5 接霍尔信号发生器“+”极(红/黑色)；端子 6 接霍尔信号发生器信号输出端子 S(绿/白色)。

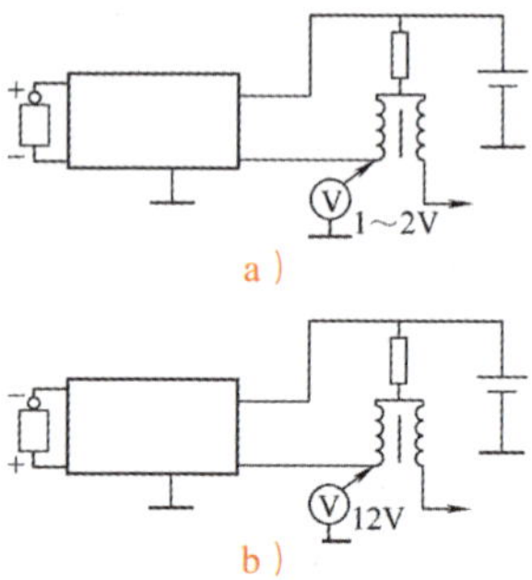

图 5-40　电磁感应式电子点火系中的点火控制器的检测

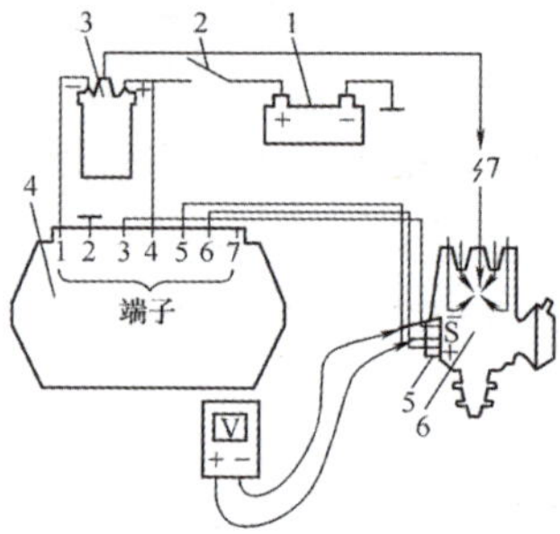

图 5-41　确定故障是在霍尔信号发生器上还是在点火控制器上

1- 蓄电池　2—点火开关　3—点火线圈　4—点火控制器　5—霍尔信号发生器插接器　6—分电器　7—高压线

要点：

◎ 接通点火开关，用万用表测量端子 1 与 4 之间的电阻为 0.52 ~ 0.76Ω。

◎ 测量端子 2 与 4 之间的电压应为 12V。

◎ 测量端子 3 与 5 之间的电压应为 11 ~ 12V。

◎ 测量端子 3 与 6 之间的电压时，应慢慢转动分电器轴，其电压应在 0.3 ~ 0.4V 与 11 ~ 12V 之间变化。

◎ 用电压表接在点火线圈的“+”极与“-”极接线柱上，接通点火开关，观察电压表读数应大于 2V，1 ~ 2s 后，压降为 0。

若上述检测结果不正常，说明点火控制器有故障，应更换。

4. 分火头的检查

(1)外观检查

观察分火头的外观，分火头应无裂痕、烧蚀或击穿等现象，否则应更换新件。

(2)漏电检查

将分火头倒放在缸体或缸盖上，用跳火正常的分缸高压导线将高压电引到分火头上，如果分缸高压导线有明显跳火现象，说明分火头已漏电，应更换新件。

(3)电阻的测量

用万用表测量分火头顶部的电阻，如图5-42所示，正常值应为(1± 0. 4)kΩ。

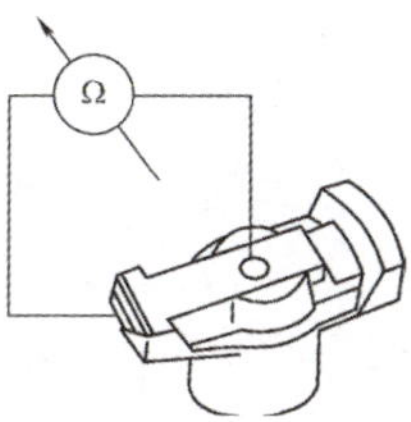

图 5-42 分火头电阻的检查

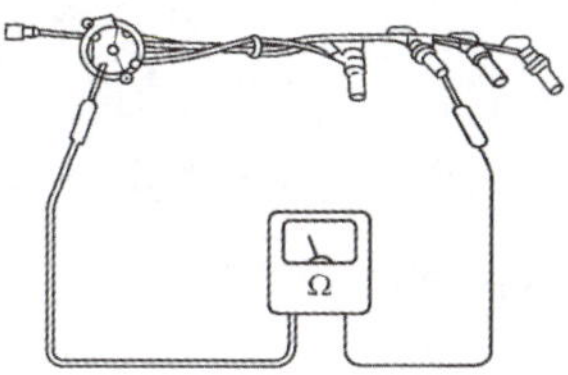

图 5-43 高压导线电阻的检查

5. 高压导线的检查

(1)高压导线电阻的检查

高压导线电阻的检查如图 5-43 所示，中央高压导线电阻标准值一般均不相同，如桑塔纳轿车的中央高压导线电阻标准值不大于 2.8kΩ，奥迪轿车中央高压导线电阻标准值不大于 2 kΩ；分高压导线电阻标准值，桑塔纳轿车分高压导线电阻标准值不大于 7.4kΩ，奥迪轿车分高压导线电阻标准值不大于 6kΩ。

(2)火花塞插头电阻的检查

如图 5-44 所示，用万用表测量火花塞插头的电阻值，一般为(1±0. 4)kΩ(无屏蔽)和(5±1. 0)kΩ(有屏蔽)。

(3)防干扰插头电阻的检查

如图 5-45 所示，用万用表测量防干扰插头的电阻值，一般为(1±0. 4)kΩ。

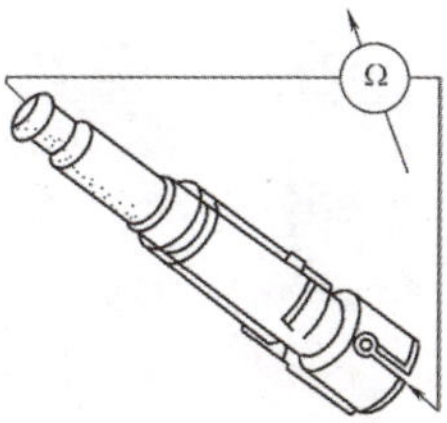

图 5-44 火花塞插头电阻的检查

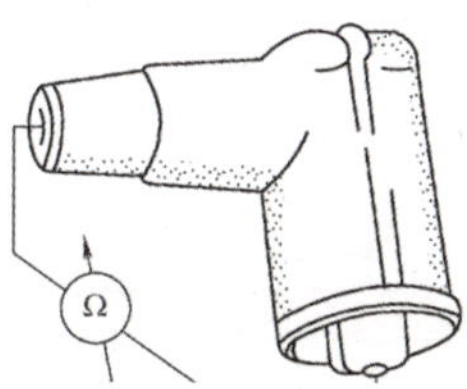

图 5-45 防干扰插头电阻的检查

6. 火花塞的检查

火花塞直接参与发动

机的工作，由于拆装方便，所以可以通过经常观察火花塞的细微变化，来了解发动机的工作状态。由于火花塞和发动机各机件工作的一体性，火花塞的异常现象也反映出相关机件的故障情况。

1）可以通过观察火花塞跳火的强弱，来判断相关电路是否正常。如图 5-46 所示，拆下火花塞之后，用搭铁方法，在高压导线与火花塞连接的状态下，使火花塞六棱螺母和发动机接触。然后起动发动机，这时可以看到火花塞跳火。

图 5-46　火花塞做跳火试验

2）火花塞跳火是蓝色的，且火花强劲有力。那么火花塞就能点燃混合气并使发动机运转。

3）火花是红色的而且火花很弱。这样的火花就表明点火线圈、高压导线和火花塞间隙等方面存在故障，需要对其检查和更换。

4）如图 5-47 所示，通过看火花塞绝缘体裙部（瓷芯）表面的颜色可以判断汽油机的故障。

要点

发动机工作一段时间后，若火花塞绝缘体裙部呈铁锈色（即棕红色），说明发动机工作正常，燃烧良好。

若火花塞绝缘体裙部积炭严重，则说明可燃混合气过浓，点火提前角过小或燃烧不良，另外，发动机超载也会造成积炭严重；需及时清除积炭；

若火花塞绝缘体裙部有黑色发亮油迹，则说明有可能是活塞、活塞环、气缸磨损，气门油封密封失效，使润滑油窜入燃烧室。还有可能是可燃混合气过浓，机油偏多，需及时检查配气系统磨损状况。

若火花塞绝缘体裙部呈白色，且有烧蚀痕迹，则说明可燃混合气过稀，点火提前角过大，应及时调整可燃混合气及点火时间。

二、点火正时的检查与调整

a）呈铁锈色　b）积炭　c）黑色发亮油迹　d）呈白色

图 5-47　火花塞绝缘体裙部（瓷芯）表面的颜色

1. 点火正时与点火提前角定义

在发动机的压缩行程终了，活塞达到行程的上止点时，点火系统向火花塞提供高压火花以点燃气缸内的压缩混合气做功，这个时间就是点火正时。为使点火能量最大化，点火正时一般要提前一定的量，所以是在活塞即将到达上止点的那一刻点火，而不是正好达到上止点时才点火，这个提前量叫点火提前角。

要点

◎ 有分电器点火系统的点火正时可以人工调整，无分电器点火系统的点火正时由计算机控制，不能人工调整。

2. 点火正时的检查与调整

为保证气缸中的可燃混合气在正确的时间被点燃，在安装分电器或更换燃油品种时，要靠人工确定和调整初始点火提前角。点火正时是否正确对发动机的性能影响很大，点火时间过早会造成发动机的爆燃燃烧，使发动机局部过热，燃料消耗增加，功率下降；点火时间过晚会使发动机燃烧所产生的最大压力下降，功率降低，经济性下降。因此，在发动机的使用与维修中，要确保有分电器点火系统点火正时的准确。

（1）就车检查点火正时

就车判断点火正时时，应使发动机处于正常工作温度（70 ~ 80℃）下怠速运转，当突然加速时，如果发动机速度急速提高并伴有短促而轻微的突爆声（轻微爆燃），而后很快消失则为点火正时；如果发动机转速不能随节气门开大而增大，发动机发闷且排气管出现“突突”声，则为点火过迟；如果发动机出现严重的金属敲击声，即爆燃（敲缸），则为点火过早。

点火过早或过迟的一般调整方法是：松开分电器壳体固定螺栓，将分电器轴按顺时针或逆时针方向转动少许，直至调好点火正时。

（2）使用点火正时灯检查点火正时

如图 5-48 所示，查找并验证飞轮或曲轴前端带轮上 1 缸压缩终了

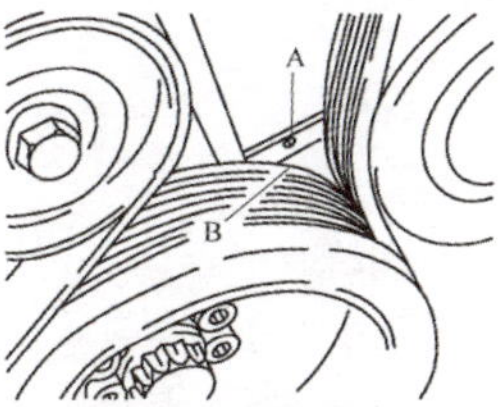

图 5-48　点火正时记号

A—发动机缸体上的正时记号
B—曲轴带轮上的正时记号

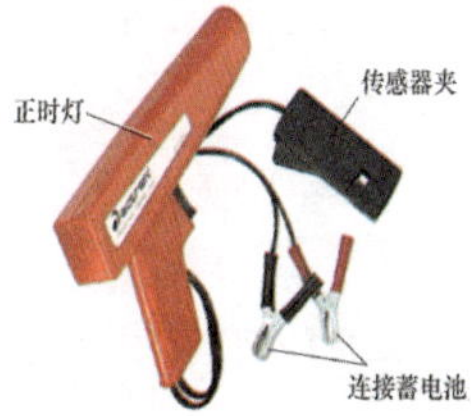

图 5-49　点火正时灯

上止点标记和点火提前角标记，擦拭使之清晰可见，如标记不清晰，最好用粉笔或油漆将标记描白。

将点火正时灯（图 5-49）正确连接到汽车发动机上，将传感器夹夹在 1 缸高压线上，连接蓄电池夹分别与蓄电池正、负极连接。

要点

● 起动发动机至正常工作温度状态，保持在怠速下稳定运转。

● 打开正时灯并对准正时标记（图 5-50），调整正时灯电位器，使正时标记清晰可见，就如同固定不动一样。此时表头读数即为发动机怠速运转时的点火提前角。

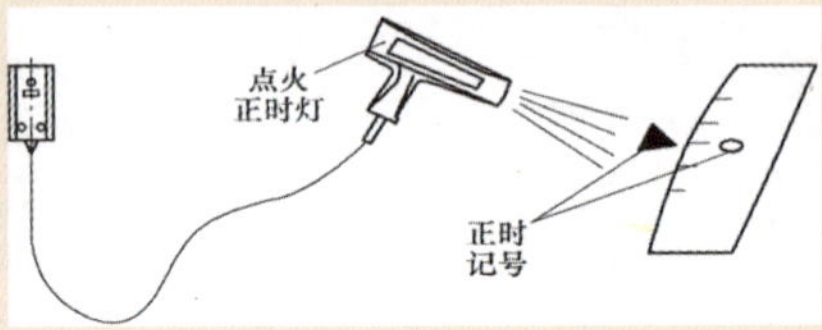

图 5-50　打开点火正时灯并对准正时标记

● 用同样的方法可分别测出不同工况、转速时的点火提前角并记录。

三、点火系统的使用与维护注意事项

维修提示

● 由于初级电流较大，必须使用高能点火线圈，不能用普通的点火线圈代替。

● 清洗发动机时必须在发动机熄火后进行。

● 若进行点火系统的故障检测，应在发动机熄火后，断开点火系统的线路，连接检测仪表。

● 当点火系统有故障，由其他车辆拖行时，需将点火控制器的插头拔下。

第三节 常见故障诊断与维修实例

一、常见故障诊断

维修提示

● 汽车点火系统工作状况的好坏，直接影响发动机的动力性和经济性。在汽车维修过程中，点火系统故障率相对较高。

● 点火系统常见故障有发动机不能起动、发动机运转不平稳和发动机功率下降、油耗增大、加速不良等。

点火系统的故障诊断与排除见表 5-3。

表 5-3　点火系统的故障诊断与排除

故障现象	故障原因	排除方法
发动机不能起动	中央高压线故障	更换中央高压线
	点火线圈故障	更换点火线圈
	点火控制器故障	更换点火控制器
	信号转子与传感器之间的间隙不正确	调整信号转子与传感器之间的间隙
	点火线圈无低压电	检查并排除点火线圈线路故障
发动机运转不平稳	单缸高压线故障	更换单缸高压线
	分电器盖故障	更换分电器盖
发动机功率下降油耗增加加速不良	点火正时不正确	调整点火正时
	分电器盖漏电	更换分电器盖
	分火头漏电	更换分火头
	高压线插错	将高压线插对

（一）电子点火系统常见故障

1. 磁脉冲无触点电子点火装置的故障诊断

磁脉冲无触点电子点火装置常见故障原因：脉冲信号发生器损坏；点火控制器损坏；点火线圈损坏或性能不佳；线路接触不良或有断路、短路；分电器盖破裂、分火头损坏；火花塞积炭、油污、绝缘体破裂或间隙不当；分电器真空点火提前装置或离心点火提前装置失效；点火正时失准、缸线错乱。

2. 霍尔效应式无触点电子点火装置的故障诊断

霍尔效应式无触点电子点火装置与磁脉冲式无触点电子点火装置故障现象非常相似，不同的是点火信号由霍尔传感器产生。

（二）点火正时失准故障诊断

对于点火正时失准的故障，可采用就车检查点火正时和使用点火正时灯检查点火正时的方法进行检查与调整。前面已做介绍，这里不再赘述。

（三）少数气缸不工作的故障诊断

1. 少数气缸不工作的故障现象

发动机回火、放炮、车身发抖，消声器“突突”声音有节奏出现，发动机怠速转速稍高时更明显。

汽车在行驶过程中，如果发动机在各种转速下，消声器均发出有节奏的“突突”声，并拌有进气管回火、消声器放炮、车身发抖等现象，应停车检查，排除故障。在判断此故障时，应在稍高于怠速的转速下察听，这时，消声器有节奏“突突”声较为明显。另外，还可以用轻踩加速踏板快提速的方法判断。

2. 气缸不工作故障排除的一般程序

（1）外部检查

发动机不熄火，检查高压分线是否脱落、漏电或插错。脱落或插错，要重新插置。如果有漏电现象，要更换分缸高压线。

（2）进行断火试验

断开某缸分缸高压线后，如果发动机转速下降，发动机抖动加剧，为该缸工作良好；如果发动机转速升高，为分电器盖上有两缸旁插孔串电；如果发动机转速没有变化，为该缸不工作，这时，要检查该缸高压线是否有火花。

（3）检查分缸高压线和火花塞

拆下分缸高压线做跳火试验，如果有火花出现，说明火花塞有故障；如果没有火花出现，说明分缸高压线、点火线圈和分电器等有故障，应对相应部件进行检测。

（四）电子点火系统的故障诊断方法

不同电子点火系统故障诊断的区别主要在于信号发生器的检测，而其检测原理是相同的，下面以常见的霍尔效应式电子点火系统为例说明电子点火系统的故障诊断与维修。

1. 确定故障是在低压电路还是在高压电路

1）打开分电器盖，转动曲轴，使分电器转子缺口对正霍尔信号发生器，如图 5-51 所示。

2）拔出分电器盖上的中央高压线，使其端部离气缸体 5 ~ 7mm。

3）接通点火开关，用螺钉旋具在霍尔信号发生器的间隙中轻轻的插入和拔出，模拟转子在间隙中的动作，如图 5-52 所示。

图 5-51　分电器转子缺口对正霍尔信号发生器

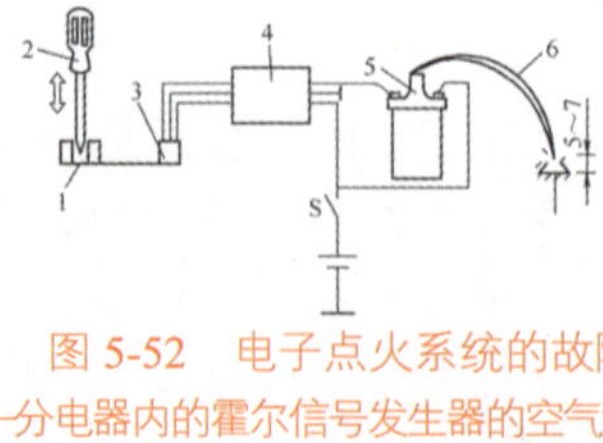

图 5-52　电子点火系统的故障确定

1—分电器内的霍尔信号发生器的空气气隙　2—螺钉旋具　3—霍尔传感器插接器　4—点火控制器　5—点火线圈　6—高压线

4）如果高压线端部跳火，表明低压电路中的霍尔信号发生器、点火控制器及点火线圈性能良好，故障在高压电路；如不跳火，在点火线圈及线路良好的情况下，可确定故障在霍尔信号发生器或点火控制器，应进一步检查。

2. 确定霍尔信号发生器和点火控制器的故障诊断

如图 5-41 所示，用万用表测量分电器上信号发生器的信号端子 S 与搭铁端子“-”极之间的电压。

转动分电器轴，万用表的测量值若在 0.3 ~ 0.4V 与 11 ~ 12V 之间变化，说明霍尔信号发生器良好，点火控制器有故障；若测量值与上述值不一致，说明霍尔信号发生器有故障。

（五）计算机控制点火系统故障诊断方法

1. 双缸同时点火系统的检测（以桑塔纳 GSI 轿车为例）

桑塔纳 GSI 轿车无分电器点火系统采用两个点火线圈，1、4 缸共用一个点火线圈，2、3 缸共用一个点火线圈，其电路如图 5-53 所示。

发动机因为点火系统故障而不能起动，检查时，一般按易到难的顺序，沿点火线路进行分段检查。

1）检查各部分线路接头有无松动、断路、短路现象。

2）检查点火线圈搭铁电路拔下点火线圈插头，用数字式万用表测量蓄电池正极和插头上端子 4 间的电压，应为蓄电池电压（约 12V)，否则应检查插头端子 4 和搭铁的线路的开路。

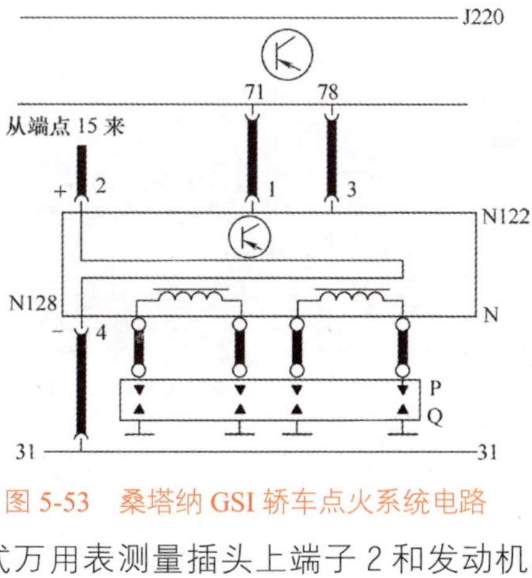

图 5-53　桑塔纳 GSI 轿车点火系统电路

3）检查点火线圈的供电电压。拔下点火线圈插头，用数字式万用表测量插头上端子 2 和发动机搭铁间的电压，应为蓄电池电压（约 12V)，否则应检查点火开关及与端子 2 之间线路的开路。

4）检查点火线圈工作情况。拔下点火线圈的插头和 4 个喷油器的插头，打开点火开关，用数字式万用表分别测量点火线圈插头上端子 1 和 3 与发动机搭铁间的电压，起动起动机数秒钟，应有 0.4V 左右电压出现。

5）用数字式万用表测量点火线圈插头和ECU线束插座之间的电阻，电阻应小于 1Ω。

6）测量初级绕阻和次级绕阻电阻值，应基本相等。

7）高压火跳火试验能检测有无高压火及点火能量。

8）传感器等点火系组件的检查。当传感器组件发生故障时，应在蓄电池电压、燃油泵继电器和熔丝都正常的情况下进行检测（用高阻抗数字万用表，表内阻不小于 10kΩ）。点火系统组件、插头端子的检测及控制步骤见表 5-4。

表 5-4　点火系统组件的检测及结果

检测步骤	测量项目	测量条件（操作过程）	测量部位（各端子号请查阅技术资料）	额定值	测量值
1	节气门位置传感器	断开点火开关，拔下插头，再接通点火开关	插头端子 5 与 7	约 5V	
2	节气门定位电位计	断开点火开关，拔下插头，再接通点火开关	插头端子 4 与 7	约 5V	
3	霍尔传感器信号输出电压	拔下插头，再接通点火开关	插头端子 1 与 3	约 5V	
4	霍尔传感器供电电压	拔下插头，再接通点火开关	插头端子 2 与 3	接近蓄电池电压	
5	发动机转速传感器	断开点火开关，拔下发动机转速传感器灰色插头	插头端子 2 与 3	480~1000Ω	
6	爆燃传感器输出信号电压	发动机运转	插头端子 1 与 2	0.3~1.4V	
7	空气流量计供电电压	燃油泵继电器和熔丝正常	插头端子 4 与搭铁	约 5V	
8	发动机 ECU 供电电压	蓄电池电压高于 11V，熔丝 517 正常，接通点火开关	VA1598/2 测试盒，端子 3 与 2，端子 1 与 2	接近蓄电池电压	

如果检测组件电压不正常，应进行线路检修，其方法是断开点火开关，从 ECU 上拔下接线插头和所要测量组件的插头，检测连接线路的电阻。如果被检测线路正常，而被检测组件电压或电阻值不正常，则故障在被检测组件或 ECU。

2. 独立点火系统的检测（以帕萨特 B5 1.8T ANQ 型发动机为例）

帕萨特 B5 1.8T 发动机（ANQ 型）独立点火系统的电路如图 5-54 所示，发动机点火系主要由点火线圈、火花塞、爆燃传感器、霍尔传感器等组成。发动机控制单元位于前风窗玻璃左下角，采用独立点火方式。

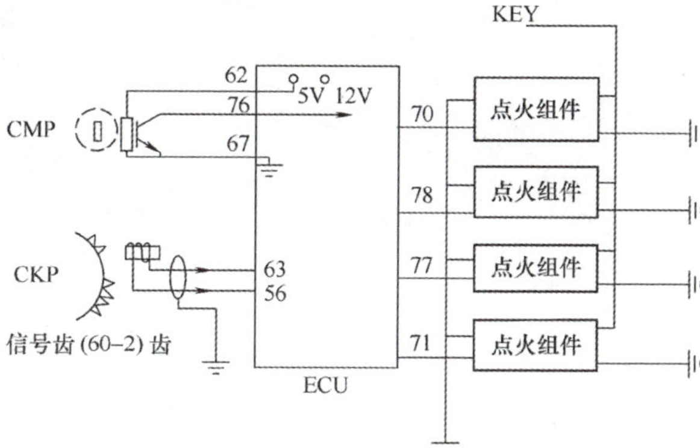

图 5-54 帕萨特 B5 1.8T 的点火系统

帕萨特 B5 1.8T 发动机（ANQ 型）独立点火系统的检测方法如下：

(1) 霍尔传感器的检修 在检测时，应保证蓄电池电压至少为 1.5V。

①拔下霍尔传感器的三针插头，如图 5-55 所示。

②用万用表测端子 1 和 3，打开点火开关，至少 4.5V。如果不在允许范围内，检查 ECU 到插座之间的导线。如在导线中未发现故障，且在三针插座端子 1 和 3 之间有电压，则更换霍尔传感器 G40；若在端子 1 和 3 之间无电压，则更换发动机。

(2) 带功率终极端的点火线圈的检修 在检测时应保证蓄电池电压至少为 11．5V，霍尔传感器正常，发动机转速传感器正常。

①将点火线圈的功率终端极 2 和三针插头拔下，用万用表测量中间的端子和搭铁，打开点火开关，测量供电电压，至少为 11.5V。如果无电压，检查控制单元和三针插座之间的导线、端子 2 及继电器之间是否导通。

②拔下喷油器插头及点火线圈终端极的三针插座，用二极管灯连接于端子 1 与和搭铁之间，起动发动机，检查发动机控制单元的点火信号，二极管灯应闪烁；如果不闪烁，检查导线。如果未找到导线的故障，而在端子 2 和搭铁间有电压，则更换发动机控制单元。

③发动机转速传感器的检查在检测时应保证蓄电池电压至少为

11.5V；将到发动机转速传感器的三针插头拔下，如图 5-56 所示。

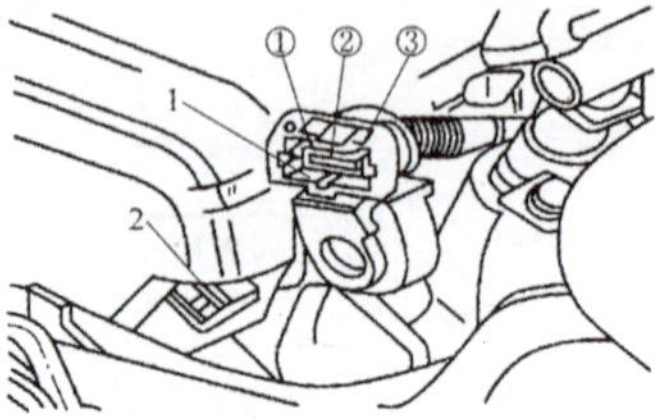

图 5-55　霍尔传感器的三针插头
1—三针插座　2—霍尔传感器

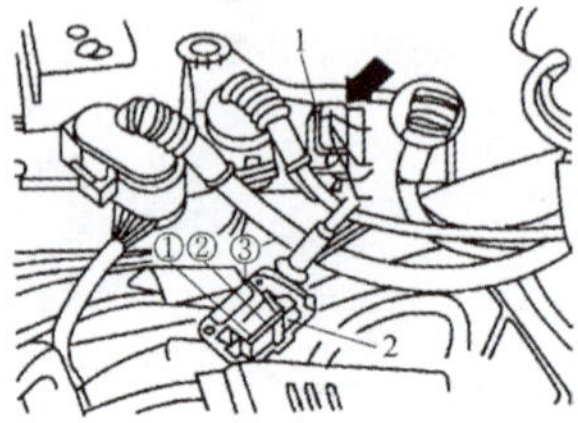

图 5-56　拔下发动机转速传感器的三针插头
1—插座　2—三针插头

测量插座端子 1 和 2 之间，即传感器的电阻值，其允许值应为 480 ~ 1000Ω，否则检查传感器的导线是否有断路或短路，如果在导线中找不到故障，拆下传感器并将传感器轮固定，检查是否有损伤和端面跳动。若传感器损坏，则更换发动机转速传感器 (G28)。若传感器无故障，则更换发动机控制单元。如果点火信号正常，则更换带功率终端极。

二、维修实例

实例一　发动机熄火后不能正常起动

（1）故障现象

别克君威 3.0 轿车，在行驶中底盘受到撞击，发动机熄火后不能正常起动。

（2）故障原因

信号发生器损坏。

（3）故障诊断与排除

用 TECH2 检测仪进行检测，无故障码输出。进一步测量发现，有高压电但不喷油，确诊为喷油嘴回路没有脉冲信号的控制。测试点火正时正确，测量 7X 和 24X 曲轴位置传感器、冷却液温度传感器、凸轮轴位置传感器、压力传感器、空气流量计和节气门位置传感器均正常。更换新的动力系统控制模块和点火模块，故障现象依旧。检查所有传感器与电脑的连线以及电脑的供电和搭铁均正常。

最后，经过仔细分析其工作原理，将重点放在检测 7X 和 24X 曲轴位置传感器上。用示波器检查，发现 7X 曲轴信号严重错误，怀疑信号发生器转子有问题。向用户了解情况，得知此车曾出过交通事故，发动机拆修过。对发动机进行拆检，发现信号发生轮曾经焊修过，有多个信号发生齿已经脱落。更换损坏的信号发生器后，试车，故障排除。

在车辆维修过程中，所有信号发生器的转子掉齿后是不能修补使用的，后焊上去的齿的金属材料与其他齿的金属材料不一样，磁感应强度也不一样，且牢固程度也不理想，会使传感器感应出错误的信号，最终导致发动机出现工作不良等异常症状。

实例二 发动机在起动时有着火征兆，但不能正常运转

（1）故障现象

捷达轿车，装用 AHP 型 20 气门的电控多点燃油喷射发动机，行驶里程为 129000km。当起动车辆时，发动机有着火征兆，但却始终不能正常运转。发动机在起动运转过程中，排气管有少量的尾气排出。

（2）故障原因

发动机 2 缸火花塞损坏。

（3）故障诊断与排除

根据发动机的故障现象分析，该车是由于起动时混合气太稀或点火能量不足引起的。

于是先对发动机燃油系统进行检查，用燃油压力表检测燃油压力，符合标准。接着检查发动机点火系统，检查前先准备一个两端带夹子的导线和一个火花塞。用手拔下 2 缸分缸高压线，将准备的火花塞插到高压线的插头上。

将带夹子的导线一端接到火花塞壳体上，一端接在车身上搭铁。然后起动发动机，发现火花塞跳出很强的火花，同时发动机竟能运转工作起来（此时缺了一个气缸——2 缸），但发动机因缺缸怠速时严重抖动并且一会儿就熄火了。根据此时的现象分析故障可能与 2 缸火花塞有关。将 2 缸火花塞拆下并检查，发现 2 缸的火花塞没有火花跳出，有可能是火花塞或分缸高压线损坏，而换上一个备用火花塞后有火花跳出，说明原 2 缸火花塞已损坏。更换了 2 缸的火花塞后，发动机能

顺利起动并且运转正常。

因为该车点火系统取消了分电器，由发动机控制单元控制两个点火线圈初级绕组电流的通断，在次级绕组感应出高压电。两个次级绕组上各接了两个火花塞，一个点火线圈控制1缸和4缸，另一个点火线圈控制2缸和3缸。当一个火花塞失效不能点火时，另一个气缸也受到影响不能点火。

此车的情况就是这样，2缸火花塞失效，导致3缸的火花塞也不能点火。于是，在起动发动机时，只有1缸和4缸两个气缸工作，这就是发动机有着火症兆但不能起动运转的原因。当进行跳火试验时，备用的火花塞良好而能跳火，3缸火花塞也能正常工作了。此时，实际上有3个气缸可着火工作，发动机就运转起来。

为什么一个火花塞失效能影响另一个火花塞工作呢？根据无分电器点火系统结构原理分析，当3缸处于压缩行程上止点时，气缸内部压力很大，火花塞电极间压缩气体电阻也很大，而2缸处于排气行程上止点，气缸内压力接近大气压，火花塞电极间电阻较小。

因此点火线圈的次级绕组感应出的高压电主要加在3缸火花塞上，使3缸火花塞电极间隙击穿而导通跳火，同时通过2缸火花塞使其也跳火，这样形成点火回路。如果2缸火花塞断路，则2缸和3缸的点火回路也出现断路，导致两个气缸均不能跳火，于是，发动机也就无法正常起动运转了。

第六章 照明与信号系统

CHAPTER 6

第一节 认识照明系统

一、照明系统的位置

目前，汽车照明系统大都采用组合灯具，即把前照灯（俗称大灯）、前转向灯、示宽灯等组合在一起，构成前组合灯，把倒车灯、制动灯、后转向灯、后小灯、后雾灯等组合在一起，构成后组合灯（图 6-1 所示为奥迪 A6 轿车前组合灯的分解图）。

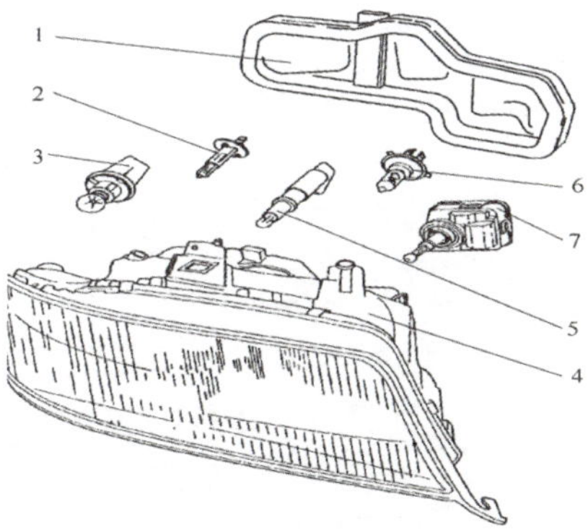

图 6-1 奥迪 A6 轿车前组合灯的分解图

1—罩盖 2—近光灯灯泡 3—转向灯灯泡 4—前照灯壳体 5—驻车灯灯泡 6—远光灯灯泡 7—前照灯照明调节电动机

如图 6-2 ~ 图 6-4 所示为轿车前部和后部照明系统的名称，一般雾灯安装在保险杠附近。

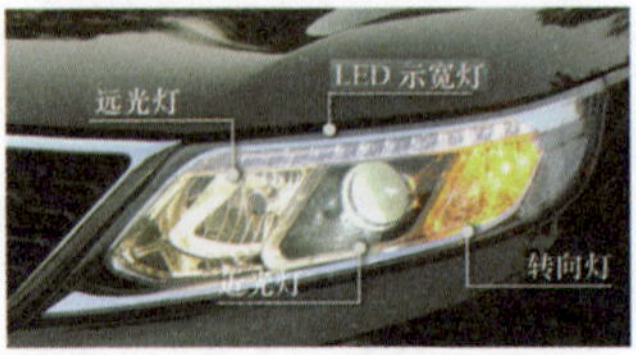

图 6-2　轿车前部照明与信号系统

图 6-3　轿车右后部照明与信号系统

图 6-4　轿车前雾灯

二、照明系统的组成与功用

照明系统的组成与功用见表 6-1。

表 6-1　汽车的照明与信号系统的组成与功用

名　称	安装位置	功　用	功率 /W
前照灯（俗称大灯、头灯）	安装在汽车前部	其作用是汽车在夜间或光线昏暗路面上行驶或停车时标示车辆的轮廓或位置，有二灯制和四灯制之分。前小灯为白色，后小灯为红色	远光灯：40 ～ 60；近光灯：35 ～ 55
小灯（又称示廓灯、示宽灯、驻车灯，车辆后方的可称尾灯）	安装在前部和后部	其作用是汽车在夜间或光线昏暗路面上行驶或停车时标示车辆的轮廓或位置。前小灯为白色，后小灯为红色	5 ～ 10
牌照灯	安装在汽车尾部的牌照上方	其作用是夜间照亮汽车牌照，灯光为白色	5 ～ 15
仪表灯	安装在汽车仪表上	用于夜间照亮仪表，灯光为白色	2 ～ 8
顶灯	安装在驾驶室的顶部	其作用是驾驶室内部照明，灯光为白色	5 ～ 8
雾灯	安装在前部和后部	其作用是在能见度较低的雨雾天气时，为提高行车安全用来照明。一般采用波长较长的黄色、橙色或红色，因其穿透性较强。尾部的后雾灯一般只有一个	35 ～ 55
转向灯	安装在前部、后部、左右侧面（或后视镜上）	其作用是表示汽车的运行方向。左右转向灯同时闪亮时，表示有紧急情况。灯光为黄色	20 ≤
制动灯（俗称刹车灯）	安装于汽车后面	其作用是在汽车制动停车或制动减速行驶时，向后车发出灯光信号，以警告尾随的车辆，防止追尾。灯光为红色	20 ≤
倒车灯	安装在后面	其作用有两个：一个是向其他的车辆和行人发出倒车信号；另一个是夜间倒车照明。灯光为白色	20 ≤

（续）

名 称	安装位置	功 用	功率 /W
仪表灯	安装在仪表板上	其作用是指示某一系统是否处于工作状态。灯光为红色（如远近光指示灯、转向指示灯、雾灯工作指示灯、空调工作指示灯、驻车制动指示灯、收放机工作指示灯、自动变速器档位指示灯等）	2
警告灯	安装在仪表板上	其作用是用来监测汽车某一工作系统的技术状况，当出现异常情况时发出警告灯光信号。灯光为红色、绿色或黄色（如发动机故障警告灯、机油警告灯、冷却液温度警告灯等）	2

注：此外，汽车的照明系统还有工作灯、门灯、踏步灯、行李箱灯、阅读灯等。

三、照明系统的结构特点

1. 前照灯光学组件的组成

前照灯的光学组件由灯泡、反射镜和配光镜 3 部分组成，如图 6-5 所示。

（1）灯泡

前照灯灯泡的结构如图 6-6 所示。

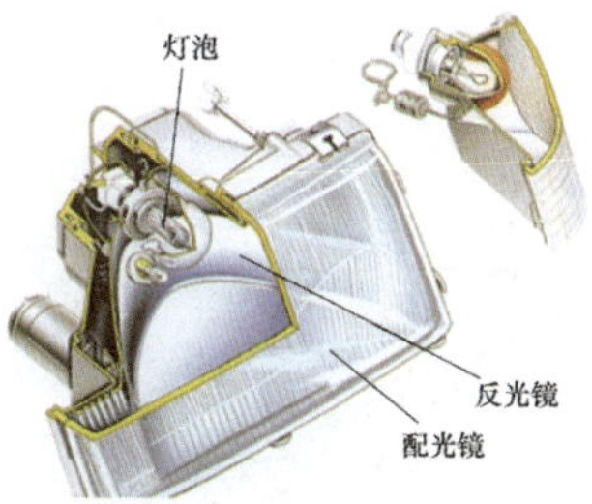

图 6-5 前照灯的光学组件

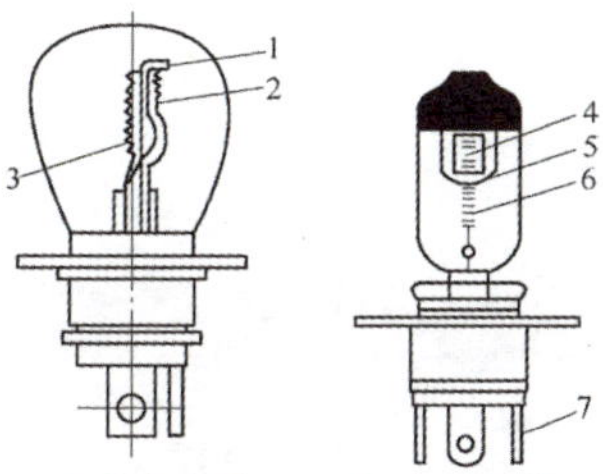

图 6-6 前照灯灯泡结构

1、5—遮光罩 2、4—近光灯丝 3、6—远光灯丝 7—插片

（2）反射镜

要点

- 反射镜是用薄钢板冲压而成的，其表面镀银、铬、铝等，然后抛光。
- 反射镜的作用是尽可能多的收集灯泡发出的光线，并将这些光线聚合成很强的光束射向远方。

半封闭式前照灯反射镜如图 6-7 所示。

（3）配光镜。

要点

配光镜也称散光玻璃。是由透明玻璃压制而成的棱镜和透镜的组合体。配光镜的作用是将反射镜反射出的光束进行折射，以扩大光线的照射范围，使车前 100m 内的路面各处都有良好而均匀的照明。

配光镜如图 6-8 所示。

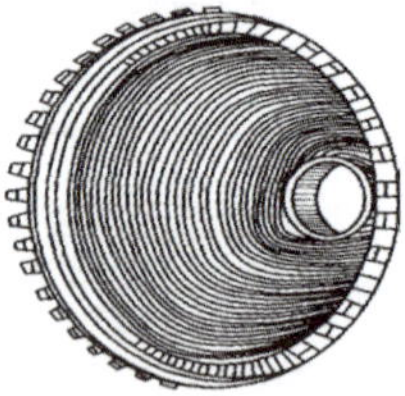

图 6-7　半封闭式前照灯反射镜

图 6-8　配光镜

2. 前照灯防眩目的类型

夜间会车时，前照灯发出的强光束会使迎面来的汽车驾驶人眩目，很容易发生交通事故，所以在这方面必须引起足够的重视。前照灯防眩目一般采取表 6-2 所示的类型。

表 6-2　前照灯防眩目的类型

类型	特点	结构图
采用双丝灯泡	如图 6-9 所示。前照灯采用双丝灯泡，远光灯丝位于反射镜的焦点上，功率为 45～60W; 近光灯丝位于反射镜焦点的上方或前方，功率为 20 ～ 50W。这样夜间行车，当对面无来车时，使用远光灯，可照亮车前方 150m 以上的路面；当对面来车时，使用光灯，由于光线较弱，经反射后的光线大部分射向车前的下方，所以可避免对方驾驶人眩目	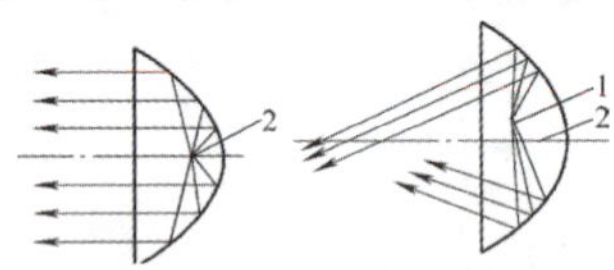 a）远光灯　b）近光灯 图 6-9　双丝灯泡的远、近光束 1—近光灯丝　2—远光灯丝
采用带遮光罩的双丝灯泡	双丝灯泡中，近光灯丝射向反射镜下部的光线经反射后，将射向斜上方，仍会使对面的驾驶人眩目。为了克服上述缺陷，在近光灯丝的下方装有遮光罩。当使用近光灯时，遮光罩能将近光灯丝射向反身镜下部的光线遮挡住，无法反射，提高防眩目效果。如图 6-10 所示，带遮光罩的双灯泡广泛使用在汽车上	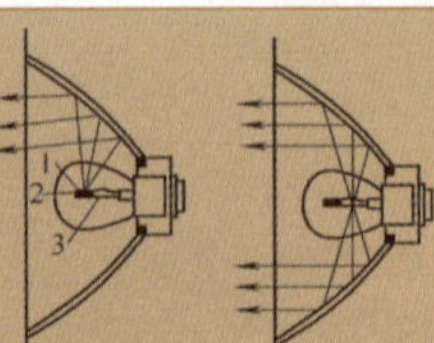 图 6-10　带遮光罩的双丝灯泡 1—近光灯丝　2—遮光罩　3—远光灯丝

（续）

类型	特点	结构图
采用不对称光形	前照灯配光光形标准型如图 6-11a 所示。不对称光形如图 6-11b 所示，这是一种新型的防眩目前照灯。其遮光罩安装时偏转一定的角度，使其近光的光形分布不对称，将近光灯右侧光线倾斜升高 15°	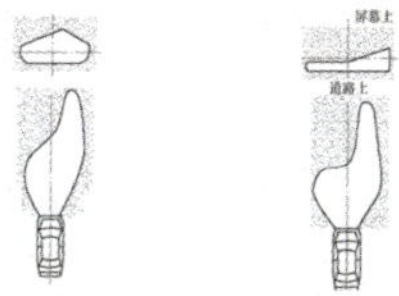 a）标准型　b）非对称型 图 6-11　前照灯配光光形
Z形光形	为防止对面来车驾驶人与非机动车人员眩目，Z 形光形是目前最先进的光形。它不仅可防止对面驾驶人眩目，也可防止非机动人员眩目。如图 6-12 所示	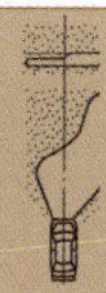 图 6-12　前照灯 Z 形光形

3. 前照灯的分类

（1）可拆式前照灯

这种前照灯的配光镜靠反射镜边缘上的齿簧与反射镜组合在一起，并用箍圈和螺钉将它们固定在灯壳上。

可拆式前照灯由于密封性不好，反射镜易受灰尘和湿气的污染而变黑，严重影响照明效果，目前已很少采用。

（2）全封闭式前照灯

全封闭式前照灯又称为真空灯。它的反射镜和配光镜制成一体，里面装有灯丝，并充以惰性气体。灯丝焊在反射镜底座上。反射镜的镜片经真空镀铝，其结构如图 6-13 所示。

这种结构的优点是可以完全避免反射镜受到污染。但是当灯丝烧坏后，需要更换前照灯总成，成本较高。

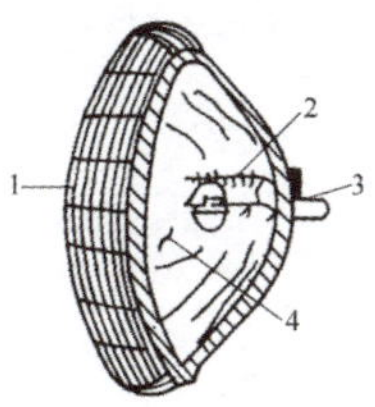

图 6-13　全封闭式前照灯结构
1—配光镜　2—灯丝　3—插片　4—反射镜

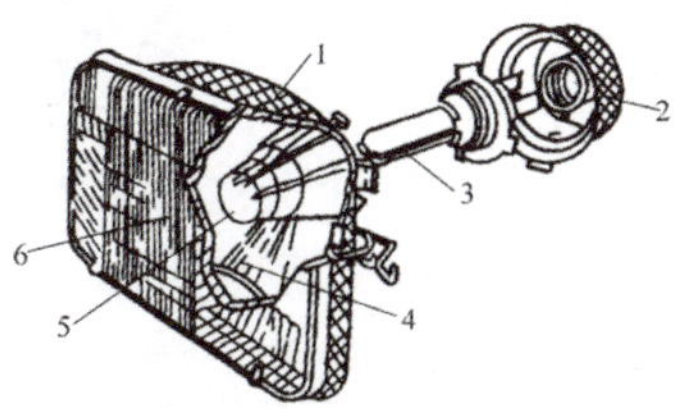

图 6-14　半封闭式前照灯结构
1—灯壳　2—灯泡卡盘　3—灯泡　4—反射镜　5—玻璃球面　6—配光镜

（3）半封闭式的前照灯

半封闭式的前照灯结构如图 6-14 所示。其配光镜是由反射镜边缘上的牙齿固定在反射镜上，两者之间有橡胶圈或密封胶密封。

要点

- 灯泡可从反射镜后端进行拆装，维修方便，因此得到普遍使用。
- 更换灯泡时，切勿用手触摸灯泡玻璃壳部分，以免缩短灯泡的寿命。

（4）投射式前照灯

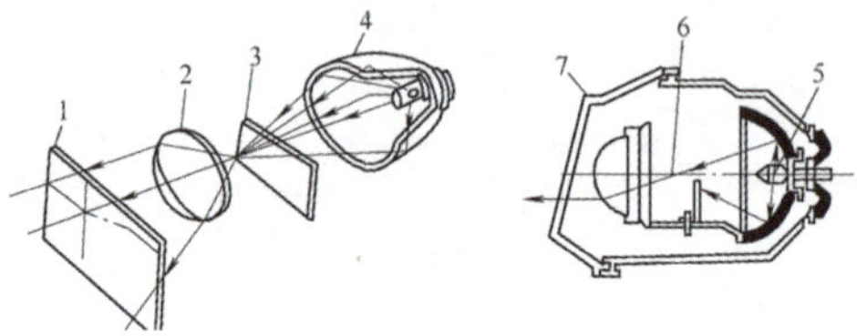

图 6-15 投射式前照灯的构造

1—屏幕 2—凸形散光镜 3—遮光镜 4—椭圆反射镜 5—第一焦点 6—第二焦点 7—总成

如图 6-15 所示，投射式前照灯的反射镜近似于椭圆形状，它具有两个焦点。第 1 焦点处放置灯泡，第 2 焦点是由光线形成的。凸形散光镜的焦点与第 2 焦点是一致的。来自灯泡的光利用反射镜聚成第 2 焦点，再通过散光镜将聚集的光投射到前方。投射式前照灯采用的灯泡为卤素灯泡。在第 2 焦点附近设有遮光板，可遮挡上半部分光，形成明暗分明的配光。由于它的这种配光特性，因此也可用作雾灯。

要点

- 投射式前照灯，反射镜采用扁长断面，光束横向分布效果好，结构紧凑，经济实用。

（5）HID 氙气式前照灯

HID（英文 High Intensity Discharge）是高强度气体放电式灯的缩写。该型灯放电的气体是氙气，故亦称氙气灯。氙气式前照灯的外形如图 6-16 所示，结构如图 6-17 所示。这种灯的灯泡里没有灯丝，取而代之的是装在石英管内的两个电极，管内充有氙及微量金属（或金属卤化物）。在电极上加上 5 ~ 12kV 电压后，气体开始电离而导电发光。由气体原子激发到电极间少量的水银蒸气，最后转入卤化物弧光灯工作。氙气式前照灯由氙气灯组件、电子控制器和升压器 3 大部分组成。其灯泡的光色和日光灯相似，亮度是目前卤素灯泡的 2.5 倍，寿

图 6-16 氙气式前照灯外形

命是卤素灯泡的5倍。灯泡的功率为35W，可节能40%。目前，在中高级轿车中氙气式前照灯应用比较广泛。

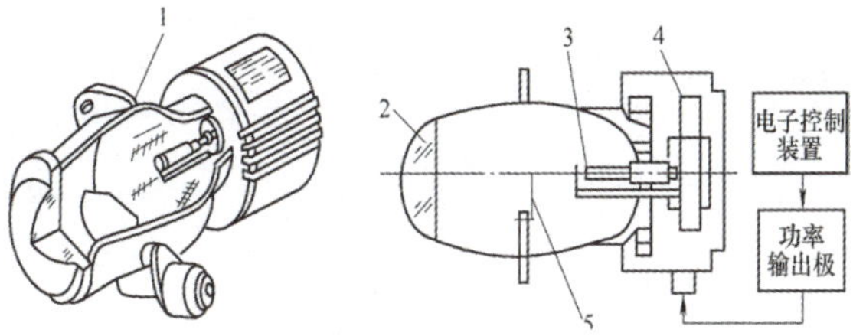

图6-17 氙气式前照灯的结构
1—总成 2—透镜 3—弧光灯 4—引燃及稳弧部件 5—遮光板

四、前照灯的检修

前照灯是汽车夜间行驶的主要设备，前照灯亮度、光束角度如果不正确，将影响夜间行车安全。因此，前照灯灯泡烧毁、污损、照射角度不正常，都是很危险的现象，必须在维护中及时修复。

1. 全车灯光工作情况的检查

要点

- 两个人配合检查前照灯、转向灯、示宽灯、制动灯等灯光装置。
- 检查时，打开灯光开关，依次检查全车各部位的灯光。
- 踩下制动踏板查看制动灯情况。发现不亮应予以排除。
- 常见的灯光不亮故障有灯泡烧毁或熔丝烧断所致，更换灯泡或熔丝即可排除故障。

2. 前照灯光束的调整

（1）使用前照灯测试仪调整前照灯

要点

将轮胎气压正常的空车，停放在平坦的场地上，在驾驶室内乘坐一名驾驶人或将60kg的重物放在驾驶人位置上，使车前部对准前照灯测试仪，按测试结果进行调整。

（2）手工调整

要点

- 将轮胎气压正常的空车，停放在平坦的场地上，在驾驶室内乘坐一名驾驶人或将60kg的重物放在驾驶人位置上，使车前部对幕墙保持一定的距离（正面相对10m左右）。

● 接通灯光开关，调整其光束。调灯时以一只灯为单位调整，首先遮蔽其他前照灯；然后拧动上下左右光束调整螺钉，使主光束（光度最高点）处于规定高度；前照灯上下左右调整时，必须拧入调整螺钉调整。若需拧松调节时，应先完全拧松后再拧入调整螺钉进行调整。

图 6-18 所示为奥迪 A6 轿车前照灯的调整：左前照灯高度调整时，转动调整螺钉 1 和 2，转动圈数要相同，侧向调整时只需转动调整螺钉 2。右前照灯调整螺钉与此对称。

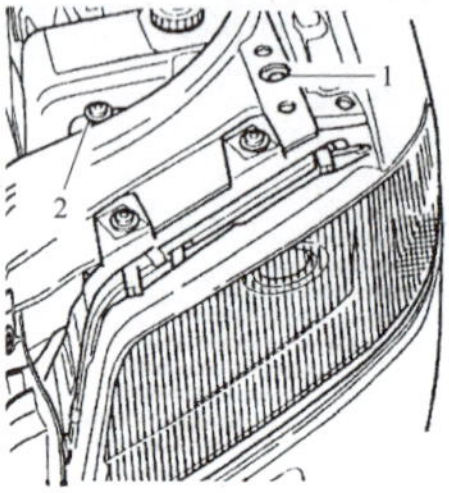

图 6-18 左前照灯的调整
1—高度调整螺钉 2—高度/侧向调整螺钉

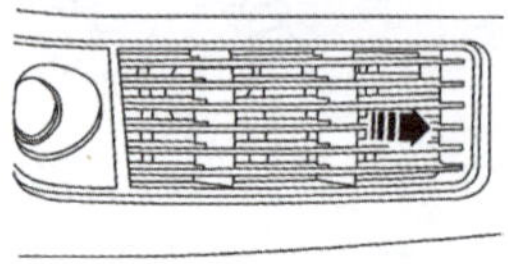

图 6-19 拆卸保险杠下部护板

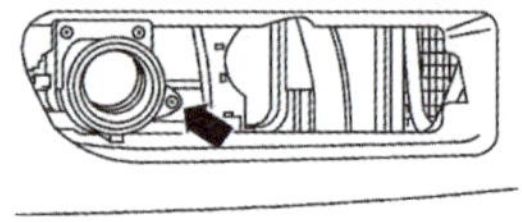

图 6-20 调整雾灯

3. 雾灯的调整（以奥迪 A6 轿车为例）

如图 6-19 所示，拉下保险杠下部护板（箭头）。调整右雾灯如图 6-20 所示，转动调整螺栓（箭头）可降低光束，横向不可调。左雾灯调整螺栓与此对称。

五、前照灯的更换

要点

● 前照灯不亮时，首先要检查插座和导线连接状况是否良好，然后检查熔丝、灯泡是否正常。

● 如果确定是前照灯灯泡损坏，应及时更换前照灯灯泡。

1. 更换卤素前照灯灯泡

（1）拆卸卤素前照灯灯泡

拆下前照灯壳体盖，拔下卤素前照灯灯泡插头，如图 6-21 所示，松开弹簧夹，从壳体中取出灯泡。

（2）安装卤素前照灯灯泡

将新灯泡装入壳体，注意手不要触摸灯泡玻璃，用弹簧夹固定灯泡，插上插头并装上壳体盖，用弹簧夹固定壳体盖。

2. 更换氙气式（气体放电式）前照灯灯泡

拆卸氙气式前照灯灯泡，如图 6-22 所示，逆时针转动后拆下氙气式前照灯的插头和固定圈。

安装气体氙气式前照灯灯泡。将新灯泡装入壳体，注意手不可触摸灯泡玻璃。如图 6-23 所示，将固定圈装到带两个槽（箭头）的氙气式前照灯上的定位凸起上，顺时针转动以固定。接好插头并装上壳体盖。

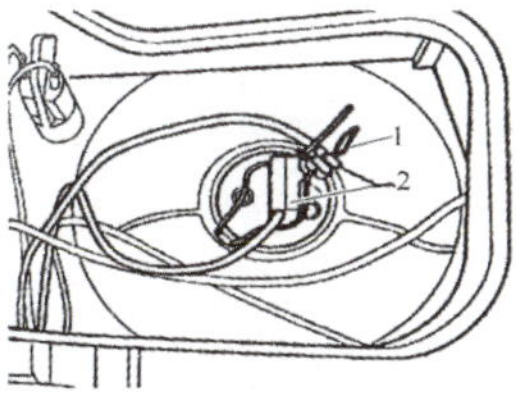

图 6-21 拆卸卤素前照灯灯泡
1- 弹簧夹 2- 卤素前照灯灯泡插头

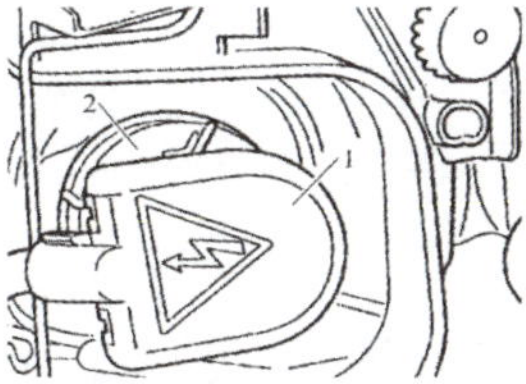

图 6-22 拆卸氙气式前照灯
1—氙气式前照灯插头 2—固定圈

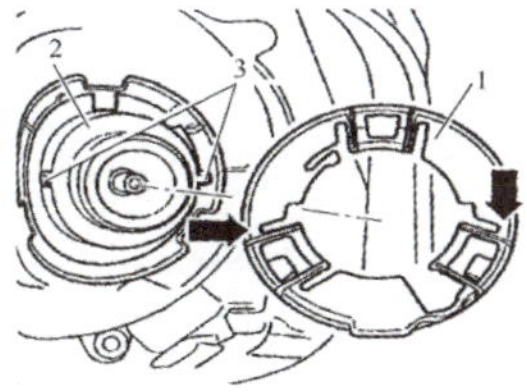

图 6-23 安装氙气式灯泡
1—固定圈 2—氙气式灯泡 3—定位凸起

六、常见故障诊断与维修实例

（一）常见故障诊断

照明系统的故障诊断方法基本相同，下面以桑塔纳 2000 轿车为例，介绍其故障诊断方法。

1. 前照灯远、近光均不亮的故障诊断

（1）故障现象

车灯开关处于Ⅲ位时，拨动变光开关，前照灯远、近光均不亮。

（2）故障原因

①熔断器断路。

②车灯开关损坏。

③变光开关损坏。

④前照灯双丝灯泡损坏。

⑤连接线路断路。

（3）故障诊断

前照灯远、近光均不亮故障诊断如图 6-24 所示。

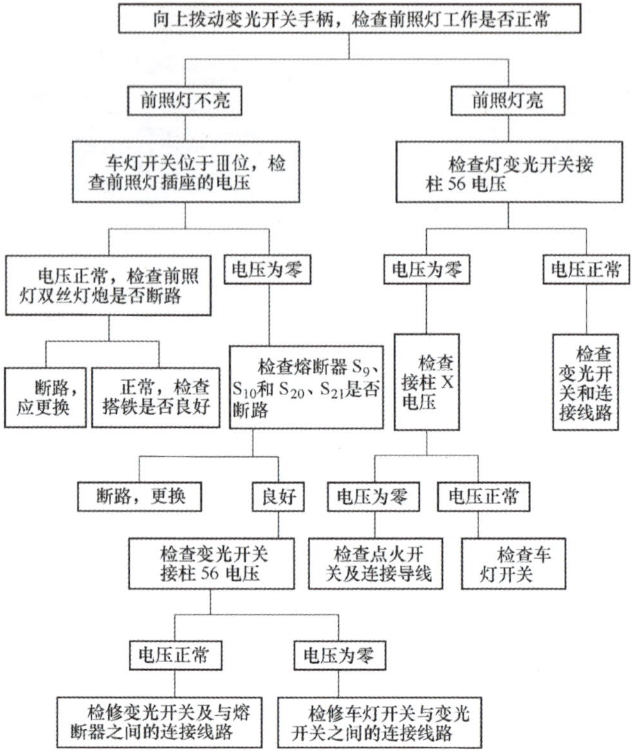

图 6-24　前照灯远、近光均不亮故障诊断

2. 前照灯远光或近光不亮的故障诊断

（1）故障原因

①变光开关远光或近光档接触不良。

②双丝灯泡远光或近光灯丝损坏。

③熔断器断路。

④远光或近光灯连接线断路。

（2）故障诊断

前照灯远光或近光不亮故障诊断如图 6-25 所示。

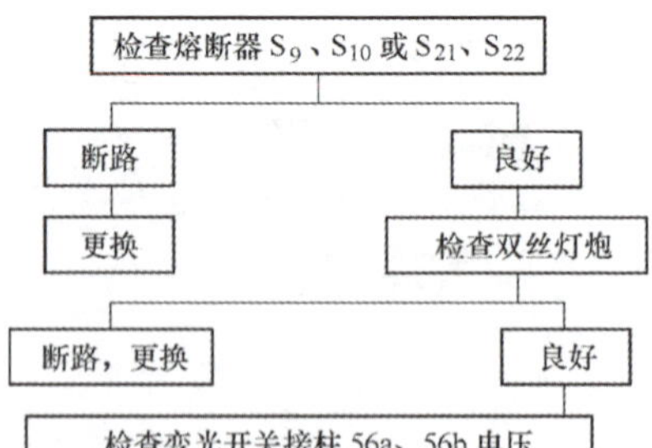

图 6-25　前照灯远光或近光不亮故障诊断

3. 前照灯发光强度低的故障诊断

（1）故障原因

①交流发电机输出电压低。

②变光开关接触不良。

③前照灯插接件接触不良。

④前照灯反射镜老化或锈蚀。

⑤线路搭铁不良。

（2）故障诊断

前照灯发光强度低故障诊断如图 6-26 所示。

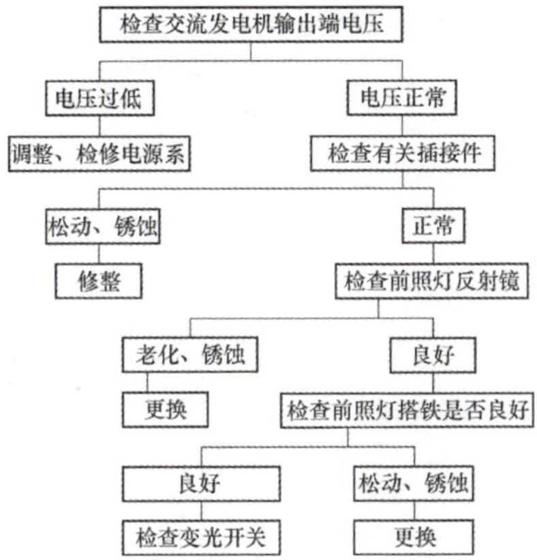

图 6-26　前照灯发光强度低故障诊断

4. 一侧前照灯远光与近光均不亮的故障诊断

（1）故障原因

①某侧双丝灯泡损坏。

②熔断器断路。

③前照灯插接件松脱或导线断路。

（2）故障诊断

一侧前照灯远光与近光均不亮故障诊断如图 6-27 所示。

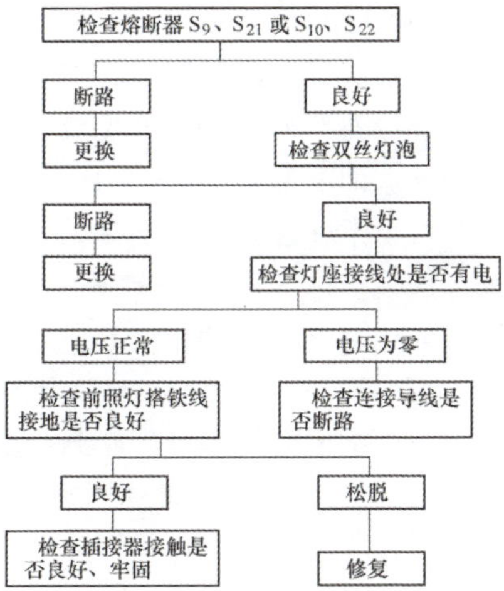

图 6-27　一侧前照灯远光与近光均不亮故障诊断

5. 小灯、尾灯工作不正常的故障诊断

（1）故障原因

①车灯开关损坏。

②灯泡损坏。

③熔断器断路。

④连接线路断路或插接件接触不良。

（2）故障诊断

①接通点火开关，将车灯开关拨至Ⅱ位，若某小灯或尾灯不亮，通常是灯泡损坏或插接件松脱、接触不良。

②若某侧小灯和尾灯均不亮，则通常是相应的熔断器断路或该侧小灯和尾灯灯泡同时损坏。

③若两侧小灯、尾灯均不亮，而接通停车灯开关后灯亮，则一般为车灯开关损坏。

6. 雾灯工作不正常的故障诊断

（1）故障原因

①车灯开关损坏。

②雾灯开关损坏。

③熔断器断路。

④雾灯继电器损坏。

⑤雾灯灯泡损坏。

⑥连接线路断路或插接件松脱。

（2）故障诊断

①当车灯开关处于Ⅱ位或Ⅲ位，雾灯开关处于Ⅱ位或Ⅲ位时，前、后雾灯均不亮，先检查前雾灯灯座处黄 / 白色导线和后雾灯座处灰 / 白色导线是否有电。如果有电，则应检查雾灯灯泡是否断路及灯座处棕色导线搭铁是否良好；如果无电，则应检查熔断器是否断路，雾灯继电器是否工作，雾灯开关接柱 83 是否有电，雾灯开关是否良好等。

②当车灯开关处于Ⅱ位或Ⅲ位，雾灯开关处于Ⅱ位或Ⅲ位，前雾灯正常，而后雾灯不亮，则应检查后雾灯灯座处灰 / 白色导线是否有电；后雾灯灯泡是否断路；棕色导线搭铁是否良好；熔断器是否断路；雾灯开关接柱 83 是否有电等。

③当灯光总开关处于Ⅱ位或Ⅲ位，雾灯开关处于Ⅱ位或Ⅲ位，两前雾灯均不亮，而后雾灯亮，则应检查前雾灯灯座处黄 / 白色导线是否有电；前雾灯灯泡是否断路；棕色导线搭铁是否良好；熔断器是否断路；雾灯开关接柱 83 是否有电等。

（二）维修实例

爱丽舍轿车前照灯不亮

（1）故障现象

爱丽舍轿车，行驶里程为 15.9 万 km。驾驶人说，夜间打开组合开关上前照灯档，前照灯均不亮，难以正常行驶。

（2）故障原因

灯光开关损坏。

（3）故障诊断

两侧前照灯不亮，不太可能是单个灯泡损坏或线路接触不良造成，应按下列程序检查判断。

①首先检查发动机舱盖下熔丝盒的1号熔丝（蓝色，15A），如烧断应更换。更换熔丝应将点火开关置于OFF档，换上同规格熔丝。

②熔丝如完好，用万用表调至直流电压档（50V），负极表笔搭铁，正极表笔接灯光开关进线端，如无电压，肯定输入导线断路，予以更换（如不便找断路点，可重新引线更简便）。

③如有12V电压，证明输入导线完好，应继续查找故障。

④用万用表正极笔接组合开关前照灯出线端，如无电压，则表明灯光开关损坏；如有电压，则要检查灯具相线接柱是否有电压。

一般情况下，此类故障无电压，主要是引入线断路损坏和搭铁不良造成。个别情况下有电压，则为两个灯泡全部损坏。

经检查，该车故障原因为灯光开关损坏。

更换灯光开关后试车，故障排除。

第二节 认识信号系统

汽车的信号系统主要有转向信号装置、倒车信号装置、制动信号装置及喇叭信号装置等。

一、转向信号装置

1. 汽车转向信号灯的作用

要点

- 汽车转向信号灯主要用来指示车辆行驶方向。
- 汽车转向灯光信号采用闪烁的方式，用来指示车辆左转或右转，以引起其他车辆和行人的注意，提高车辆的安全性。
- 汽车在行驶中，如遇危险情况，可使前后左右4个转向灯同时闪烁，作为危险警告信号，请求其他车辆避让。
- 转向信号灯电路系统按用途有转向和警告之分。

2. 转向信号灯电路组成

1）转向信号灯电路主要由转向信号灯、闪光器、转向灯开关等组成。

2）转向信号灯的闪烁是由闪光器控制的。常见的闪光器有热丝式、电容式、翼片式和电子式等，闪光器的外形如图 6-28 所示。

图 6-28　闪光器的外形

要点

- 热丝式结构简单、成本低，但闪光频率不够稳定，寿命短，信号明暗不明显，现已被淘汰。
- 电容式和翼片式闪光器闪光频率较为稳定，翼片式闪光器还具有结构简单、体积小、工作时伴有响声可起监控等特点。
- 电子式闪光器具有性能稳定和工作可靠的特点，目前已广泛应用。

3. 闪光器的结构与工作原理

（1）翼片式闪光器的工作原理

翼片式闪光器是利用电流的热效应，使热胀条通电时热胀、断电时冷缩，通过翼片产生变形动作来控制触点的开闭。根据热胀条受热情况不同，可分为直热式和旁热式两种。

①直热翼片式闪光器。直热翼片式闪光器的结构原理如图 6-29 所示。接通转向灯开关 7 时，转向信号灯 9 通电，其电路为蓄电池正极→闪光器接线柱 B→翼片 2→热胀条 3→动触点 4、静触点 5→闪光器接线柱 L→转向灯开关 7→转向信号灯 9 和转向指示灯 8→搭铁→蓄电池负极，转向信号灯 9 亮。这时，热胀条 3 因通电受热而伸长，当热胀条 3 伸长至一定长度时，翼片 2 突然绷直，使触点张开，转向信号灯电流被切断，于是转向信号灯 9 熄灭；触点张开时，热胀条 3 由于断电而逐渐冷却收缩，最终又使翼片 2 弯曲成弓形，触点又闭合。触点闭合时，又接通了转向信号灯电路，转向信号灯 9 变亮。如此交替变化，使转向灯闪烁。

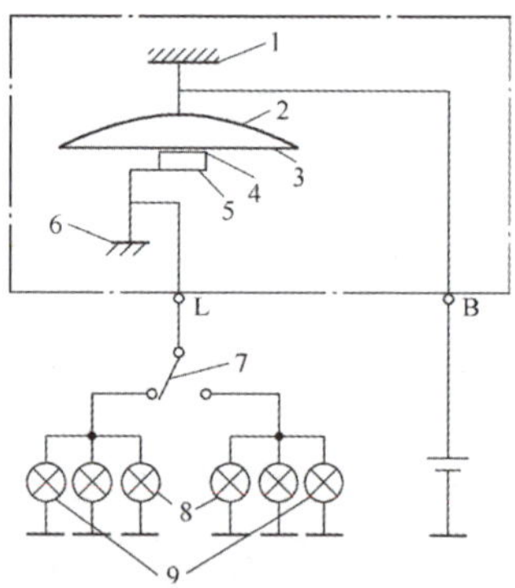

图 6-29　直热翼片式闪光器的结构与工作原理

1、6—支架　2—翼片　3—热胀条　4—动触点　5—静触点　7—转向灯开关　8—转向指示灯　9—转向信号灯

维修提示

翼片式闪光器工作时的突然伸直和弯曲所发出的弹跳声，可从声音上提示驾驶人闪光器在工作。

②旁热翼片式闪光器。旁热翼片式闪光器的结构原理如图 6-30 所示。与直热翼片式闪光器不同的是热胀条 1 由绕在其上的电热丝 2 通电后产生的热量加热，故称旁热翼片式。电热丝 2 的一端焊在热胀条 1 上，另一端则与静触点 5 相连。

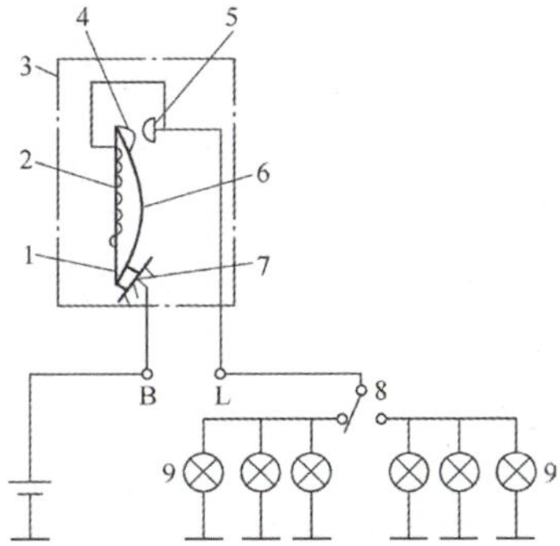

图 6-30　旁热翼片式闪光器的结构与工作原理

1—热胀条　2—电热丝　3—闪光器　4—动触点　5—静触点　6—翼片　7—支架　8—转向灯开关　9—转向信号灯及转向指示灯

接通转向灯开关 8 时，转向信号灯的电路为蓄电池正极→闪光器接线柱 B→电热丝 2→闪光器接线柱 L→转向灯开关 8→转向信号灯 9→搭铁→蓄电池负极。由于电热丝 2 的电阻较大，电路中的电流较小，故转向信号灯 9 是暗的。电热丝 2 通电产生的热量使热胀条 1 受热伸长，翼片 6 便在自身弹力的作用下伸直而使常形式触点闭合。这时转向信号灯电路的电流为蓄电池正极→闪光器接线柱 B→翼片 6→触点 4、5→闪光器接线柱 L→转向灯开关 8→转向信号灯 9→搭铁→蓄电池负极。电热丝 2 被触点短路，电流增大，转向信号灯 9 变亮。同时，由于电热线 2 被短路，热胀条 1 逐渐冷却收缩，拉紧翼片 6，使触点再次打开，转向信号灯变暗，周而复始，使转向信号灯 9 闪烁。

（2）晶体管闪光器的工作原理

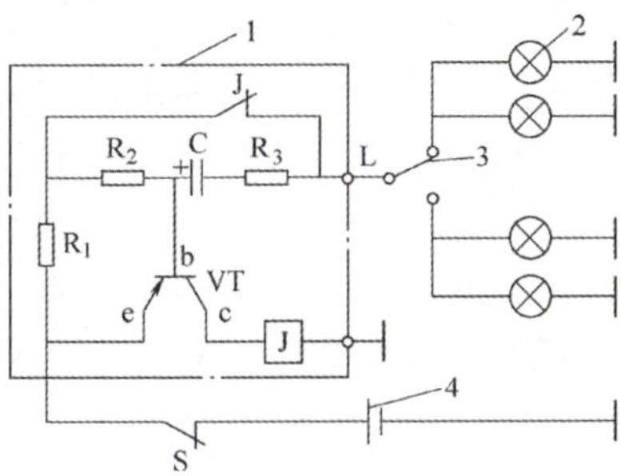

图 6-31　有触点电子式闪光器工作原理

1—电子式闪光器　2—转向信号灯　3—转向灯开关　4—蓄电池

晶体管闪光器分为有触点与无触点两种。

①有触点晶体管闪光器。图 6-31 所示是一种较为简单的有触点

式晶体管闪光器，其工作原理如下：

接通转向灯开关 3 时，电流由蓄电池正极→点火开关→电阻 R_1→闪光器常闭触点→转向灯开关 3→转向信号灯 2 及转向指示灯→搭铁→蓄电池负极。由于电阻 R_1 的电阻较小，故电流较大，转向灯灯光亮。同时因电阻 R_1 上的电压降使晶体管 VT 的发射极由于正向偏置而导通，继电器线圈通电，使常闭触点张开，转向信号灯 2 迅速变暗。

触点打开后，电容器 C 被充电，充电电流从蓄电池正极→点火开关→电阻 R_1→电阻 R_2→充容器 C→电阻 R_3→转向灯开关 3→转向信号灯 2 及转向指示灯→搭铁→蓄电池负极。由于充电电流很小，故转向信号灯 2 仍暗。随着电容器 C 充电的进行，晶体管 VT 的基极电位逐渐提高，当晶体管 VT 发射极两端电压小于晶体管 VT 导通所需的正向偏置电压时，晶体管 VT 截止，通过继电器线圈的电流截止，触点闭合，转向信号灯 2 又重新变亮。

触点闭合后，电容 C 通过电阻 R_2、电阻 R_3 及继电器的触点放电，随着 C 放电的进行，晶体管 VT 的基极电位不断下降，当达到晶体管 VT 导通所需要的正向偏置电压时，晶体管 VT 导通，继电器线圈又有电流通过，触点打开，转向信号灯 2 再次变暗。

随着电容 C 的充电、放电，晶体管 VT 不断的导通、截止，周而复始，使转向信号灯 2 闪烁。

②无触点晶体管闪光器。如图 6-32 所示为简单的无触点晶体管闪光器，其工作原理如下：

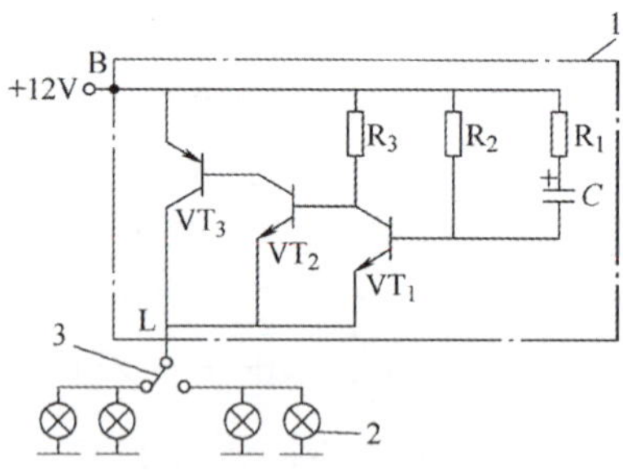

图 6-32 无触点电子式闪光器工作原理
1—闪光器 2—转向信号灯 3—转向灯开关

接通转向灯开关 3，晶体管 VT_1 通过电阻 R_2 得到正向偏置电压而导通饱和，晶体管 VT_2、晶体管 VT_3 则截止。由于晶体管 VT_1 的发射极电流很小，故转向信号灯 2 较暗。同时，电源通过电阻 R_1 对电容 C 充电，使晶体管 VT_1 的基极电位下降，当低于其导通所需正向偏置电压时，晶体管 VT_1 截止。晶体管 VT_1 截止后，晶体管 VT_2 通过电阻 R_3 得到正向偏置电压而导通，晶体管 VT_3 也随之导通饱和，转向信号灯 2 变亮。此时，电容 C 经电阻 R_1、电阻 R_2 放电，使晶体管 VT_1 仍保持截止，转向信号灯 2 继续发亮。随着电容 C 放电电流减小，晶体管 VT_1 基极电位又逐渐升高，当高于其正向导通电压时，晶体管 VT_1 又导通，晶体管 VT_2、晶体管 VT_3 又截止，转向信号灯 2 又变暗。随着电容C的充电、放电，晶体管VT_3不断的导通、截止，如此反复，使转向灯闪烁。

（3）集成电路闪光器的工作原理

要点

● 集成电路闪光器与晶体管闪光器的不同之处就是用集成电路IC取代了晶体管振荡器，这类闪光器也分有触点式和无触点式两种。

图6-33所示为SGF一141型有触点式集成电路闪光器工作原理图，图6-34所示为无触点式集成电路闪光器工作原理图。

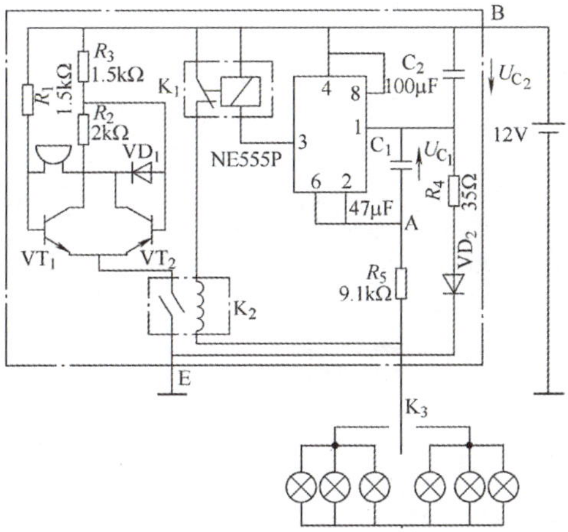

图6-33　SGF一141型有触点式集成电路闪光器工作原理图

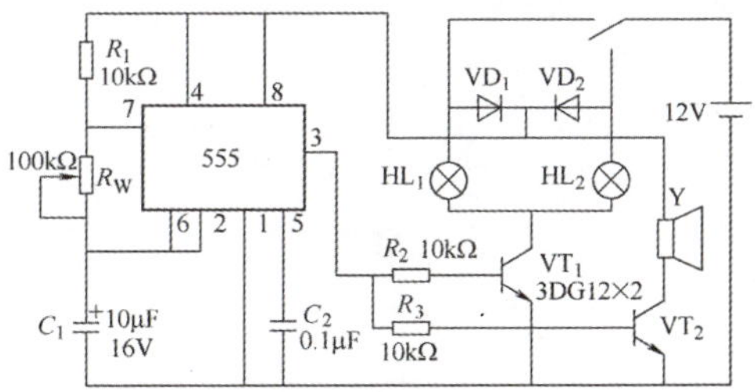

图6-34　无触点式集成电路闪光器工作原理图

4. 危险警告信号电路的组成与工作原理

危险警告电路一般由左、右转向灯、闪光器、危险警告开关等组成。当危险警告开关闭合时，左、右转向灯同时闪烁。其电路如图6-35所示，当危险警告开关闭合时，危险警告信号电路为：蓄电池正极→危险警告开关3→闪光器2→危险警告开关3→转向信号灯及转向指示灯5→搭铁，这样转向信号灯及仪表板上的转向指示灯同时闪烁。

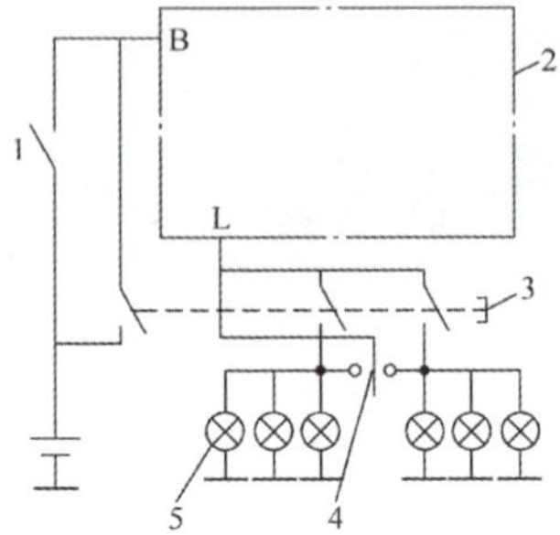

图6-35　危险警告信号电路
1—点火开关　2—闪光器　3—危险警告开关　4—转向灯开关　5—转向信号灯及转向指示灯

5. 转向灯和警告灯故障诊断

转向灯和警告灯故障诊断方法基本相同，下面以桑塔纳2000轿车为例，介绍其故障诊断方法。

（1）转向灯和警告灯均不工作

1）故障原因。

①熔断器断路。

②闪光器损坏。

③警告灯开关损坏。

④转向灯灯泡断路。

⑤连接线路断路。

2）故障诊断。转向灯和警告灯均不工作故障诊断如图6-36所示。

（2）警告灯工作正常，转向灯不工作

1）故障原因。

①熔断器断路。

②转向灯开关损坏。

③警告灯开关损坏。

④连接导线断路或插接件松脱。

2）故障诊断。警告灯工作正常，转向灯不工作故障诊断如图6-37所示。

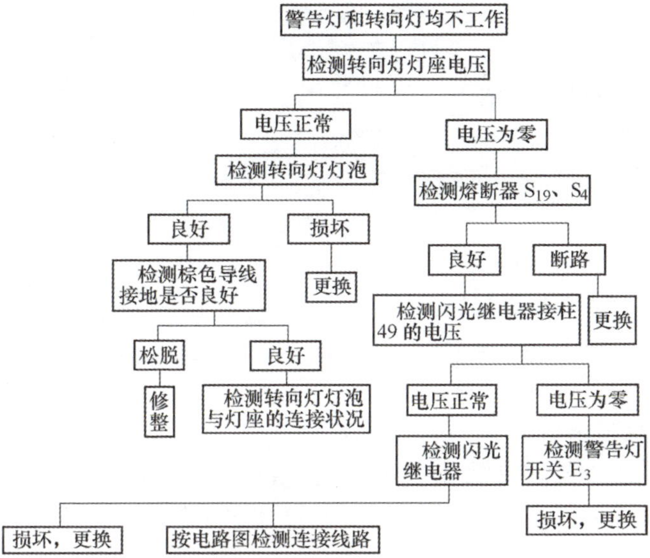

图 6-36　转向灯和警告灯均不工作故障诊断

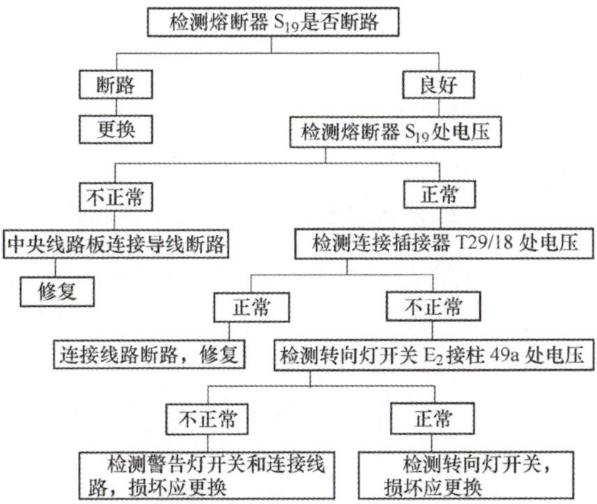

图 6-37　报警灯工作正常，转向灯不工作故障诊断

（3）警告和转向灯工作均正常，但仪表板上绿色指示灯不亮

1）故障原因。

①发光二极管损坏。

②连接导线断路或插接件松脱。

2）故障诊断。检查仪表板 14 孔白色插接器蓝 / 红导线上的电压，其值应随转向灯闪光频率变化而变化，否则应检查中央线路板、接点以及中央线路板；如果电压正常，则应检查发光二极管或仪表板，若有损坏，应更换。

（4）灯光闪烁频率不一致

1）故障原因。

①转向灯灯泡功率选用不当。

②某转向灯灯泡损坏。

③闪光器调整不当。

④某侧搭铁线接触不良。

2）故障诊断。

①检查闪光频率较高的一侧灯泡是否损坏，灯泡型号是否符合规定。

②检查搭铁线接触是否良好，插接件连接是否牢固。

若不符合要求，应更换或修理。

（5）转向灯工作正常而警告灯不工作

1）故障原因。

①熔断器断路。

②警告灯开关损坏。

③连接导线断路或插接件损坏。

2）故障诊断。首先检查熔断器是否断路，若良好时，应检查警告灯开关是否正常，相关插接件是否松脱，警告灯开关接柱接触是否良好，并视情予以更换或修理。

6. 维修实例

上汽大众波罗轿车打开转向开关时，转向指示灯突然不闪亮

（1）故障现象

上汽大众波罗轿车，行驶里程为 9.7 万 km。驾驶人说，车辆夜间行驶时，打开转向开关转向指示灯突然不闪亮。

（2）故障原因

闪光器损坏。

（3）故障诊断

检查转向开关及通往转向灯线路，没有短路和断路故障，但转向

开关打开后，未听见闪光器的“嗒、嗒”声，表明闪光器电路板可能存在故障。

将万用表置于直流电压档，正极表笔触及电路板上的 3 号端子，负极表笔搭铁，万用表的表针晃动，证明电路板上电阻、电容及线路良好。再用万用表电阻挡测量闪光器线圈，电阻值为∞，表明继电器有断路故障。拔下闪光器观察，发现闪光器一端子已断开，这便是故障所在。

重新焊接闪光器断开的端子，并插接好连接导线，打开左、右转向灯开关，左、右转向灯均闪亮，故障排除。

二、制动信号装置

要点

制动灯安装在车辆尾部，当其工作时，通知后面车辆该车正在制动，以避免后面车辆与其相撞。

目前，轿车均装有高位制动灯，它安装在后窗中心线、靠近窗底部附近，当前后两辆车离得很近时，后面车辆驾驶人就能从高位制动灯的亮灭来判断前车的行驶状况。

1. 制动灯开关的类型

制动灯电路一般不受点火开关控制，直接由电源、熔丝到制动灯开关，因此制动灯由制动信号开关控制。常见的制动灯开关有以下几种类型。

(1) 液压式制动灯开关

如图 6-38 所示为液压式制动灯开关，用于采用液压制动系统的汽车上，装在液压制动主缸的前端，或制动管路中。当踩下制动踏板时，由于制动系统的压力增大，膜片 2 向上弯曲，接触桥 3 同时接通接线柱 6 和接线柱 7，使制动灯通电发亮。松开制动踏板时，制动系统压力降低，接触桥 3 在回位弹簧 4 的作用下复位，制动灯电路被切断。

(2) 气压式制动灯开关

如图 6-39 所示为气压式制动灯开关，用于采用气压制动系统的汽车，通常被安装在制动系统的气压管路上。制动时，制动压缩空气推动橡胶膜片向上弯曲，使触点闭合，接通制动灯电路。

(3) 弹簧式制动灯开关

弹簧式制动灯开关是一种轿车较为常用的制动开关，装在制动踏板的后面，如图6-40所示。当踏下制动踏板时，开关闭合，将4、7两接线柱接通，使制动灯点亮；当松开制动踏板后，回位弹簧使接触片5离开4、7两接线柱，制动灯电路断开。

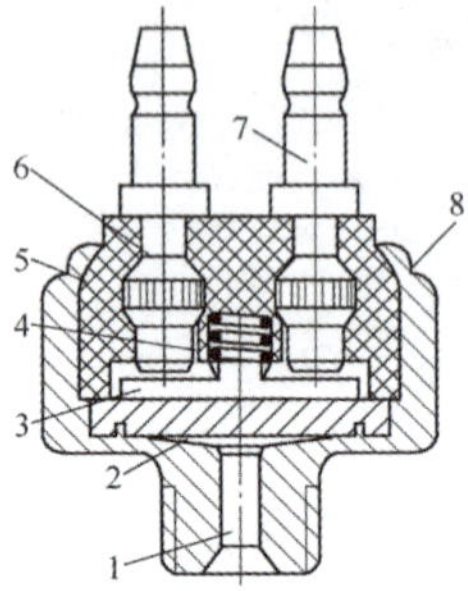

图6-38 液压式制动灯开关

1-通制动液 2-膜片 3-接触桥 4-弹簧 5-胶木底座 6、7-接线柱 8-壳体

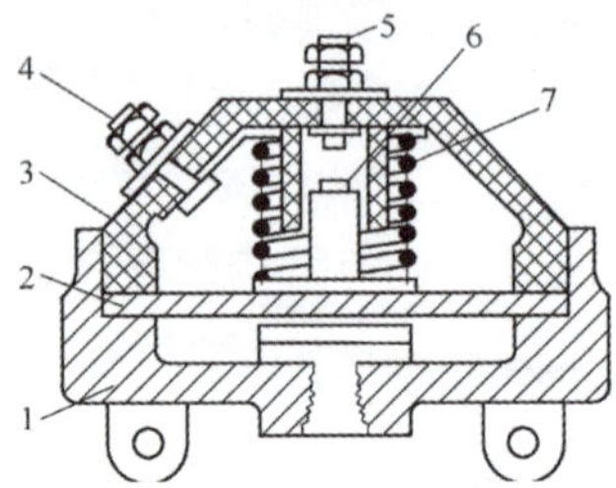

图6-39 气压式制动灯开关

1—壳体 2—膜片 3—胶木盖 4、5—接线柱 6—触点 7—弹簧

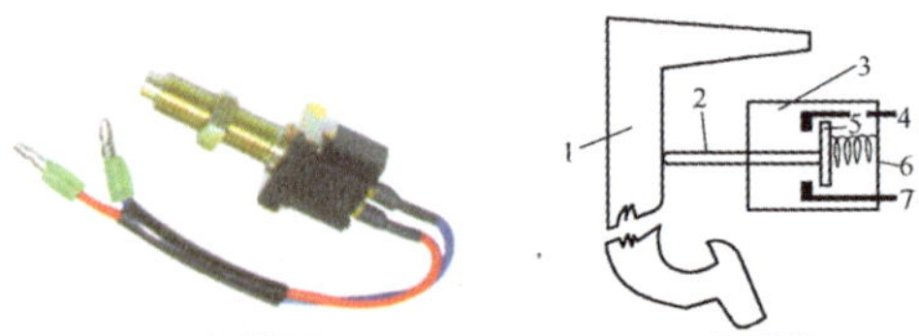

a）外形　　b）结构

图6-40 弹簧式制动灯开关

1—制动踏板 2—推杆 3—制动灯开关 4、7—接线柱 5—接触片 6—回位弹簧

2. 制动灯工作不正常的故障诊断

（1）故障原因

①熔断器断路。

②制动灯开关损坏。

③灯泡断路。

④连接线路断路或插接件松脱。

（2）故障的判断与排除

①如果一侧制动灯亮而另一侧制动灯不亮，应首先检查不亮侧制动灯灯泡是否断路，灯座处黑 / 红导线上的电压是否正常。若均良好，

再检查搭铁线接触是否良好，灯泡与灯座接触是否良好。

②如果两侧制动灯均不亮，应首先检查熔断器是否断路。若良好再检查制动灯开关处黑 / 红导线电压是否正常。若电压正常，则拆下制动灯开关处的两导线并连接在一起，此时若制动灯亮，说明制动灯开关损坏，应更换；若制动灯仍不亮，则应检查制动灯灯泡是否断路，连接导线是否断路等。

三、倒车信号装置

要点

- 倒车灯安装于车辆尾部，在夜间给驾驶人提供额外照明，使其能够在夜间倒车时看清车的后部，同时倒车灯也警告后面车辆的驾驶人和行人，该车驾驶人想要倒车或正在倒车。
- 有些汽车上还装有倒车蜂鸣器。倒车灯和倒车蜂鸣器均由倒车灯开关控制。
- 倒车灯开关装在变速器盖上，当点火开关接通，变速器换至倒车档时，倒车灯点亮。

1. 倒车灯开关结构特点

倒车灯开关的结构如图 6-41 所示。倒车灯开关一般安装在变速器上，钢球 8 平时被倒车挡叉轴顶起，而当变速杆拨至倒车档时，倒车档叉轴上的凹槽对准钢球 8，钢球 8 被松开，在弹簧 4 的作用下，触点 5 闭合，将倒车信号电路接通。

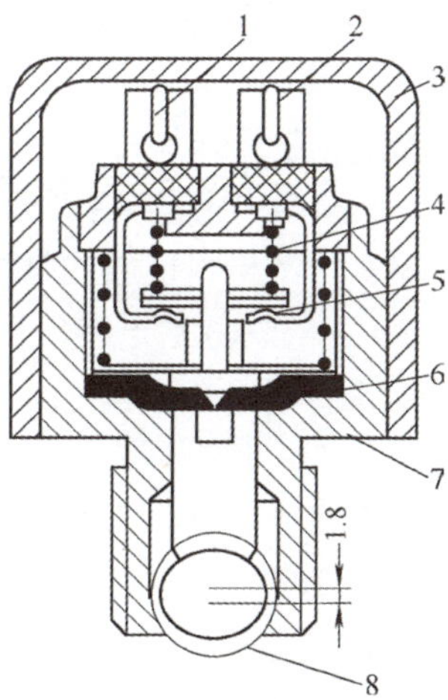

图 6-41 倒车灯开关的结构

1、2—接线柱 3—外壳 4—弹簧 5—触点 6—膜片 7—底座 8—钢球

2. 倒车灯工作不正常的故障诊断

（1）故障原因

①熔断器断路。

②倒车灯开关损坏。

③倒车灯灯泡断路。

④连接导线断路或插接器松脱。

（2）故障的判断与排除

①如果两侧倒车灯均不亮，首先检查熔断器是否断路。

②若熔断器良好，应挂入倒档，检测灯座处黑色导线上的电压是否正常。

③如果电压正常，应检测倒车灯灯泡是否损坏，搭铁线接触是否良好。如果电压为零，则应检测倒车灯开关处黑色导线电压是否正常。

④若正常，将其与黑底色导线连在一起，此时，若倒车灯点亮，说明倒车灯开关损坏，应更换；若倒车灯仍不亮，说明连接线路有断路，应修复。

四、喇叭信号装置

1. 汽车喇叭的类型与特点

要点

- 汽车喇叭主要用于警告行人和其他车辆，以引起注意，保证行车安全。
- 喇叭按发音动力有气喇叭和电喇叭之分；按外形有螺旋（蜗牛）形、筒形、盆形之分（图 6-42）；按声频有高音和低音之分；按接线方式有单线制和双线制之分。

2. 电喇叭的结构与工作原理

电喇叭的工作原理基本相同，图 6-43 所示为盆形电喇叭的结构与工作原理图。其工作原理如下。

a）螺旋（蜗牛）形喇叭　b）盆形喇叭　c）筒形气喇叭

图 6-42　喇叭类型

按下电喇叭按钮 10，电喇叭内部电路接通，电路从蓄电池正极→线圈 2→触点 7→电喇叭按钮 10→搭铁→蓄电池负极。线圈 2 通电后产生电磁力，吸动上铁心 3 及衔铁 6 下移，使膜片向下弯曲。衔铁 6 下移将触点 7 顶开，线圈 2 电路被切断，其电磁力消失，上铁心 3、衔铁 6 及膜片 4 又在触点臂和膜片 4 自身弹力的作用下复位，触点 7 又闭合。触点 7 闭合后，线圈 2 又通电产生电磁力吸引上铁心 3 和衔铁 6 下移，再次将触点 7 顶开。如此循环，使上铁心 3 与下铁心 1 不断碰撞，产生一个较低的基本频率，并激励膜片 4 与共鸣板 5 产生共鸣，从而发出比基本频率强且分布比较集中的谐音。

3. 电喇叭的调整

电喇叭的调整包括音调调整和音量调整两部分，以盆形电喇叭为例，如图 6-44 所示。

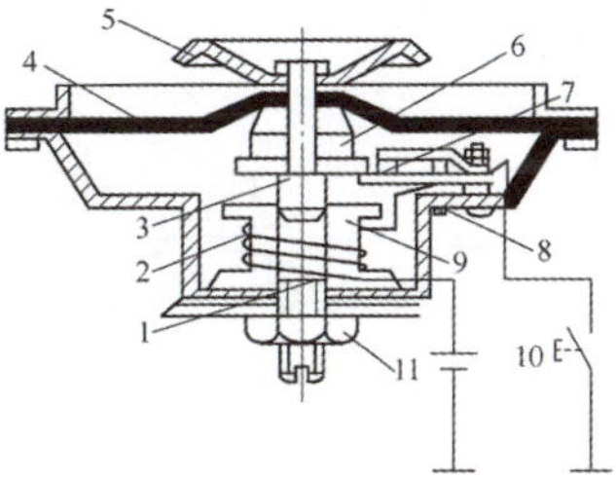

图 6-43 盆形电喇叭的结构与工作原理图

1—下铁心 2—线圈 3—上铁心 4—膜片 5—共鸣板 6—衔铁 7—触点 8—调整螺钉 9—电磁铁心 10—按钮 11—锁紧螺母

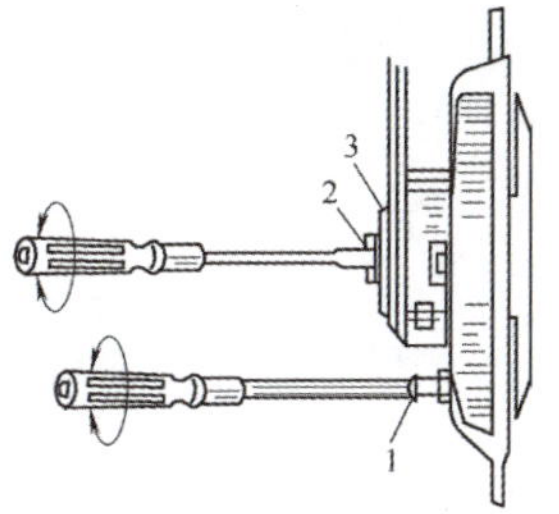

图 6-44 盆形电喇叭的调整

1—音量调整螺钉 2—音调调整螺钉 3—锁紧螺母

要 点

● 音调调整。音调的高低取决于膜片的振动频率。盆形电喇叭通过改变上、下铁心之间的间隙就可改变膜片的振动频率。将上、下铁心之间间隙调小，可提高电喇叭的音调。调整方法：松开锁紧螺母，旋转铁心，调至合适的音调时，旋紧锁紧螺母即可。

● 音量调整。电喇叭的音量与通过电喇叭线圈的电流的大小有关，电喇叭的工作电流大，电喇叭发出的音量也就大。电喇叭线圈电流可以通过改变电喇叭触点的接触压力来调整。压力增大，流过电喇叭线圈的电流增大，电喇叭音量增大，反之音量减小。调整时不要过急，每次调整 1 / 10 圈。

4. 电喇叭的故障诊断

（1）电喇叭音量小的故障诊断

1）故障原因。电喇叭触点烧蚀；电喇叭搭铁不良。

2）故障诊断。

①电喇叭触点烧蚀，更换电喇叭。

②搭铁不良，视情处理。

③对于螺旋（蜗牛）形电喇叭，使用中不要进水，安装时注意方向，开口朝下。

（2）喇叭不响的故障诊断

1）故障原因。熔丝断、继电器或喇叭开关有故障。

2）故障诊断。先检查熔丝、电喇叭搭铁情况及线路连接是否正常。若正常进行下列检查：

①将继电器接线柱 S（图 6-45）直接搭铁，若电喇叭响，说明电

喇叭按钮有故障，可能是电喇叭搭铁不良，需处理；处理后电喇叭若仍不响，进行下一步。

②将继电器上的接线柱 B 与 H（图 6-45）短接，若电喇叭响，说明继电器有故障，更换继电器；若仍不响，可能是继电器到电喇叭之间的线路有故障。

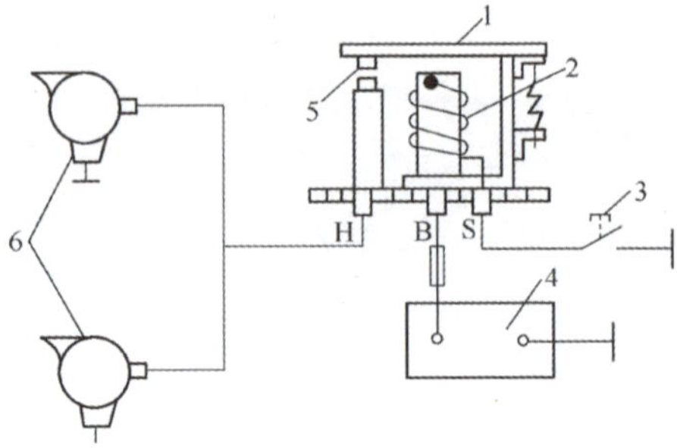

图 6-45　电喇叭的控制电路

1—触点臂　2—线圈　3—电喇叭按钮　4—蓄电池　5—触点　6—电喇叭

5. 维修实例

北京现代伊兰特轿车喇叭不响

（1）故障现象

北京现代伊兰特轿车，行驶里程为 12.8 万 km。驾驶人说，喇叭不响。

（2）故障原因

喇叭损坏。

（3）故障诊断

检查电喇叭引线及插头有无断路及松脱现象，正常。检查熔丝盒中喇叭熔丝（15A）是否熔断，如果熔断，应更换相同规格熔丝（点火开关须置于 OFF 档）。经检查该车熔丝未熔断。

短接喇叭按钮开关，如果喇叭响，则是喇叭按钮损坏。因该车喇叭仍不响，所以故障不在此处。

关闭点火开关，拆下喇叭上的正极导线，用万用表电阻档测量喇叭线圈电阻及喇叭线圈与外壳间的绝缘电阻，若线圈电阻为无穷大，则是喇叭线圈烧坏；如果绝缘电阻为零，则是喇叭搭铁。

经检查，该车绝缘电阻为零。更换喇叭，试车，故障排除。

喇叭不响是严重故障，应按先易后难的原则逐步排查故障。

第七章　仪表与报警系统

CHAPTER 7

第一节 如何检修仪表系统

为了使驾驶人随时掌握车辆的各种状况，并能及时发现和排除潜在的故障，在驾驶室的仪表板上装有各种检测仪表和信息显示装置。

要点

- 现代汽车大多采用组合仪表系统。
- 组合仪表一般有面罩、边框、表芯、印制线路板、插接器、警告灯及指示灯等部件组成。
- 有些仪表还带有稳压器和警告蜂鸣器。
- 不同汽车的组合仪表中的仪表个数不同，一般仪表板上主要仪表有燃油表、冷却液温度表、发动机转速表和车速里程表等。仪表板上还有许多指示灯、警告灯、仪表灯等。组合仪表中的仪表可单独更换，各种指示灯、警告灯和仪表灯从仪表板外面就可更换灯泡。

如图 7-1 所示为典型轿车组合仪表板。

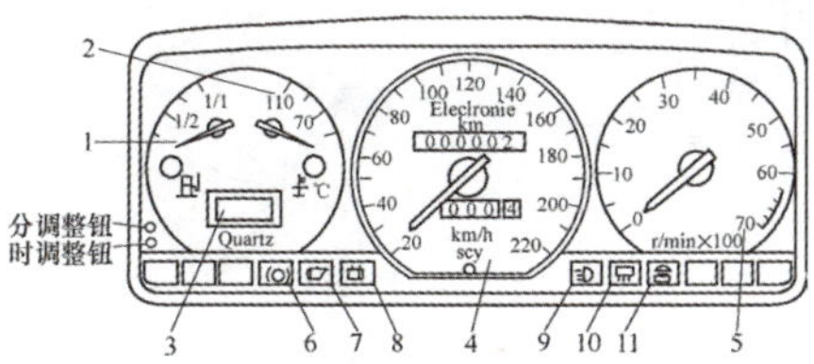

图 7-1　典型轿车组合仪表板

1—燃油表　2—冷却液温度表　3—液晶电子时钟　4—车速里程表　5—发动机转速表　6—驻车制动装置警告灯　7—机油压力警告灯　8—充电指示灯　9—远光指示灯　10—后窗加热器指示灯　11—冷却液液面警告灯

现代汽车新技术日新月异的发展，传统的汽车仪表为驾驶人提供的信息已经远远不能满足要求。随着电子技术的飞速发展，电子数字显示及图像显示的仪表以多功能、高灵敏度、高精度、读数直观和显示模式的自由化等优点不断应用在新型汽车上。图 7-2 所示为大众迈腾轿车多功能电子仪表板。

图 7-2　大众迈腾轿车多功能电子仪表板

一、仪表系统的结构与工作原理

（一）机油压力表

1. 机油压力表的功用

要 点

- 机油压力表用来指示发动机润滑系统机油压力的大小。
- 机油压力表的工作电路由机油压力表和机油压力传感器两部分组成。
- 油压表安装在组合仪表内，传感器安装在润滑主油道上。
- 目前大部分汽车已取消了机油压力表而用机油警告灯代替。

2. 机油压力表和机油压力传感器的结构特点

机油压力表最常用的为电热式油压表。电热式油压表又称为双金属片式机油压力表，其结构与工作原理如图 7-3 所示。

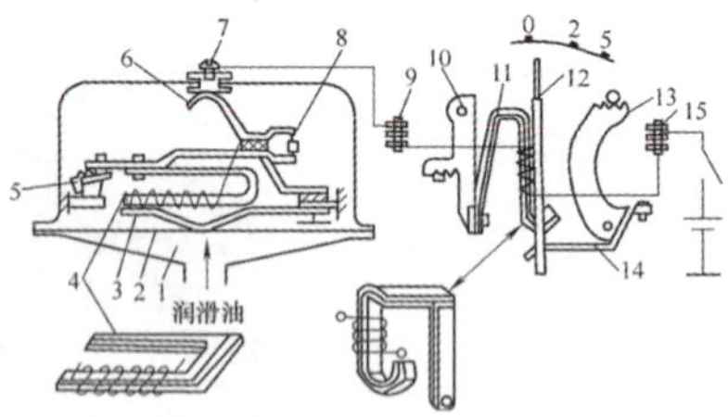

a）机油压力表内部结构

b）机油压力传感器实物

图 7-3　双金属片式机油压力表与机油压力传感器

1—油腔　2—膜片　3—弹簧片　4—双金属片　5—调节齿轮　6—接触片　7—机油压力传感器接线柱　8—校正电阻　9、15—油压表接线柱　10、13—调节齿扇　11—双金属片　12—指针　14—弹簧片

（1）机油压力表

如图 7-3 所示，机油压力表内装有双金属片 11，双金属片 11 上绕有加热线圈。线圈两端分别与接柱 9 和 15 相接。接柱 9 与传感器相接，接

柱 15 经点火开关与电源相接。双金属片的一端弯成钩形，扣在指针 12 上。

（2）机油压力传感器

如图 7-3，油压传感器内部装有金属膜片 2，膜片下腔与发动机的主油道相通，发动机的机油压力直接作用到膜片上；膜片 2 的上方压着弹簧片 3。弹簧片 3 的一端与外壳固定并搭铁，另一端焊有触点。双金属片 4 上绕着加热线圈，线圈的一端焊在双金属片的触点上，另一端焊在接触片 6 上。

（二）冷却液温度表

1. 冷却液温度表的功用与分类

（1）功用

冷却液温度表用来指示发动机冷却液工作温度。

a）一个接线柱型　　b）两个接线柱型

图 7-4　冷却液温度传感器

（2）工作电路

冷却液温度表的工作电路由冷却液温度表和冷却液温度传感器两部分组成，冷却液温度表安装在组合仪表内，冷却液温度传感器安装在发动机气缸盖的冷却水套上，其实物如图 7-4 所示。

（3）分类

目前在多数汽车上，冷却液温度表与冷却液温度警告灯同时使用。冷却液温度表的结构形式有电热式和电磁式两种。

2. 电热式冷却液温度表

要点

电热式冷却液温度表又称双金属片式冷却液温度表，电热式冷却液温度表可与电热式冷却液温度传感器或热敏电阻式冷却液温度传感器配套使用。

（1）电热式冷却液温度表配电热式冷却液温度传感器

电热式冷却液温度表的工作电路工作原理如图 7-5 所示。温度表与双金属片式机油压力表的构造相同，仅表盘刻度值不同。

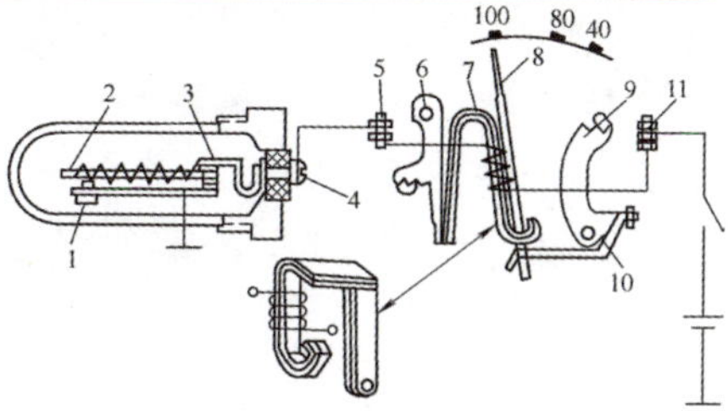

图 7-5　电热式冷却液温度表的工作原理

1—固定触点　2—双金属片　3—连接片　4—冷却液温度传感器接线柱　5、11—冷却液温度表接线柱　6、9—调节齿扇　7—双金属片　8—指针　10—弹簧片

冷却液温度传感器的密封套筒内装有双金属片 2，上面

绕有加热线圈，线圈的一端通过连接片 3 与接线柱 4 相连，另一端经固定触点 1 搭铁。

（2）电热式冷却液温度表配热敏电阻式传感器

电热式冷却液温度表与热敏电阻式传感器的工作原理如图 7-6 所示。

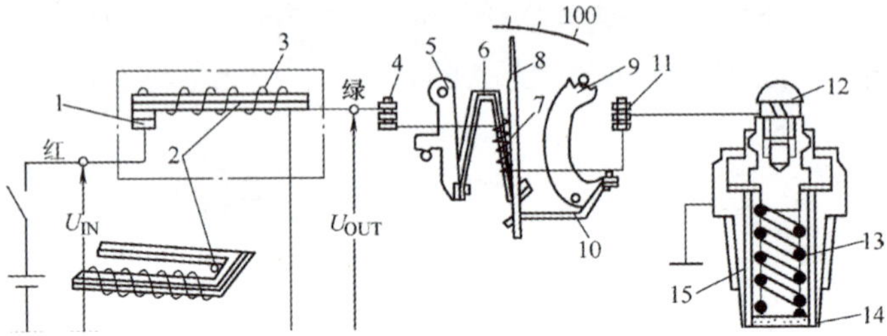

图 7-6 电热式冷却液温度表与热敏电阻式冷却液温度传感器的工作电路

1—触点 2—双金属片 3—线圈 4、11、12—接线柱 5、9—调节齿扇 6—双金属片 7—加热线圈 8—指针 10、13—弹簧 14—热敏电阻 15—冷却液温度传感器外壳

要点

◎ 热敏电阻式冷却液温度传感器的主要元件为负温度系数的热敏电阻，即温度升高，电阻值下降；温度下降，电阻值上升。

3. 电磁式冷却液温度表的结构与工作原理

图 7-7 所示为电磁式冷却液温度表的结构原理。电磁式冷却液温度表内互成一定角度的两个铁心，铁心上分别绕有电磁线圈，其中电磁线圈 L_2 与传感器串联，电磁线圈 L_1 与传感器并联。两个铁心的下端有带指针的偏转衔铁。

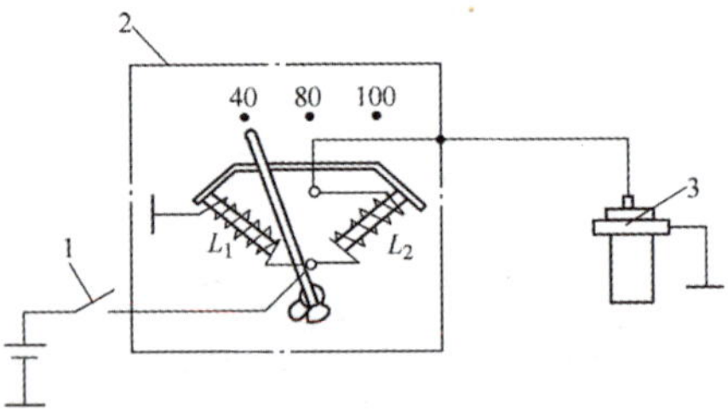

图 7-7 电磁式冷却液温度表的结构原理

1—点火开关 2—冷却液温度表 3—冷却液温度传感器

4. 有两个接线柱的冷却液温度传感器控制电路特点

要点

◎ 热敏电阻式传感器，其接线柱一般只有一个，与冷却液温度表接线。

◎ 而在有些车型中，热敏电阻式冷却液温度传感器有两个接线柱，同时控制冷却液温度表与冷却液温度警告灯电路。

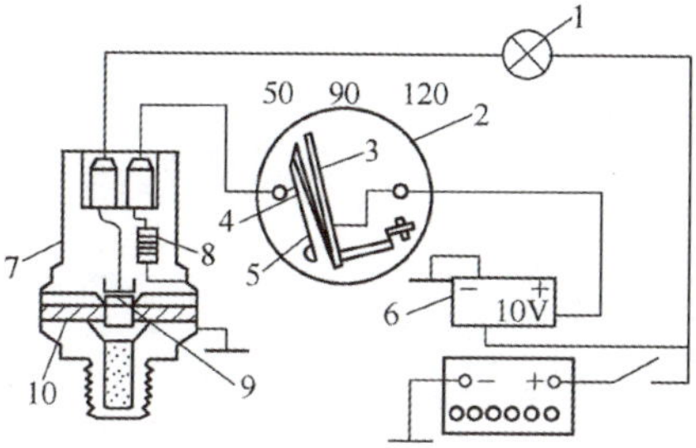

图 7-8 有两个接线柱的冷却液温度传感器控制电路

1—冷却液温度警告灯 2—冷却液温度表 3—指针 4—加热线圈 5、10—双金属片 6—电源稳压器 7—冷却液温度传感器 8—热敏电阻 9—触点

图 7-9 燃油表传感器

图 7-8 所示为有两个接线柱的冷却液温度传感器控制电路。

（三）燃油表

1. 燃油表的功用与分类

燃油表用于指示汽车油箱中的存油量，由装在油箱中的传感器（图 7-9）和组合仪表中的燃油表两部分组成。

燃油表有电磁式和电热式两种。传感器均可使用可变电阻式的传感器。

2. 电磁式燃油表的结构与工作原理

图 7-10 所示为电磁式燃油表的工作电路。

3. 电热式燃油表的结构与工作原理

电热式燃油表又称为双金属片燃油表，它的传感器与电磁式燃油表相同。结构如图 7-11 所示。

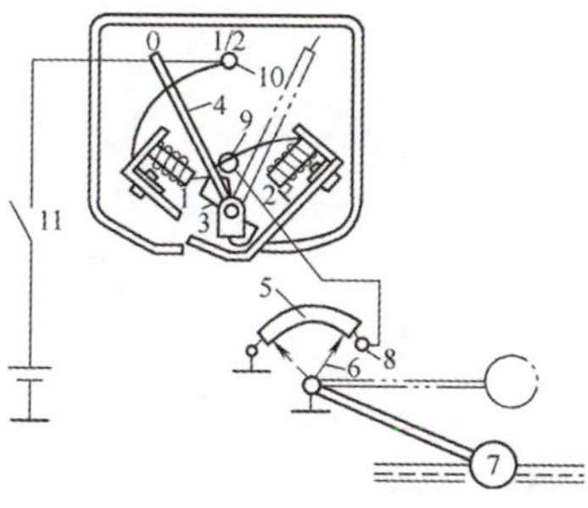

图 7-10 电磁式燃油表

1—左线圈 2—右线圈 3—转子 4—指针 5—可变电阻 6—滑片 7—浮子 8—传感器接线柱 9、10—燃油表接线柱 11—点火开关

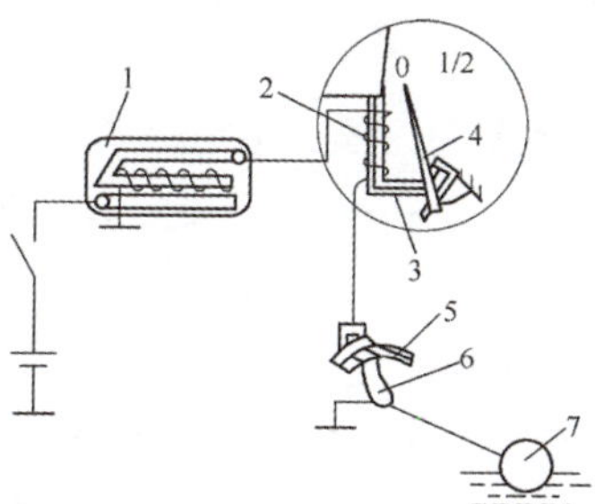

图 7-11 电热式燃油表

1—稳压器 2—加热线圈 3—双金属片 4—指针 5—可变电阻 6—滑片 7—传感器浮子

（四）车速里程表

1. 车速里程表的功用与分类

1）车速里程表是用来指示汽车行驶速度和累计行驶里程数的仪表。由车速表和里程表两部分组成。

2）车速里程表有磁感应式和电子式两种。

2. 磁感应式车速里程表的结构与工作原理

磁感应式车速里程表也称为永磁式车速里程表，其结构如图 7-12 所示。磁感应式仪表没有电路连接，机械传动，由变速器输出轴上的一套蜗轮蜗杆以及挠性软轴来驱动的。

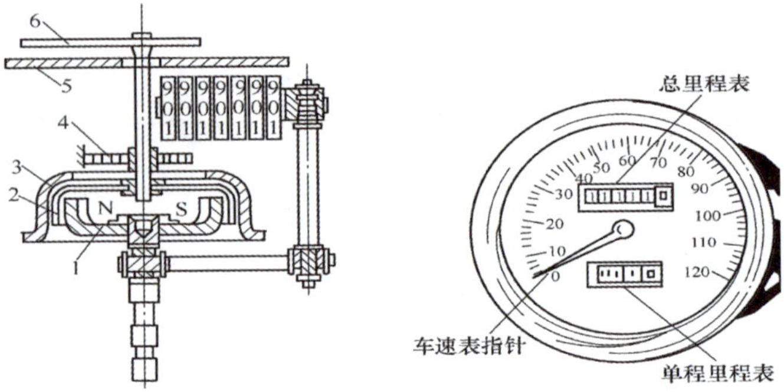

a）内部结构　　b）表盘

图 7-12　磁感应式车速里程表

1—永久磁铁　2—铝碗　3—罩壳　4—盘形弹簧　5—刻度盘　6—指针

车速表由永久磁铁 1、带有轴及指针 6 的铝碗 2、罩壳 3 和紧固在车速里程表外壳上的刻度盘 5 等组成。罩壳 3 是固定的。铝碗 2 是杯形的，与永久磁铁及罩壳间具有一定的间隙，只有磁场联系，没有机械联系。铝碗是与指针 6 一起转动的。在静态时，由于盘形弹簧（游丝）4 的作用使指针指在刻度盘的“0”位上。

3. 电子式车速里程表的结构与工作原理

要 点

电子车速里程表被广泛地应用于现代汽车上，它主要由车速传感器、电子电路、步进电动机、车速表和里程表等组成。

如图 7-13 所示为电子式车速里程表的结构框图。

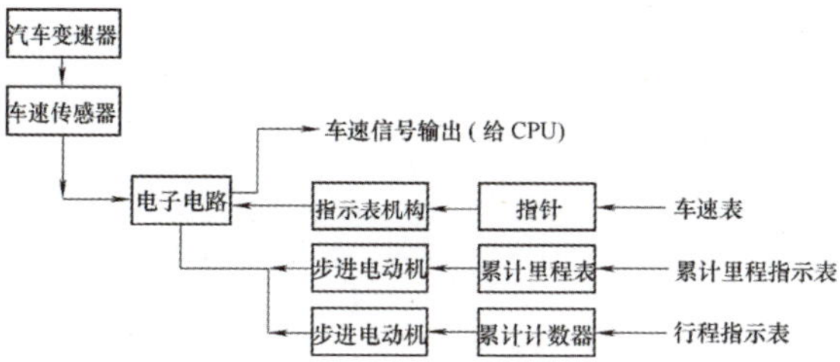

图 7-13 电子式车速里程表结构框图

电子车速里程表的结构如图 7-14 所示，它主要由动圈式车速测量机构 8、行星齿轮减速传动机构带动的十进制记录里程数字轮 4、处理与速度有关的脉冲信号用线路板组合 5、接受与速度有关的霍尔型转速传感器以及步进电动机 6 等组成。

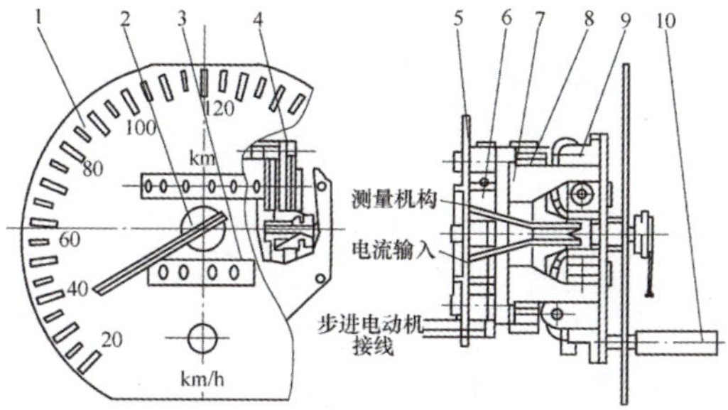

图 7-14 电子车速里程表结构

1—刻度盘 2—指针组合 3—里程计数器 4—行星齿轮系 5—线路板组合 6—步进电动机 7—座架 8—动圈式测量机构 9—计数器组合 10—日程复位机构

（五）发动机转速表

1. 发动机转速表的功用与分类

要点

- 发动机转速表用于指示发动机的运转速度。
- 发动机转速表有机械式和电子式两种。电子式转速表由于结构简单、指示精确、安装方便，因此被广泛应用。

2. 电子式发动机转速表工作原理

要点

- 电子转速表获取转速信号的方式有从点火系获取脉冲电压信号、从发动机的转速传感器获得转速信号和从发电机获取转速信号。
- 汽油发动机电子式转速表都是用点火系的初级电路为触发信号。

如图 7-15 所示为发动机转速表电路原理图，转速信号来自于点火系统的初级电路。

（六）电流表

1. 电流表的功用

要点

- 电流表用来指示蓄电池充电或放电电流的大小。
- 它串接在充电电路中，电流表的正极接发电机的正极，电流表的负极接蓄电池的正极。
- 当电流表的指针指向“＋”极侧时，表示蓄电池充电；当电流表的指针指向“—”极侧时，表示蓄电池放电。
- 目前，大多数汽车基本上都已取消了电流表而用充电指示灯代替。

2. 电流表的类型

电流表有电磁式和动磁式两种类型。

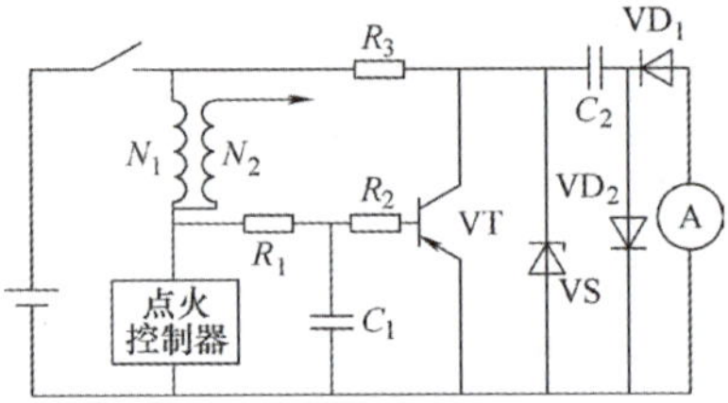

图 7-15 发动机电子转速表电路原理图

3. 电磁式电流表的结构与工作原理

电磁式电流表的结构及工作原理如图 7-16 所示。电流表内的黄铜片（相当于单匝线圈）固定在绝缘底板上，两端与接线柱 1、3 相连，黄铜片 4 的下面装有永久磁铁 6。磁铁内侧的轴 7 上装有带指针的软铁转子 5。

当电流表没有电流通过时，软铁转子 5 被永久磁铁磁化而相互吸引，使指针停在中间“0”的位置。

4. 动磁式电流表的结构与工作原理

动磁式电流表的结构如图 7-17 所示。黄铜导电板 2 固定在绝缘

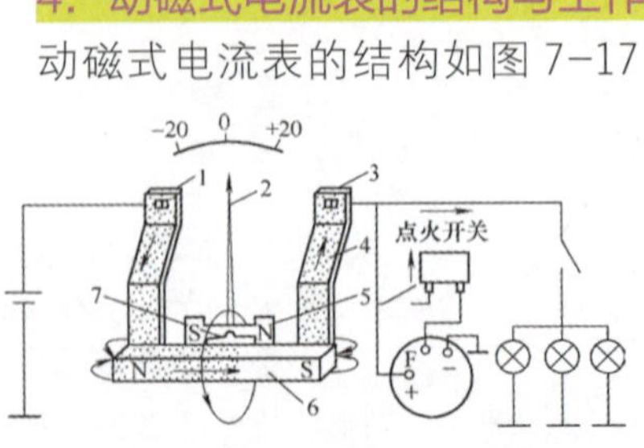

图 7-16 电磁式电流表
1、3—接线柱 2—指针 4—黄铜片
5—软铁转子 6—永久磁铁 7—轴

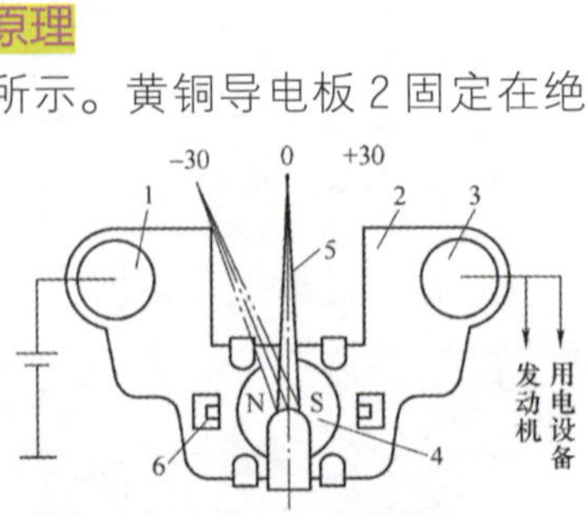

图 7-17 动磁式电流表
1、3—接线柱 2—导电板
4—永磁转子 5—指针 6—磁轭

底板上，两端与接线柱 1 和 3 相连，中间装有磁轭 6。与导电板装在一起的转轴上装有指针 5 与永久磁铁 4。

（七）数字式仪表

要点

◎ 随着汽车数字式仪表的使用比例的逐年增加，汽车仪表的功能不再局限于传统的显示车速、发动机转速、里程等内容上，正向综合信息系统的方向发展，能够利用各种传感器传来的信号并根据这些信号进行计算，车辆的信息数据以数字或条形图的形式显示出来，许多仪表被集网络诊断和数字显示功能于一体的触摸式液晶屏幕所取代，并具有带 ECU 智能化车载动态信息系统的故障自诊断、车辆定位动态显示、电子地图显示及导航等功能。

图 7-18 所示为典型轿车数字式仪表板。

要点

◎ 直热翼片式闪光器工作时的突然伸直和弯曲所发出的弹跳声，可从声音上提示驾驶人闪光器在工作。

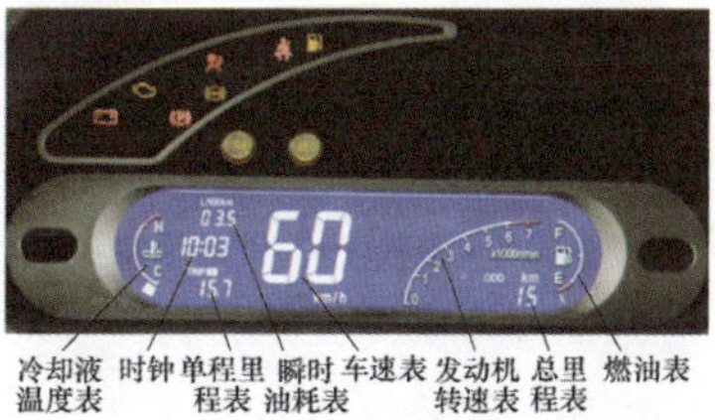

图 7-18　典型轿车数字式仪表（奇瑞 QQ3 轿车）

如图 7-19 所示为典型汽车数字式仪表。

要点

◎ 数字式仪表有三组由计算机（ECU）控制的独立液晶显示器，分别用来显示车速、油耗及发动机转速等信息。

◎ 仪表板中央有一个驾驶人信息中心，用来显示燃油存量、机油压力、冷却液温度、累计行驶里程及平均油耗等信息。

◎ 驾驶人信息中心还有一套警告灯系统，用来指示机油压力、冷却液温度、冷却液液面高度、蓄电池充电电压、制动蹄片磨损、灯泡故障及车门未关等异常情况。

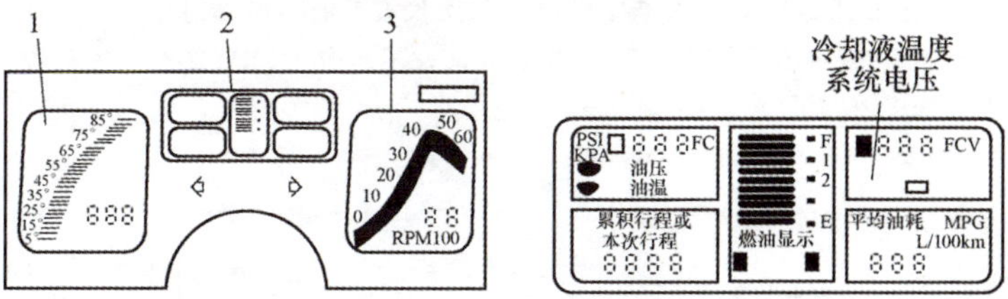

a) 数字式仪表　　b) 驾驶人信息中心

图 7-19　数字式仪表

1—车速表　2—驾驶人信息中心　3—发动机转速表

二、仪表系统的检修

（一）仪表系统检修注意事项

1）拆装注意事项。

要点：

- 拆装仪表系统时，应先拆下蓄电池负极电缆，以免手触摸仪表板后面时造成线路短路。
- 拆装饰面板时，由于固定螺钉一般是隐蔽的，因此要仔细查找固定螺钉，否则强行拆卸将会损坏装饰面板。
- 拆装仪表系统时，应注意仪表板后面的线束插接器及车速里程表软轴接头，一般都带有锁止机构，切忌强拆，安装时要确保到位。
- 从电路板上拆下仪表表芯、电源稳压器、照明及指示灯时，小心不要损坏印制电路。

2）单独更换表芯或仪表传感器时，注意仪表与传感器必须配套使用。

3）拆装仪表及传感器时，注意动作要轻，不要敲打。

4）电热式机油压力传感器安装时有方向要求。

5）仪表与传感器的接线、传感器的搭铁必须可靠。

6）电磁式仪表的接线柱有极性之分，不得接错。

（二）仪表系统常见故障

1. 燃油表、冷却液温度表、机油压力表常现故障诊断

维修提示

- 在所有汽车仪表电路中，大部分都配有电源稳压器，不论是电磁试仪表还是电热式仪表，都配有传感器。
- 在仪表故障中，若两个或两个以上仪表同时不工作时，应先检查仪表熔丝和电源稳压器是否有故障；若单个仪表不工作时，应首先确定故障是在传感器还是在仪表。

（1）单个仪表不工作

首先检查传感器的接线是否完好，如正常，可将传感器的接线断开，用万用表检测传感器的接线是否有电。如果没有电，应检查传感器到仪表及蓄电池的电路；如果有电，以燃油表为例，检测方法如图 7-20 所示。

①用 10Ω 的电阻代替传感器，一端接到传感器的接线上，另一端直接搭铁。点火开关打到 ON，观察仪表。如果指针摆动，说明传感器有故障（不要将传感器的接线直接搭铁，否则易烧坏仪表），需要更换传感器。

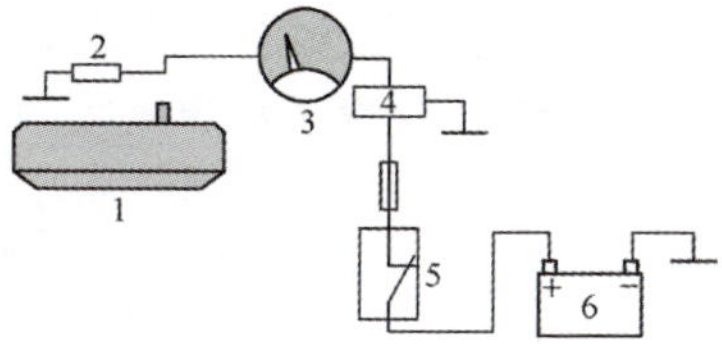

图 7-20　仪表的故障检查
1—燃油表　2—10Ω 电阻　3—燃油表　4—电源稳压器　5—点火开关　6—蓄电池

②仪表准确的工作情况，可参照维修手册。如以奥迪车燃油表为例，用变阻器代替传感器，当阻值为 40Ω 时，指针指示为 1；当阻值为 78Ω 时，指针指示为 1/2；当阻值为 283Ω 时，指针指示为 0。如果检测结果与上述相符，传感器有故障，应更换；否则，仪表有故障，应更换。

（2）两个或两个以上仪表同时不工作

当两个或两个以上仪表同时不工作时，应检查仪表熔丝和电源稳压器，如图 7-21 所示。若仪表熔丝正常，应检查电源稳压器。以奥迪车为例，如图 7-22 所示，测量输出端子 3 与搭铁端子 2 之间的电压，电压表读数应在 9.75 ~ 10.25V，否则更换稳压器；测量输入端子 1 与搭铁端子 2 之间的电压，电压表的读数应为电源电压，否则检修电路。

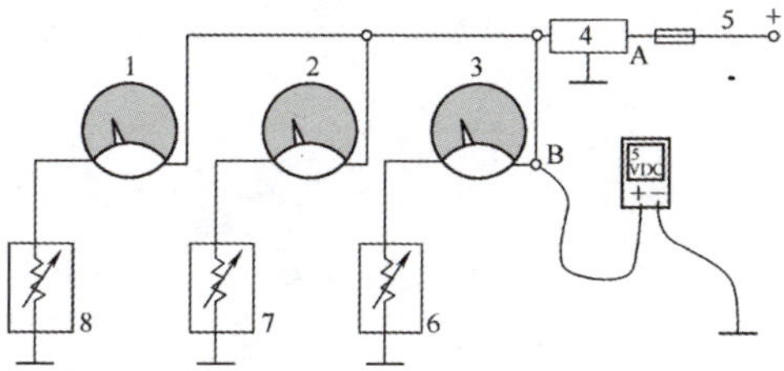

图 7-21　电源稳压器的电路
1、2、3—仪表　4—电源稳压器　5—蓄电池“+”极格
6、7、8—传感器

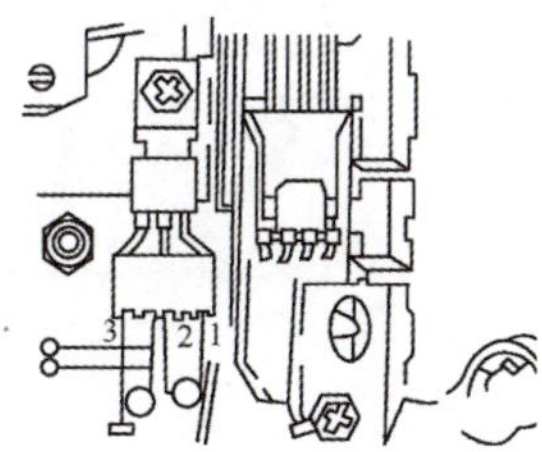

图 7-22　检查稳压器
1 ~ 3—端子

2. 车速里程表常见故障诊断

维修提示

- 车速里程表一般有机械式的和电子式的。
- 检测时可将车举起，起动发动机，将变速器挂上档，使驱动轮运转，观察转速表的工作情况。
- 检测时注意发动机的转速不要过高，以免有损差速器。

（1）机械式车速里程表故障诊断

机械式车速里程表常见故障有噪声、指针抖动或不工作。

要点

- 噪声故障。一般是软轴（里程表线）缺油，需将软轴拆下，进行清洗，加润滑油。但最好是更换软轴。若表头中的表轴磨损，使铝杯与磁铁相碰，发出噪声，需更换表头。
- 车速里程表不工作、读数不准或抖动故障。首先检查软轴与其他线束是否有交错挤压的现象，如果有上述情况，先将软轴正确归位；检查变速器输出轴驱动小齿轮的磨损情况，软轴与驱动小齿轮的啮合间隙，如果不符，应更换；检查表头内蜗轮与蜗杆的间隙，过大可调整。

（2）电子式车速里程表故障诊断

电子式车速里程表的常见故障是不工作。原因是传感器坏或线束、仪表等有故障。

以奥迪车为例，电子式车速里程表传感器位于变速器壳体左侧。

要点

- 断开仪表系统线束插接器，插接器有 26 个端子，如图 7-23 所示。
- 将汽车举起，断开传感器的线束插接器，变速器置于空档，用手转动左前轮。
- 用万用表测量端子 4 和 10 之间的电阻，电阻值应在 0 ~ ∞之间变化。否则，检修线路或更换车速传感器。

3. 发动机转速表常见故障诊断

以桑塔纳轿车为例，发动机转速表的常见故障是不工作。原因是线路或仪表本身有故障。检查方法如下。

要点

- 检查点火线圈“—”极接线柱是否接触良好。
- 检查转速表后面的黑色三孔插座是否接触良好。
- 用万用表检查三孔插座的工作状况，如图 7-24 所示。若 a 插孔搭铁不良，检查仪表线束插接器白色 14 孔插座中的棕色导线是否搭铁；若 b 插孔在点火开产关打到 ON 时无电压，应检查仪表线束插接器黑色 14 孔插座中的黑色导线是否有电源电压；若 c 插孔在点火开关打到 ON 时无电压，检查仪表线束插接器白色 14 孔插座中的红 / 黑导线是否与点火线圈“—”极接线柱接触良好。
- 如果转速表后面的黑色三孔插座线束经检查全部正常，则故障在转速表本身，应更换转速表。

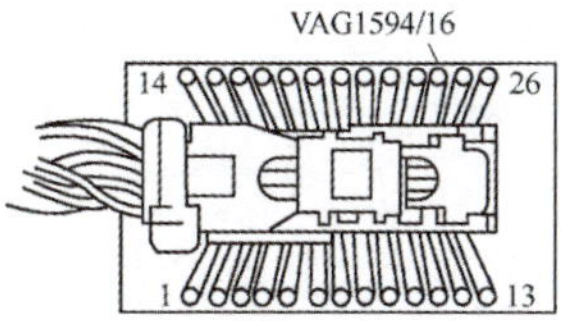

图 7-23　仪表系统线束连接器
1～26—端子

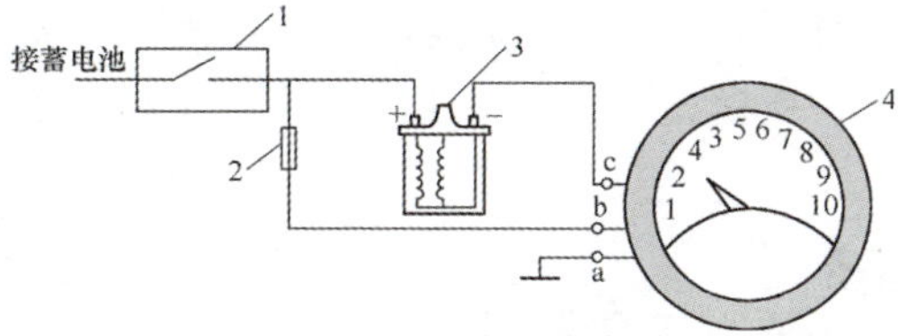

图 7-24　转速表的检测
1—点火开关　2—熔丝　3—点火线圈　4—发动机转速表

（三）维修实例

实例一　发动机转速表指示不稳定

（1）故障现象

桑塔纳 2000 型轿车，行驶里程为 12.2 万 km。驾驶人反映该车发动机转速表不稳定，有时明明指示在某一转速，突然一下能降下来，然后又返回到原转速。有时表针来回抖动，不稳定。

（2）故障原因

发动机转速表有故障。

（3）故障诊断

起动发动机，观察发动机转速表指针变化时，发动机工作稳定，并无抖动、断火现象，说明故障与发动机无关，是由发动机转速表系统故障造成的。

该车发动机转速表是从点火线圈“-”极取的信号。检查点火线圈上的插接头，连接完好，这样就需要拆下仪表板，检查转速表系统了。分析转速表指示不稳定的原因有：

①转速表背面的黑色三孔插座接触不良。

②仪表板上的印制线路故障。

③转速表系统控制线路故障。

④转速表故障。

拆下仪表板检查，转速表背面的黑色三孔插座接触良好，印制线路也良好。对转速表系统控制线路进行检查：转速表背面的黑色三孔插座内的三个插孔分别与电源负极、点火开关控制线、点火线圈“-”极相通。打开点火开关，断开点火线圈“-”极的插头，用万用表测量一个插孔内有 12V 电压，说明转速表系统控制线路也无故障。这样利用排除法就可以确定故障在转速表本身。

更换发动机转速表后，故障现象消失，故障排除。

实例二 冷却液温度表指示温度与实际冷却液温度不符

（1）故障现象

桑塔纳 2000 型轿车，行驶里程为 6.8 万 km。驾驶人说，在一次长途旅行中，突然出现冷却液温度表指示温度与冷却液实际温度（70 ~ 80℃）不符的情况，时而指示为最高温度，时而又恢复正常指示温度。

（2）故障原因

冷却液温度表至冷却液温度传感器的连接导线有搭铁处。

（3）故障诊断

该车冷却液温度表是电热式仪表，并且与燃油表共用一只稳压器，冷却液温度表的工作电压在 9.5 ~ 10.5V 范围内。这种电热式温度表与热敏电阻式的传感器相匹配。其故障的主要原因有以下几种可能。

①温度传感器与冷却液的接触面有严重水垢，造成热敏电阻的传感值与实际情况有偏差。

②稳压器输出电压不正常、造成冷却液温度表工作不稳定。

③连接导线有搭铁处。

④冷却液温度表本身有故障。

⑤冷却液不足指示器开关损坏。

⑥冷却液不足指示器的控制器损坏等。

根据分析故障原因，做如下检查。

①首先检查冷却液温度传感器，将其拆卸下来，从外观上观察水垢并不多，随后用万用表电阻档对其电阻值进行测量，阻值符合要求，故障不在此处。

②对稳压器输出电压进行测量，其输出电压在 10V 左右（标准电压值为 9.5 ~ 10.5V），也符合规定标准。

③检查冷却液温度表至冷却液温度传感器的连接导线，发现这根导线被压在冷却液水管下面，已有轻微的磨破点，时而有搭铁现象。

在汽车运行时，当出现搭铁时，冷却液温度表指示最高温度（即危险位置）；当不搭铁时，指示温度又恢复正常状态。

经过对该导线做绝缘处理后，将该导线从冷却液水管（铸铁件）下面抽出来放到安全的位置上，然后打开点火开关，观察冷却液温度指示温度正常，故障排除。

实例三 加注燃油后，燃油表指针无反应

（1）故障现象

捷达轿车，行驶里程为 15800km。驾驶人说，这两天发现仪表板上的燃油表指针总是指示在最左边，开始以为是燃油箱内缺少燃油，在加注了 30L 汽油后，燃油表仍无反应。

（2）故障原因

燃油表损坏。

（3）故障诊断

燃油表是汽车燃油监测系统的重要组成部分，如果燃油表不工作或指示不准确，驾驶人将无法判断燃油箱内有多少燃油，也就无法判断何时加注燃油及加注多少燃油。

捷达轿车的燃油监测系统的工作电路主要由以下零件构成：稳压器、燃油表、燃油表传感器和有关线路。

根据燃油监测系统的电路图查找该车的故障原因。首先拔下燃油表传感器电源插头，将点火开关转到 ON 位置，测量紫/黑色线的供电电压值，测量结果为 0V，表明燃油表传感器中没有工作电流。在点火开关转到 ON 位置时，测量中央继电器盒中 M 线束中紫/黑色线与搭铁的电压值，测量结果为 0V；测量 U 线束中蓝色线与搭铁的电压值，测量结果为 0V；测量仪表板上 28 端子插头中 7 号端子中蓝色导线至 U 线束蓝色导线间的电阻值，测量结果为 0.3Ω，说明该导线没有断路处。

检查稳压器的工作情况。因冷却液温度表与燃油表共用一个稳压器，所以检查冷却液温度表，工作正常，表明稳压器没有故障。于是判断燃油表可能存在故障。

从组合仪表板中取出燃油表，测量加热电阻丝，发现该电阻丝已熔断。

重新更换燃油表，试车，燃油表工作正常，故障排除。

第二节 如何检修报警系统

一、报警系统的结构

（一）报警系统警告灯的类型、作用及图形符号

1. 类型

要点

◎ 现代汽车为了保证行车安全、提高车辆的可靠性，在汽车仪表板上安装了许多警告装置。如机油压力警告灯、冷却液温度警告灯、燃油不足警告灯、制动液液面过低警告灯、充电系统故障警告灯，增加了 EPC（电子节气门故障指示灯）、轮胎压力警告灯、电动助力转向指示灯、定速巡航指示灯、TCS（牵引力控制系统）、ASR（驱动防滑系统）、VSC（车辆稳定控制）或 ESP（车身电子稳定系统）等警告灯。

◎ 汽车警告系统一般有机油压力警告装置、冷却液温度警告装置、燃油量警告装置、制动系统警告装置、制动蹄片磨损时警告装置等。

2. 警告灯的作用

要点

◎ 警告灯由警告开关控制，当被监测的系统或总成工作不正常时，对应的警告开关闭合，使该系统的警告灯亮，以提醒驾驶人注意，采取相应的措施，确保行车安全。

3. 图形符号

要点

◎ 现代汽车多数采用发光二极管作为警告灯光源，其优点是结构简单、寿命长、耗电少、易于识别等优点。

◎ 警告灯通常安装在仪表上，灯泡功率一般为 1 ~ 4W，在灯泡前设有滤光片，使警告灯发出红光或黄光，滤光片上通常有标准图形符号。

常见的警告灯图形符号见表 7-1。

表 7–1 常见警告灯图形符号、名称及含义

序号	图形符号	名称	含义
1		发动机故障指示灯	发动机电控系统异常时，该灯点亮或闪烁

（续）

序号	图形符号	名称	含义
2		电子油门故障指示灯	发动机电子油门系统异常时，该灯点亮或闪烁。EPC（Electronic Power Control，电子动力控制系统，常称为电子节气门系统）指示灯常见于德国大众车系
3		预热指示灯	点火开关打开时灯亮，预热结束后灯灭
4	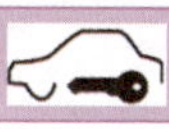	防盗指示灯	发动机防盗系统异常时，灯亮
5	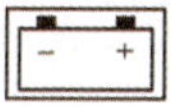	充电指示灯	发电机不发电时，灯亮
6		转向指示灯	开转向灯时，灯亮
7		冷却液温度指示灯	冷却液温度过高时，灯亮
8		机油压力指示灯	机油压力过低时，灯亮
9		制动蹄片磨损指示灯	制动蹄片磨损超限时，灯亮
10		车门未关指示灯	任一车门未关或未关严时，灯亮
11		风窗清洗液液位指示灯	风窗清洗液液位不足时，灯亮
12		行李箱开启指示灯	行李箱开启时，灯亮
13		燃油量指示灯	燃油量过少时，灯亮或闪烁
14		安全带指示灯	安全带未扣紧或安全带锁扣未插到位时，灯亮
15		ABS 指示灯	ABS 系统异常时，灯亮或闪烁
16		TCS、ASR 或 ESP 指示灯	TCS（牵引力控制系统）、ASR（驱动防滑系统）或ESP（车身电子稳定系统）异常时，灯亮或闪烁
17		驻车制动器指示灯	拉起驻车制动器时，灯亮。在一些车型（如德国大众车系）中，该灯兼作制动液液位过低报警指示灯
18		驻车制动警告灯	打开点火开关，该灯才起作用。拉上手制动，该灯将保持点亮
19		定速巡航指示灯	有两种状态，当处于巡航待命状态时，指示灯闪烁；当处于巡航状态时，指示灯保持常亮
20		电动助力转向指示灯	电动助力转向系统异常时，灯亮或闪烁
21		远光指示灯	远光灯点亮和熄灭时，该灯同时点亮和熄灭
22		后雾灯指示灯	后雾灯点亮和熄灭时，该灯同时点亮和熄灭

（续）

序号	图形符号	名称	含义
23		雾灯指示灯	前、后雾灯点亮时，该指示灯相应的标志就会点亮。关闭雾灯后，指示灯熄灭
24		示宽指示灯	用来显示车辆示宽灯的工作状态，平时为熄灭状态，当示宽灯打开时，该指示灯随即点亮。当示宽灯关闭或者关闭示宽灯打开大灯时，该指示灯自动熄灭
25		后窗加热器指示灯	后窗加热器工作时，灯亮
26		安全气囊指示灯	安全气囊异常时，灯亮
27		发动机舱盖未关指示灯	发动机舱盖未关或未关严时，灯亮
28		维护保养指示灯	当里程表公里数累计达到预设置的里程 (5000km) 时，该警告指示灯亮起，提醒用户进行整车保养维护
29		空调内循环指示灯	当打开空调系统内循环按钮，车辆关闭外循环时，该指示灯自动点亮
30		油箱盖开启警告灯	油箱盖开启或未关严时，灯亮
31		轮胎压力警告灯	轮胎压力异常时，灯亮
32		O/D 指示灯	当驾驶人按下自动变速器超速档锁止开关时，该灯点亮；若电控自动变速器异常时，该灯点亮或闪烁
33		VSC 指示灯	VSC（车辆稳定控制）系统异常时，灯亮或闪烁。常见于日本丰田车系和德国大众车系

（二）组合仪表警告灯的结构与工作原理

1. 机油压力警告灯的结构与工作原理

要点

◎ 在一些汽车上，除了装有机油压力表外，还装有机油压力过低警告灯。每当润滑系统机油压力低于允许值时，警告灯亮，以引起驾驶人注意。而且机油压力警告灯越来越普及，在许多车型上，已将机油压力表取消，只用机油警告灯监测润滑系统的工作情况。

（1）弹簧管式机油压力警告开关

如图 7-25 所示。机油压力过低警告灯电路是由安装在发动机主油道的弹簧管式警告开关和安装在仪表板上的红色警告灯组成。其警告灯开关内有一管形弹簧，管形弹簧的一端与主油道相通，另一端有一对触点，固定触点经连接片与接线柱相接，活动触点经外壳搭铁。

要点

当机油压力低于允许值时，管形弹簧向内弯曲，触点闭合，警告灯亮，以示警告；当机油压力正常时，管形弹簧产生的弹性变形量大，使触点分开，警告灯熄灭，以示机油压力正常。

（2）膜片式机油压力警告开关

如图7-26所示为膜片式机油压力警告开关控制警告灯的电路图。当机油压力正常时，机油压力推动膜片向上拱曲，推杆将触点打开，警告灯熄灭；当机油压力低于允许值时，膜片在弹簧压力作用下向下移动，从而使触点闭合，警告灯亮，以示警告。

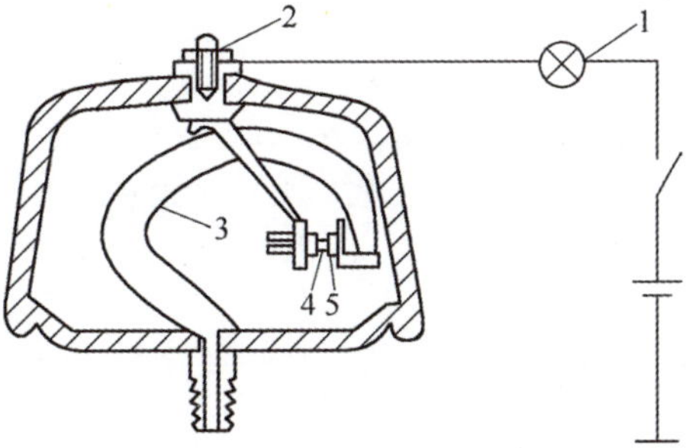

图 7-25　弹簧管式机油压力警告开关控制电路
1—警告灯　2—警告开关接线柱　3—管形弹簧
4—固定触点　5—活动触点

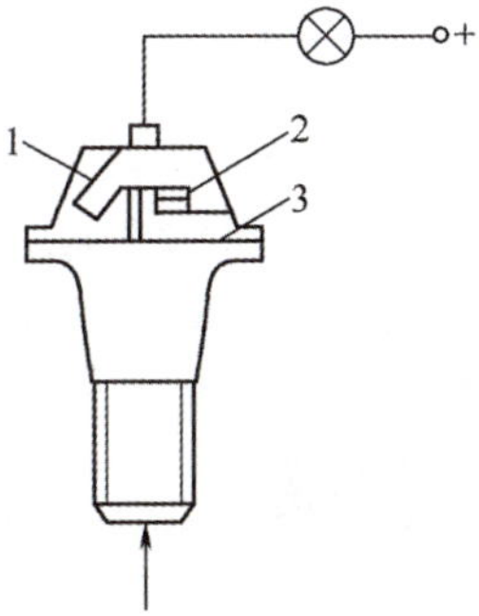

图 7-26　膜片式机油压力警告开关控制电路
1—弹簧片　2—触点　3—膜片

2. 冷却液温度警告灯的结构与工作原理

要点

在汽车上除了装有冷却液温度表外，还装有冷却液温度警告灯，每当冷却液温度过高越过允许值时，红色警告灯亮，以示警告。

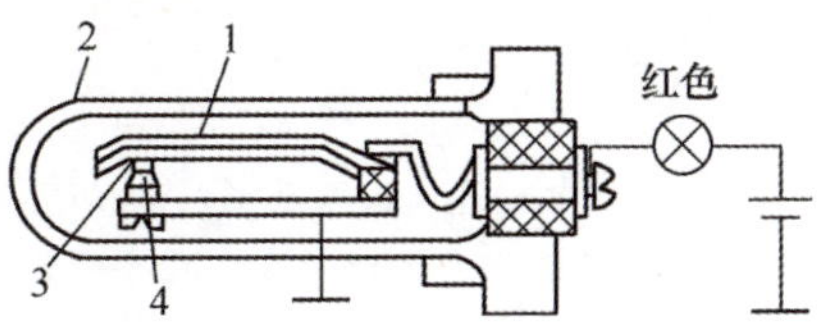

图 7-27　冷却液温度警告灯控制电路
1—双金属片　2—壳体　3—动触点
4—静触点

如图 7-27 所示为冷却液温度警告灯控制电路，其警告开关为双金属片式温度开关。

要点

● 当冷却液温度正常时，双金属片几乎不变形，触点分开，警告灯不亮；当冷却液温度超过允许值时，双金属片由于温度升高而弯曲变形，使触点闭合，警告灯亮，以示警告。

3. 燃油不足警告灯的结构与工作原理

要点

● 在汽车上除了装有燃油表外，还装有燃油不足警告灯，每当燃油少于规定值时，红色警告灯亮，以提醒驾驶人注意加油，尤其是油箱中有电子汽油泵的车辆，燃油过少，汽油泵得不到冷却，易损坏。

图 7-28 所示为热敏电阻式警告开关控制电路。

要点

● 其警告开关为热敏电阻式，装在油箱内。当油箱内燃油量多时，负温度系数的热敏电阻浸在油中，散热快，温度低，电阻值大，因此电路中几乎没有电流，警告灯不亮；当燃油减少到规定值以下时，热敏电阻元件露出油面，散热慢，温度升高，电阻值减小，电路中电流增大，警告灯亮，提醒驾驶人注意加油。

4. 制动液不足警告灯的结构与工作原理

要点

● 制动液不足警告灯的作用是当制动液液面过低时，发出警告信号，以提醒驾驶人注意。

● 制动液不足警告装置是由警告开关和警告灯组成。

● 警告开关安装在制动总泵液罐内，此警告开关适用于冷却液、风窗玻璃清洗液等液面过低警告灯的控制电路，区别仅在于警告开关安装位置不同。

如图 7-29 所示为制动液不足警告灯控制电路。当制动液充足时，浮子的位置较高，此时永久磁铁高于舌簧开关的位置，舌簧开关处于断开状态，警告灯不亮；当浮子随着制动液液面下降到规定值以下时，永久磁铁便接近了舌簧开关，使舌簧开关触点闭合，警告灯电路导通，警告灯亮。

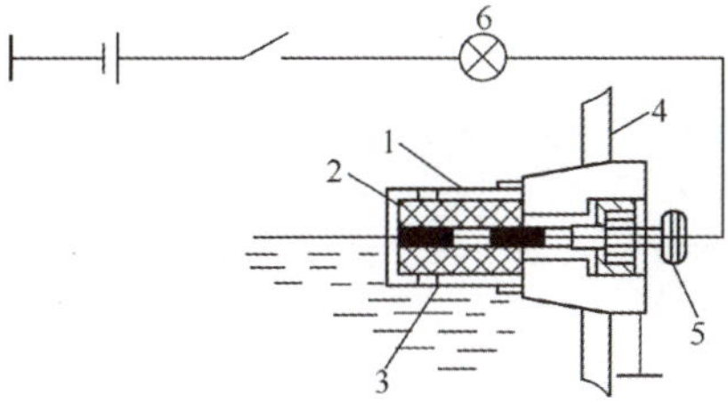

图 7-28 热敏电阻式警告开关控制电路
1—外壳 2—防爆金属网 3—热敏电阻 4—油箱外壳 5—接线柱 6—警告灯

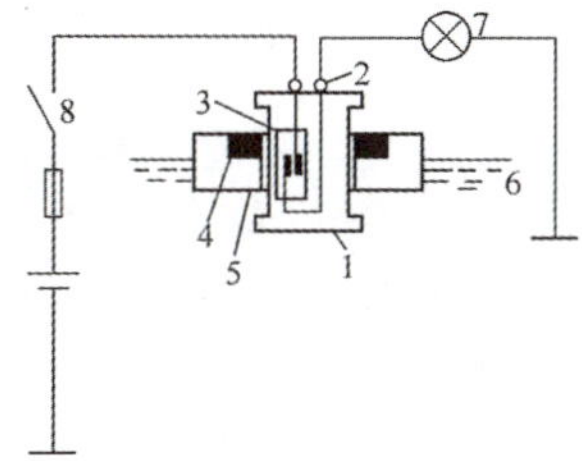

图 7-29 制动液不足警告灯控制电路
1—舌簧开关外壳 2—接线柱 3—舌簧开关 4—永久磁铁 5—浮子 6—制动液液面 7—警告灯 8—点火开关

二、报警系统常见故障与维修实例

（一）常见故障诊断

1. 机油压力警告灯电路的故障诊断

机油压力警告灯电路有故障时，仪表板上的机油压力警告灯会闪亮时。机油压力警告灯闪亮，表示发动机润滑系统油道内油压过低。应停熄发动机进行检查。

检查一般流程如下。

要点

- 抽出机油尺，检查曲轴箱内机油量，应保证机油量在规定的刻度范围内。
- 检查发动机外表、底部无机油渗漏处。
- 如果是在行驶中突然发现警告灯闪亮，应仔细地察看油底壳有否被路面障碍物碰瘪，以致损坏机油泵。
- 检查机油压力传感器（在发动机缸体左侧）电线、插头有无脱落现象。
- 拆卸机油压力传感器，用专用的机油压力表测量发动机的机油压力。
- 如果机油压力正常，表明发动机润滑系统工作正常，而故障在机油压力传感器。

2. 制动警告灯电路故障诊断

当制动警告灯电路有故障时，仪表板上的红色制动警告灯闪亮。

制动警告灯闪亮有两种状况：一是制动主缸储油罐内制动液不足，已对制动系统统构成影响；二是驻车制动未松开，后轮制动摩擦片抱住制动鼓。

制动警告灯电路故障诊断流程如下。

要点：

- 打开发动机舱盖，检查制动主缸储油罐液面传感器的电线、插头是否良好。
- 打开储油罐盖，检查制动液是否充足。
- 举升汽车，检查制动油管有无渗漏处，如发现轮辋和轮胎内侧有制动液，说明该轮缸已经漏油。

（二）维修实例

桑塔纳 2000 型轿车冷却液液位警告灯突然闪亮

（1）故障现象

桑塔纳 2000 型轿车，行驶里程为 16.1 万 km。驾驶人说，行车中，冷却液液位警告灯突然闪亮，而储液罐内液面正常。

（2）故障原因

液位控制继电器损坏。

（3）故障诊断

由电路原理可知，故障多半出在液位传感器和液位控制继电器上。拆下液位传感器检查，未发现异常。

换装一只正常的液位传感器再试，故障依旧。拔下原液位控制继电器，装上一只正常的液位控制继电器再试，故障排除。

第八章　辅助电器

CHAPTER 8

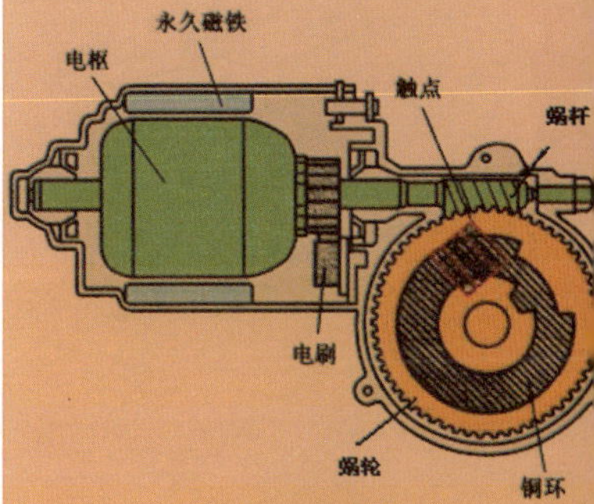

第一节 如何检修风窗清洁装置

风窗清洁装置包括风窗刮水器、风窗洗涤器和除霜装置等。

一、风窗清洁装置的结构

（一）风窗刮水器

1. 风窗刮水器的作用

风窗刮水器的作用是清除风窗玻璃上的雨水、雪或尘土，以保证驾驶人良好、清晰的能见度。

2. 风窗刮水器的分类

要 点

- 按风窗刮水器的位置分类，一般分为前风窗刮水器和后风窗刮水器两种。
- 按风窗刮水器的驱动机构分类，一般分为真空式、气动式和电动式 3 种。

目前汽车上广泛采用电动刮水器。电动刮水器普遍具有高速、低速及间歇 3 个工作档位，而且除了变速之外，还有自动回位的功能。

3. 风窗刮水器的组成

电动刮水器主要由刮水片、刮水器臂、刮水器电动机及传动机构等组成，如图 8-1 所示。

如图 8-2 所示，电动刮水器主要由刮片架、摆杆、连杆、蜗轮、蜗杆、电动机及支架等组成。一般电动机和蜗杆箱结合成一体组成刮水器电动机总成。永磁式电动机 11 通电后旋转，带动蜗杆 10、蜗轮 9，使与蜗轮相连的拉杆 3、7、8 和摆杆 2、4、6 带着左、右两刮片架 1、5 做往复摆动，刮水片便除去风窗玻璃上的雨水、雪或灰尘。

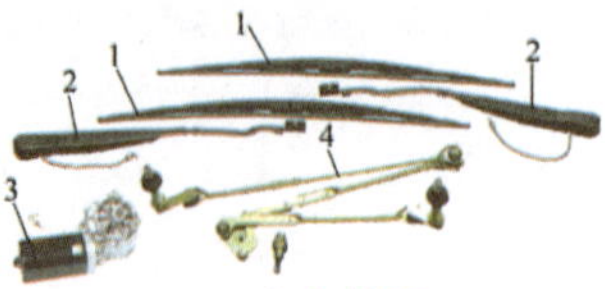

a）实物图

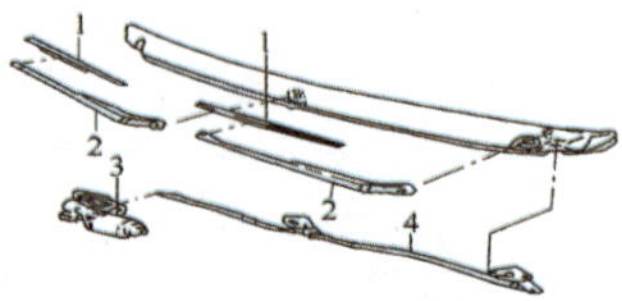

b）结构连接图

图 8-1　刮水器的组成
1—刮水片　2—刮水器臂　3—刮水器电动机　4—传动机构

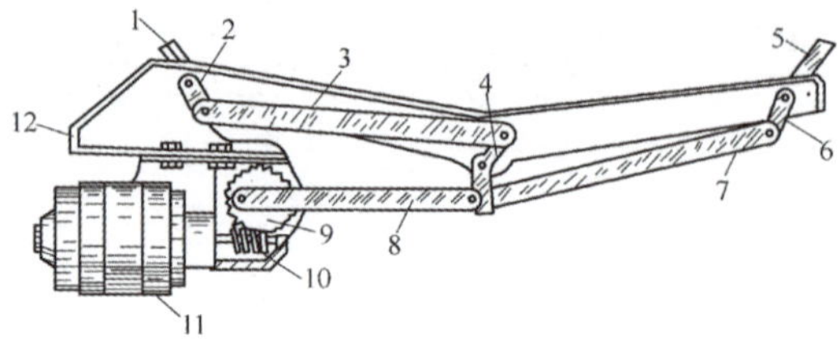

图 8-2　电动刮水器传动机构的组成
1、5—刮片架　2、4、6—摆杆　3、7、8—连杆　9—蜗轮　10—蜗杆　11—电动机　12—支架

4. 刮水电动机的结构

要点

- 一般刮水电动机有绕线式和永磁式两种。
- 绕线式刮水电动机的磁极绕有励磁绕组，通过电流时产生磁场，而永磁式刮水器电动机的磁极用永久磁铁制成。
- 永磁式电动机体积小、质量轻、结构简单，使用广泛。

永磁电动机的结构如图 8-3 所示，主要由外壳及永久磁铁总成、电枢、电刷安装板及复位开关、蜗轮、蜗杆、输出臂等组成，通电时电枢转动，经蜗轮和输出齿轮及输出轴后，把动力传给输出臂。

a）实物图

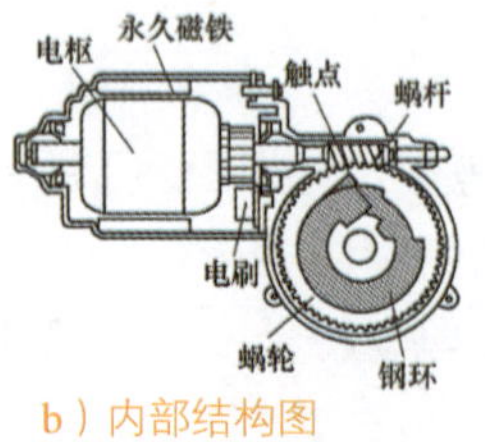

b）内部结构图

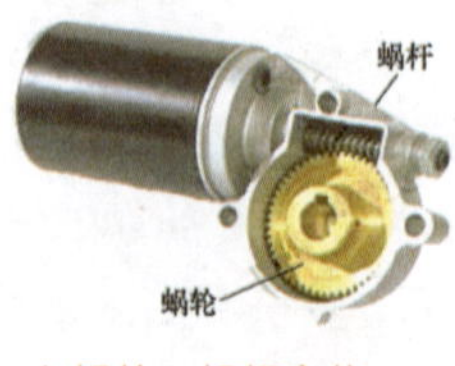

c）蜗轮、蜗杆实物

图 8-3　永磁式电动机的结构

（二）风窗洗涤器

为了及时消除风窗玻璃上的尘土和污物，使驾驶人有良好的视线，在汽车上还装有风窗玻璃洗涤器。

图 8-4 所示为汽车风窗洗涤器的组成示意图，它由储液罐、洗涤泵（直流电动机与泵）、输液管与喷嘴等组成。

要点

- 储液罐由塑料制成，其内装有洗涤液。
- 洗涤液一般由水或水与适量的添加剂组成。
- 添加剂有助于清洁或降低冰点，如在水中加入 5%（质量分数）的氯化钠（食盐）可提高洗涤液的润湿与清洁能力，在寒冷地区为了防止洗涤液冻结，可在水中加入 50%（质量分数）的甲醇或异丙基酒精。

洗涤泵由一只微型永磁直流电动机和离心泵组成，其外形如图 8-5 所示。

要点

- 电动机是封闭式、短时定额工作的高速电动机。
- 当风窗玻璃上有灰尘或污物时，先开动洗涤泵，将洗涤液以一定压力经喷嘴喷到刮片的上部，湿润玻璃。然后再开动刮水器，将风窗玻璃上的灰，尘或污物刮掉。

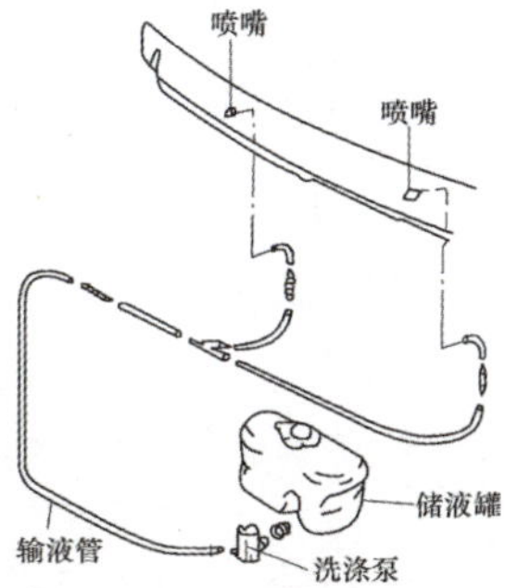

图 8-4　洗涤器的组成

图 8-5　洗涤泵

维修提示

- 使用洗涤器时，应注意开动洗涤泵时，洗涤泵连续工作的时间不得大于 5s，使用间歇时间不得少于 10s。
- 无洗涤液时，不要开动洗涤泵。

（三）除霜（雾）装置

在冬季下雪的时候，或是气温较低的情况下，风窗玻璃上由于内外温差较大，易结冰霜，从而影响驾驶人的视线，用刮水器无法清除。

为了防止水蒸气在风窗玻璃上凝结，汽车上都设置有风窗除霜(雾)装置。

1. 风窗和车门玻璃上霜层和雾气的清除

要点

● 如果汽车风窗和车门玻璃上出现霜层和雾气时，通常是利用空调系统或暖风装置产生的暖风加以清除。

2. 后窗玻璃霜（雾）的清除

要点

● 对后窗玻璃的除霜（雾），常常是利用电热丝加热来实现的。

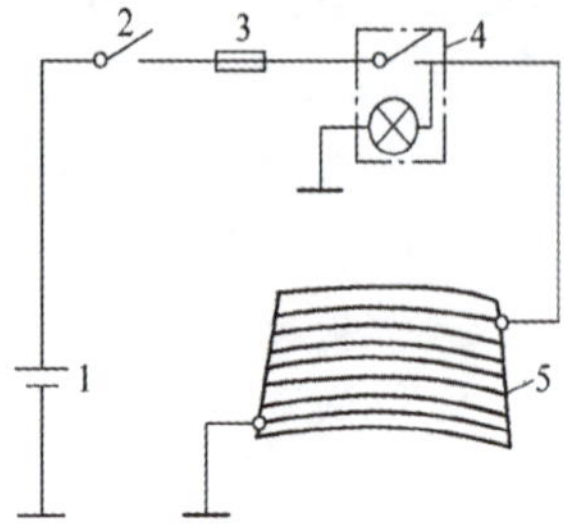

图 8-6 后窗玻璃除霜（雾）装置
1—蓄电池 2—点火开关 3—熔丝 4—除霜器开关及指示灯 5—除霜器（电热丝）

后窗玻璃除霜（雾）装置由除霜器、除霜器开关及指示灯、熔丝、点火开关等组成，如图 8-6 所示。

（四）前照灯清洗装置

汽车在夜晚或光线较暗的行驶过程中，雨水和尘埃会将前照灯的照明度减少 90%，驾驶人的视线受到严重影响，对行驶安全来说，存在较大的隐患。前照灯清洗装置就是在前照灯的下方设有一出水口，随时可以清洗前照灯的灰尘及污垢。越来越多的车型安装了此装置。

要点

● 前照灯清洗液与风窗玻璃清洗系统共用一个储液罐。前照灯清洗和玻璃清洗基本上是一样的，但是必须得在前照灯打开的情况下，前照灯清洗装置才工作。

如图 8-7 所示，前照灯清洗装置可安装在汽车保险杠上，也可使用可伸缩的延伸喷嘴支架，使其隐藏在保险杠内，在不用时隐藏起来，在使用时再打开。其工作过程为，当前照灯打开、风窗

a）前照灯清洗装置安装位置 b）清洗状态
图 8-7 前照灯清洗装置

喷水清洗启用时，前照灯清洗器开始工作。清洗系统先将前照灯清洗器从保险杠中伸出来（打开出水孔），然后，水在压力的作用下喷向前照灯。完成清洗去污，清洗完成后，喷头自动回缩。

二、风窗清洁装置的检修

（一）刮水器与洗涤器的检修

1. 刮水器的检修

（1）刮水器电动机低速的检查

如图 8-8 所示，将蓄电池正极接线柱与刮水器电动机 A 端子相连，将蓄电池负极接线柱与托架相连，若刮水器电动机以 44 ~ 52r / min 的转速运转，则表明刮水器电动机正常。

（2）刮水器电动机高速的检查

进行高速检查时，应将蓄电池正极接线柱与刮水器电动机 B 端子相连，蓄电池负极接线柱与托架相连，若此时刮水器电动机以 64 ~ 78r / min 的转速运转，则表明刮水器电动机正常，否则说明刮水器电动机损坏，应更换。

（3）刮水器电动机自动回位试验

①如图 8-9 所示，将蓄电池正极接线柱与刮水器电动机 A 端子相连，蓄电池负极接线柱与托架相连，让刮水器电动机运转。

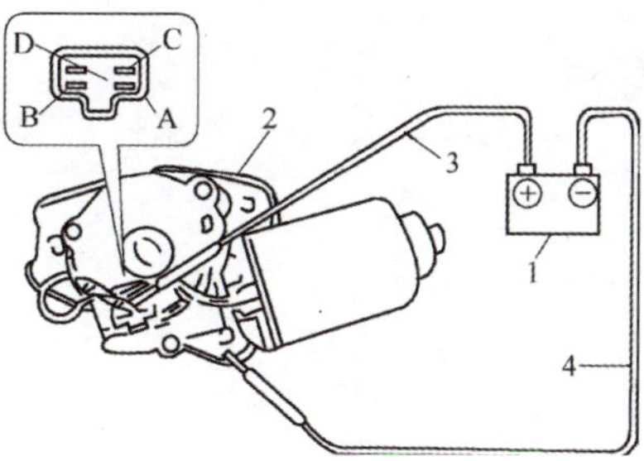

图 8-8　刮水器电动机检查

1—蓄电池　2—刮水器电动机 3—红色导线 4—黑色导线　A ~ D- 电动机端子

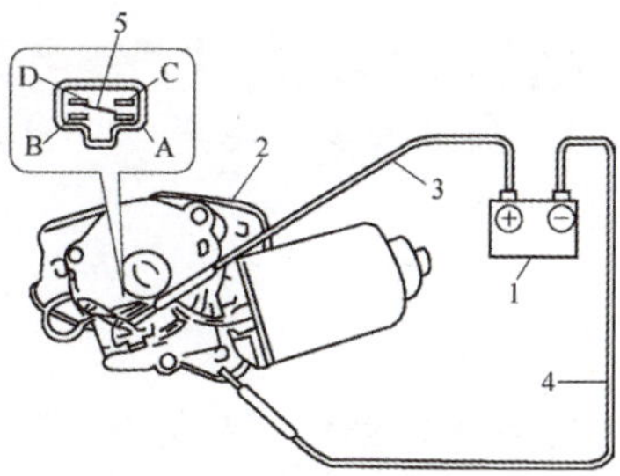

图 8-9　刮水器电动机自动回位试验

1—蓄电池 2—刮水器电动机 3—黑色导线 4—跨接线　A ~ D—电动机端子 5—刮水器电动机插头

②从蓄电池上拆下与刮水器电动机 A 端子相连的线，让刮水器电动机停止运转。

③用跨接线连接刮水器电动机 A 端子和 D 端子，并将刮水器电动

机C端子与蓄电池正极接线柱相连，再次观察刮水器电动机运转情况，刮水器电动机应在规定位置停机。

④重复检查，观察刮水器电动机是否每次都停在规定位置。

⑤若刮水器运转不良，则说明刮水器电动机损坏，应更换。

2. 洗涤泵的检修

如图8-10所示，将蓄电池正极接线柱和负极接线柱分别与洗涤泵正极和负极端子相连，检查洗涤泵的排量，一般车型的洗涤泵排量应大于1.0L/min，否则说明洗涤泵有故障，应更换。

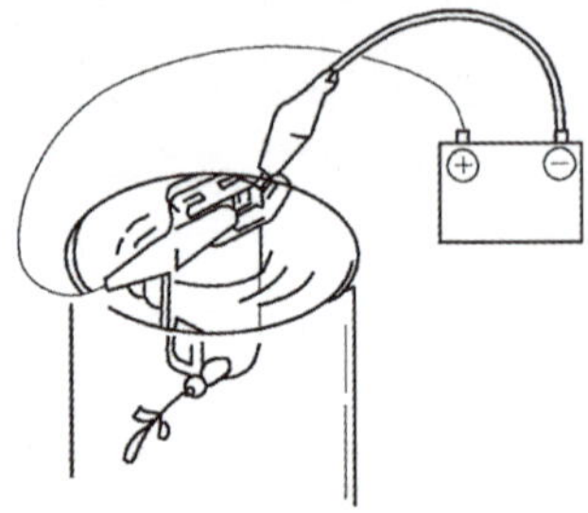

图8-10 洗涤泵的检查

（二）刮水器和洗涤器的故障诊断

1. 刮水器常见故障诊断

要点

● 刮水器常见故障有刮水器各档位都不工作、个别档位不工作及不能自动停到原位等。

● 在对刮水器的故障进行诊断前，先要确定是电路故障还是机械故障。其检查方法是从电动机上拆下连接刮水片的机械臂，接通刮水器，观察电动机是否工作。如果电动机工作正常，则是机械故障。

(1) 刮水器各档位都不工作故障诊断

1）故障现象。接通点火开关后，刮水器开关置于各档位，刮水器均不工作。

2）故障原因

①熔丝断路。

②刮水电动机或开关有故障。

③机械传动部分锈蚀或与电动机脱开。

④连接电路断路或插接件松脱。

3）故障诊断。

①检查熔丝，熔丝应无断路，电路应无松脱。

②检查刮水器电动机及开关的电源线和搭铁线，应接触良好，没有断路。

③检查开关各个接线柱在相应档位应能正常接通。

④检查电动机和机械连接情况，工作是否正常。

(2) 刮水器在个别档位不工作

1）故障现象。接通点火开关后，刮水器在个别档位（如低速、高速或间歇档）不工作。

2）故障原因

①刮水电动机或开关有故障。

②间歇继电器有故障。

③连接导线断路或插接件松脱。

3）诊断

①如果刮水器是高速档或低速档不工作，可参照下列步骤进行诊断检查并视情维修：首先检查对应故障档位的电路是否正常；检查开关接线柱在相应档位能否正常接通；最后检查电动机电刷是否接触不良。

②如果刮水器在间歇档不工作，应依次检查间歇开关（或刮水器开关的间歇档）、电路和间歇继电器。

(3) 刮水片不能自动停位

1）故障现象。刮水器开关断开或在间歇挡工作时，刮水器不能自动停止在设定的位置。

2）故障原因

①刮水电动机自动停位机构损坏。

②刮水器开关损坏。

③刮水臂调整不当。

④导线连接错误。

3）诊断

①检查刮水臂的安装及刮水器开关导线连接是否正确。

②检查刮水器开关在相应档位的接线柱能否正常接通。

③检查电动机自动停位机构触点能否正常闭合和接触良好。

2. 洗涤器常见故障诊断

要点

● 许多洗涤器的故障都是因输液系统而引起的。因此，应首先拆下泵体上的水管然后使洗涤泵工作，如果洗涤泵能够喷出清洗液，则故障在输液系统。否则，按照下列步骤查找故障。

1）检查储液罐内清洗液的存储量，应满足要求。

2）检查熔丝和线路连接是否良好。

3）打开洗涤器开关，同时观察喷嘴。如果洗涤泵工作但喷嘴不喷液，检查泵内有无堵塞，清除泵体内的任何异物；如果没有堵塞，须更换洗涤泵。

4）如果洗涤泵不运转，用万用表或试灯检查开关闭合时洗涤泵电动机上有无电压。若有电压，再检查搭铁回路，若搭铁回路良好，须更换洗涤泵。如果电动机上没有电压，须沿线路向开关查找，检测开关工作是否正常。如果开关有电压输入，但没有输出，说明洗涤器开关有故障，须更换开关。

3. 除霜（雾）装置常见故障诊断

1）除霜（雾）装置常见故障是不工作。

2）故障原因

①熔断器或控制电路断路。

②加热丝或开关损坏。

3）故障诊断步骤

①检查熔断器是否正常。

②然后将开关接通后检查电热丝电源侧电压是否正常。

③如果电压为零或低于电源电压，应检查开关和电源电路；否则检查电热丝是否断路。

④若电热丝断路，可用润滑脂清理加热丝端部，并用蜡和硅脱膜剂清理电热丝断头，再用专用修理剂进行修补，将断点处连接起来，保持适当时间后即可使用。

（三）维修实例

打开刮水器开关后，刮水器只有低速档，无高速档

（1）故障现象

夏利轿车，行驶里程为186000km。驾驶人说，该轿车是一台出租车，夜间行驶途中赶上下小雪，打开刮水器开关后，发现只有低速档而无高速档。

（2）故障原因

组合开关内刮水器电机的高速档相线脱焊。

（3）故障诊断

该轿车装用两速带间歇工作的刮水器，分析产生该故障的主要原因如下。

①组合开关高速触点损坏或线路断开。

②刮水电机高速炭刷接触不良或断路。

③线束及插接器有故障。

首先将刮水电动机电源插接器拔下，用蓄电池来检查刮水电动机本身是否有故障。将插接器电动机侧的接线端子（＋1）插头接到蓄电池正极上，蓄电池负极与刮水电动机壳体相接，此时若电动机以低速运转，说明这部分没有故障。接着将接线端子（＋2）插头接到蓄电池正极柱上，电动机此时以高速运转，说明电动机高速运转电路也无故障。继续检查线束和组合开关。

首先检查刮水电动机插接器至组合开关插接器这段线束导通情况。找到此线后，用万用表电阻档测量，结果导线导通状况良好。再测量组合开关输出插头导通状况，发现组合开关接通刮水器电动机高速档时出现断路，其他均正常。

看来故障就在此处，需分解组合开关。当拆卸下组合开关防护罩就一目了然了，发现有一根导线与接线板脱焊，用万用表测量，刚好是刮水电动机的高速档相线，用电烙铁将此线头焊好，然后通电试验，一切正常，故障排除。

第二节 如何检修中央门锁控制系统

一、中央门锁控制系统的结构

（一）中央门锁控制系统的功能

要点

中央门锁控制系统一般都具有以下几种功能：内外开启与内外锁止功能、中央控制锁止功能、后车门安全锁止功能和防驾驶人侧车门误锁功能。

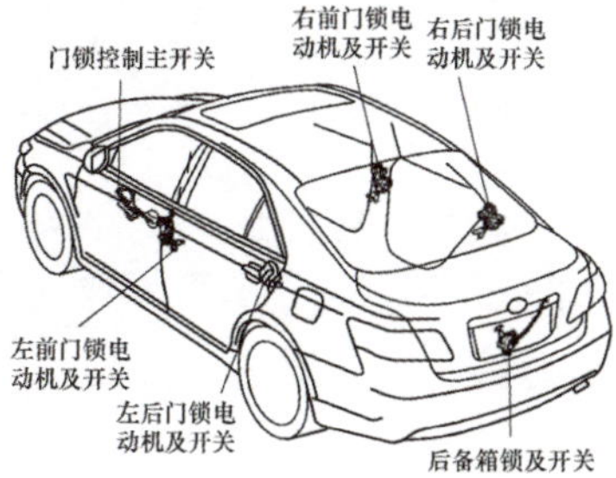

图 8-11 中央门锁控制系统控制元件的安装位置

（二）中央门锁控制系统的组成

中央门锁控制系统主要由控制开关、门锁控制器和门锁执行机构等组成。中央门锁控制系统控制元件的安装位置如图 8-11 所示。

（1）门锁控制开关

安装在前左门扶手上的门锁控制总开关和左门锁控制开关，为杠杆型开关，如图 8–12 所示。向后按门锁控制总开关是开门（所有车门都开锁），向前按门锁控制总开关是锁门（所有车门都上锁）；将左门锁控制开关推向前门是锁门，而推向后门是开门。

（2）钥匙控制开关

安装在每个前门的钥匙门上，如图 8–13 所示。当从外面用钥匙开门和关门时，钥匙控制开关便发出开门或锁门的信号给门锁 ECU。

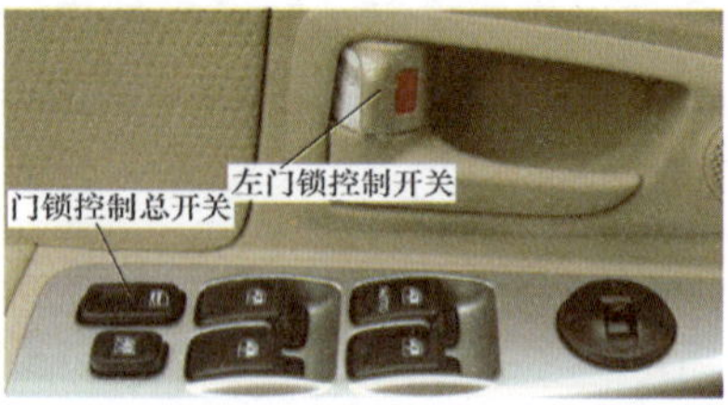

图 8-12 门锁控制开关

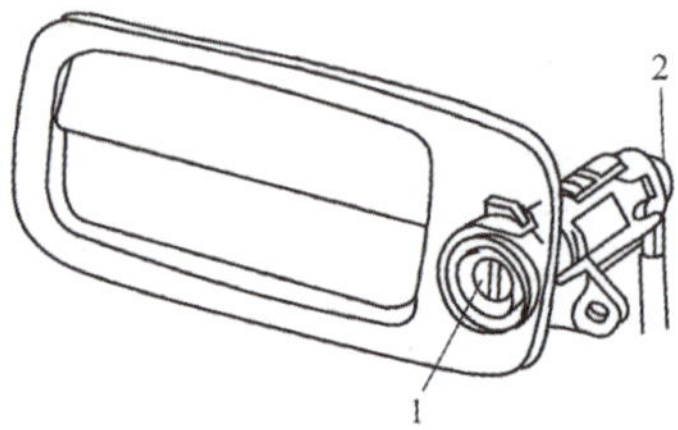

图 8-13 钥匙控制开关
1—车门钥匙门 2—钥匙控制开关

（3）行李箱门开启器开关

位于仪表板下面，拉动此开关便能打开行李箱门，如图 8-14 所示。

要点

- 钥匙门靠近行李箱门开启器，推压钥匙门，断开行李箱内主开关，此时再拉开启器开关也不能打开行李箱门。
- 将钥匙插进钥匙门内顺时针旋转打开钥匙门，当主开关再次接通，便可用行李箱门开启器打开行李箱。

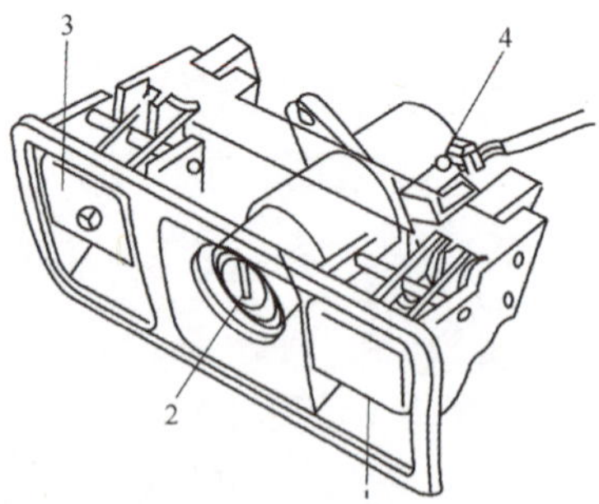

图 8-14 行李箱门开启器开关
1—行李箱门开启器开关 2—钥匙门
3—燃油箱盖开启器开关 4—行李箱门开启器主开关

（4）门锁开关

用来检测车门的开闭情况。当车门关闭，门锁开关断开；当车门开启时，门锁开关接通。

2. 门锁控制器

门锁控制器为门锁执行机构提供锁、开脉冲电流，有晶体管式门锁控制器、电容式门锁控制器和车速感应式门锁控制器。

3. 门锁执行机构

电动门锁执行机构主要有电动机式、电磁式、真空式和电子式 4 种，一般车辆上常采用电磁铁或电动机式门锁执行机构。

二、中央门锁控制系统的检修

（一）车门锁电动机的检测

（1）驾驶人侧车门锁电动机的检测

①卸下驾驶人侧车门面板。

②断开电动机处的 2P（2 芯）插接器插头，如图 8-15 所示。

③将电动机端子接上蓄电池电压，检查其工作情况。正常情况如下：1 号端子接蓄电池“+”极，2 号端子搭铁时，车门锁锁定；2 号端子接蓄电池“+”极，1 号端子搭铁时，车门锁开锁。

④如果电动机工作不符合规定要求，则应更换驾驶人侧车门锁电动机。

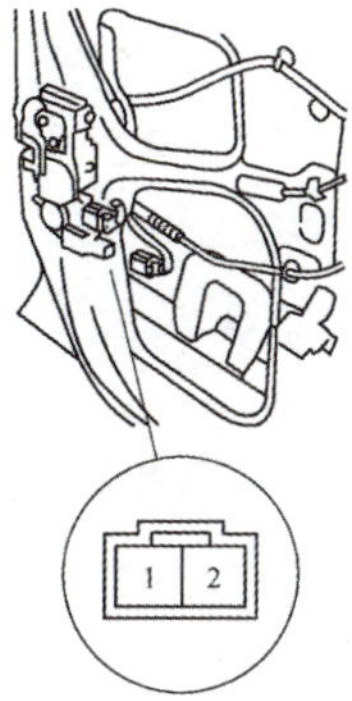

图 8-15　断开驾驶人侧车门锁电动机处的 2P 插头

维修提示

蓄电池电压应以碰触的方式施加于两端子之间（接通时间很短），以免烧坏电动机。

（2）乘员侧车门锁电动机的检测

乘员侧车门锁电动机的检测与驾驶人侧车门锁电动机的检测方法基本相同。

（二）车门锁把手开关的检测

（1）驾驶人侧车门锁把手开关的检测

①卸下驾驶人侧车门面板。

②如图 8-16 所示，断开电动机 3P（3 芯）插接器的连接。

③检查端子之间的导通性。在门锁把手开处于 LOCK（锁止）位置时，

2号与3号端子之间应当导通，在开关处于UNLOCK位置时不导通。在门锁把手开关处于UNLOCK(开锁)位置时，1号与3号端子之间应当导通，在开关处于LOCK位置时不导通。

④如果导通性不符合规定要求,应更换门锁电动机。

(2)前乘员侧车门锁把手开关的检测

①卸下前乘员车门面板。

②断开电动机3P插接器的连接(图8-16)。

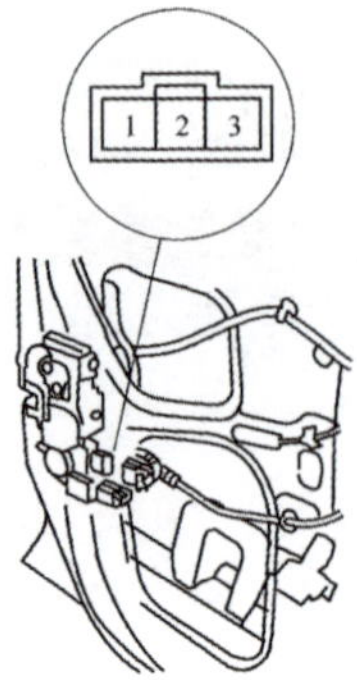

图8-16　断开驾驶人侧车门锁电动机3P插接器的连接

③检查端子之间的导通性。在门把锁开关处于UNLOCK位置时，1号与3号端子之间应当导通，开关处于LOCK位置时不导通。

④如果导通性不符合规定要求，则更换门锁电动机。

(3)后车门锁把手开关的检测

①卸下左、右侧后车门面板。

②如图8-17所示，断开电动机3P插接器的连接。

③检查端子之间的导通性。在门锁把手开关处于UNLOCK位置时，1号与3号端子之间应当导通，在开关处于LOCK位置时不导通。

④如果导通性不符合规定要求，则更换车门锁电动机。

(三)车门锁芯开关的测试

1)卸下驾驶人侧车门面板。

2)如图8-18所示，断开锁芯开关的3P插接器连接。

3)检查端子之间的导通性。在锁芯开关处于LOCK位置时，2号与3号端子之间应当导通。在锁芯开关处于UNLOCK位置时，2号与3号端子之间应当不导

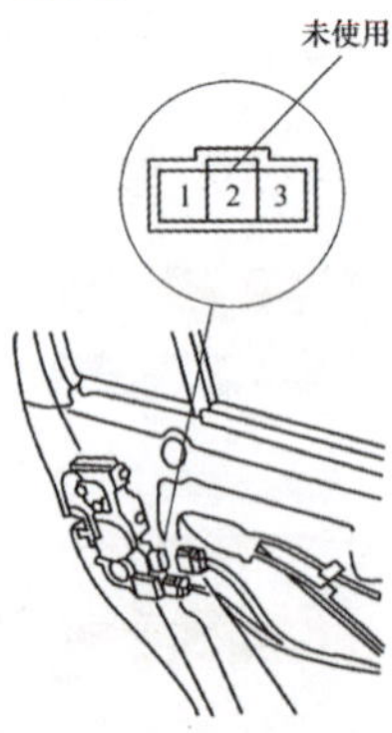

图8-17　断开后车门锁电动机3P插接器连接

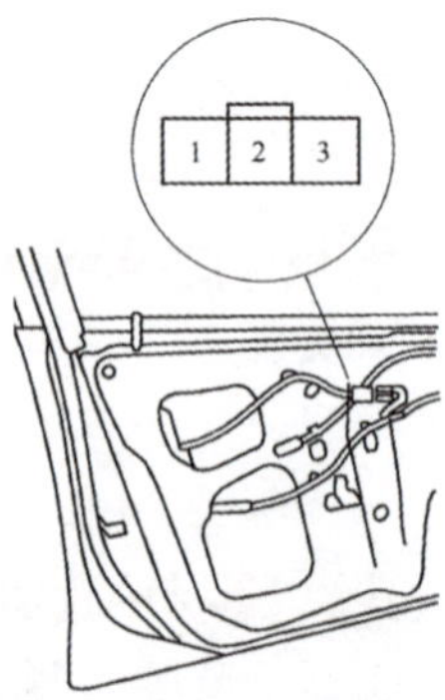

图8-18　断开车门锁芯开关插接器

通。在锁芯开关处于 UNLOCK 位置时，1 号与 2 号端子之间应当导通。在锁芯开关处于中间或 LOCK 位置时，1 号与 2 号端子之间应当不导通。

4）如果导通性不符合规定要求，则应更换车门锁芯总成。

（四）维修实例

中控门锁不动作，门锁电动机发出“吱、吱”异响

（1）故障现象

捷达轿车，行驶里程为 97000km。用左前门的中控锁锁 4 个车门时，听到右前门里发出“吱、吱”声音，门锁的锁止钮不停颤动而不下落，车门锁不住。

（2）故障原因

中控门锁电动机塑料齿轮损坏。

（3）故障诊断

拆下右前门的内饰板，用左前门锁锁车门，可听见“吱、吱”声音来自右前门中控门锁的电动机内。用手摸门锁电动机外壳，有振动感。

拆下门锁电动机并解体，发现其内有一个塑料齿轮的几个齿已经打坏。这种中控门锁电动机，其内有两个齿轮，主动齿轮为铁质齿轮与电动机相连，从动齿轮为塑料齿轮与门锁相连。当开启、关闭门锁时，因两齿轮啮合，由塑料齿轮带动门锁开闭。因从动塑料齿轮的材质一般，所以其故障率往往较高。

因当时没有从动塑料齿轮备件，所以只有更换中控门锁电动机。更换后试车，门锁电动机的异响消失，门锁开闭正常，故障排除。

第三节 如何检修电动后视镜、电动座椅、电动车窗与电动天窗

一、电动后视镜、电动座椅、电动车窗与电动天窗的结构

（一）电动后视镜

要点

● 电动后视镜主要由镜面玻璃、双电动机、连接件、传递机构及其壳体等组成，如图 8-19 所示为电动后视镜与控制开关的实物。控制开关由旋转开关、摇动开关和线束等组成，安装在左前门内饰板上。

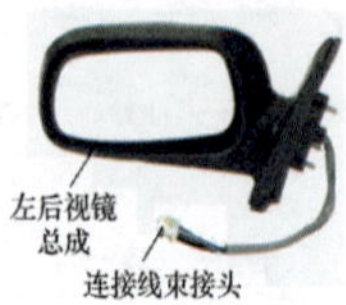

a）后视镜总成

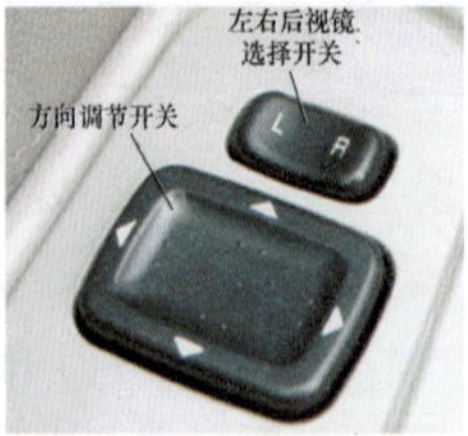

b）控制开关

图 8-19 电动后视镜与控制开关的实物

（二）电动座椅

1. 电动座椅的组成及功用

要点

◎ 电动座椅是指以电动机为动力，通过传动装置和执行机构来调节座椅的各种位置，使驾驶人和乘员可以乘坐舒适的座椅。通过座椅调节，还可以改变坐姿，减少乘员长时间乘车的疲劳。

◎ 座椅的调节正向多功能化发展，使座椅的安全性、舒适性、操作性日益提高。其种类很多，还可以有不同的组合方式。如具有8种调节功能的电动座椅，其动作方式有座椅的前后调节、上下调节、座位前部的上下调节、靠背的倾斜调节、侧背支撑调节、腰椎支撑调节以及靠枕上下、前后调节。所有这些功能的实现都必须通过电动机带动传动机构来实现。

电动座椅一般由双向电动机、传动装置和座椅调节器等组成，如图8-20所示。电动机的数量取决于电动座椅的类型，通常双向移动座椅装有两个电动机，四向移动的座椅装有4个电动机，最多可达6个电动机。大多数电动座椅使用永磁式电动机，通过开关来操纵电动机按不同方向旋转。为防止电动机过载，大多

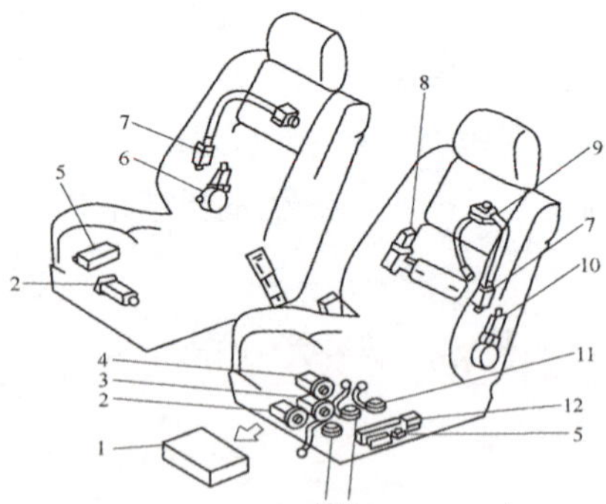

图 8-20 电动座椅的构造

1—电动座椅 ECU 2—滑动电动机 3—前垂直电动机 4—后垂直电动机 5—电动座椅开关 6—倾斜电动机 7—头枕电动机 8—腰垫电动机 9—头枕位置传感器 10—倾斜电动机和位置传感器 11—后垂直位置传感器 12—腰垫开关 13—前垂直位置传感器 14—滑动位置传感器

数永磁式电动机内装有断路器。

要点

● 进行前、后移动控制的电动座椅装有一个双向电动机，在前、后移动基础上还可升、降的四向移动座椅装有两个双向电动机，除具有前、后移动和上、下升降功能外，座椅前端或后端还可分别升降的六向移动座椅装有3个双向电动机。

● 遥控电动座椅有的装有4个以上的双向电动机，除能保证八向移动的功能外，还能调整头枕高度、倾斜度、座椅长度及扶手位置等。

2. 传动机构的类型

要求座椅传动机构运行时有十分良好的平稳性，噪声要低。现代轿车的电动座椅的传动机构一般有蜗轮蜗杆传动、驱动钢丝传动等类型。

要点

● 蜗轮蜗杆传动方式。蜗轮蜗杆传动的传动部件有蜗杆轴，蜗轮、齿轴和齿条等。调整时，蜗杆轴在电动机的驱动下，带动蜗轮转动，从而将齿轴旋入或旋出，即座椅下降或上升。如果蜗轮又与齿条啮合，蜗轮转动将齿条移动，即令座椅前移或后移。六向可调式电动座椅采用3个可以倒转的电动机来操作座椅。座椅的前部和后部由不同的电动机控制，它还可以被独立地升高和降低。第3个电动机控制前 / 后移动。

● 驱动钢丝传动方式。驱动钢丝传动方式电动座椅的机械部分由变速器、万向节、螺旋千斤顶及齿轮传动机构组成。开关接通后，电动机动力经齿轮、万向节、变速器、软轴等传至座椅调节器。当调节器到达行程终点时软轴停止运动，此时若电动机仍在运转，其动力将被橡胶万向节所吸收以防电动机过载损坏。

座椅调节按钮设置在驾驶者操纵方便的地方，一般在驾驶人座椅的左侧面，如图8-21所示。有些轿车的控制部分还设有电控单元（电脑），有存储记忆功能，只要按下某一个记忆按钮，即可自动将电动座椅调整到存储的位置上。

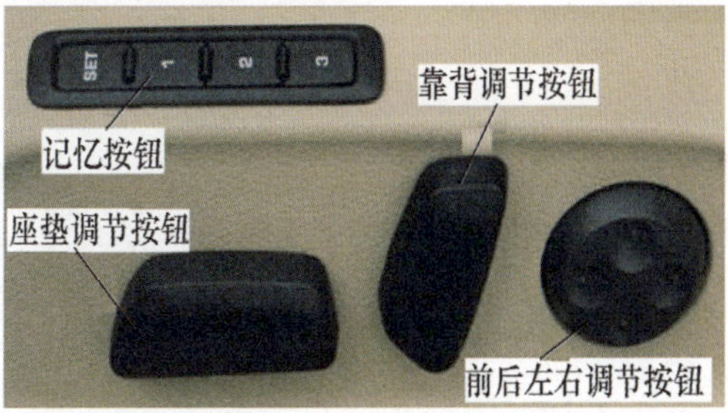

图8-21　座椅调节按钮（八向调节）位置

（三）电动车窗

1. 作用

要点

电动车窗是指以动力使车窗玻璃自动升降的车窗。它是由驾驶人或乘员操纵开关接通车窗升降电动机的电路，电动机产生动力通过一系列的机械传动，使车窗玻璃按需求进行升降。电动车窗由于其操作简便、可靠，在现代汽车上得到了广泛的应用。

2. 组成与分类

电动车窗控制系统主要由车窗、车窗玻璃升降器、电动机、开关（主控开关、分控开关）等组成，主要零部件在车上的位置如图 8-22 所示。

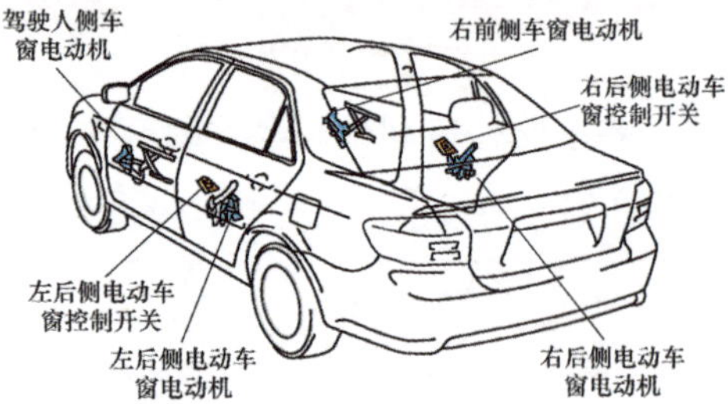

图 8-22　电动车窗部件在车上的位置

（1）车窗玻璃升降器

车窗玻璃升降器常见的有交叉传动臂式和钢丝滚筒式两种，如图 8-23 和图 8-24 所示。

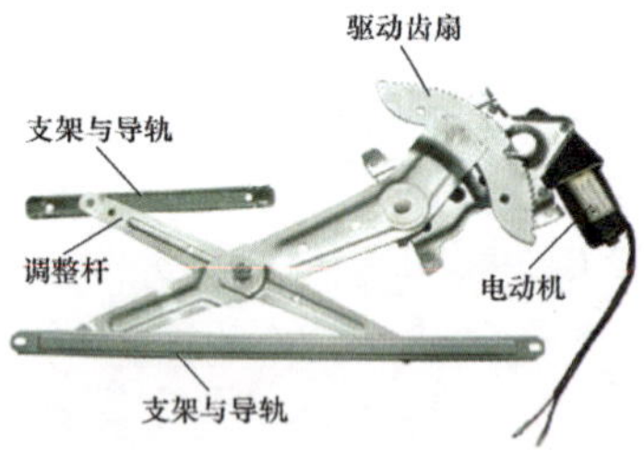

图 8-23　交叉传动臂式车窗玻璃升降器

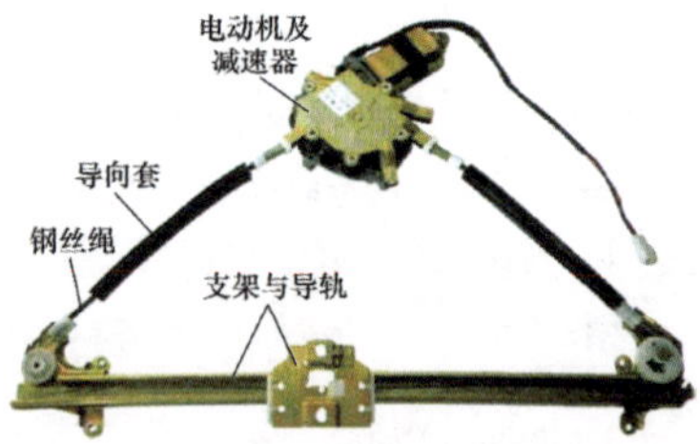

图 8-24　钢丝滚筒式车窗玻璃升降器

（2）电动机

每个车窗安装有一个电动机。电动车窗控制系统采用双向转动的直流电动机，分为双向永磁式或双绕组串励

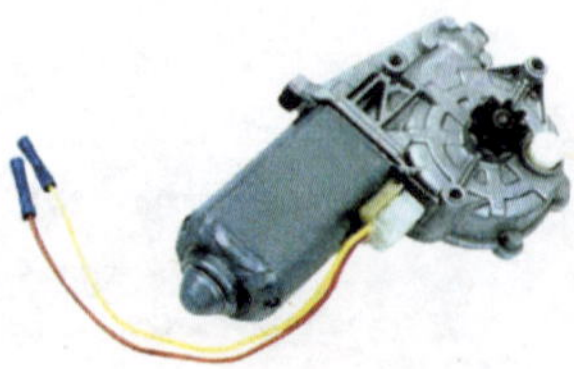

图 8-25　电动机实物

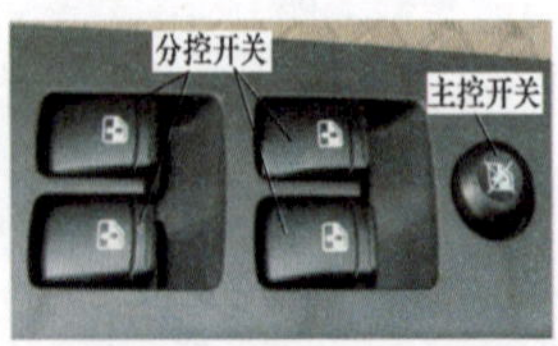

图 8-26　电动车窗控制系统的主控开关

式两种，电动机实物如图 8-25 所示。

（3）控制开关

控制开关的作用是控制电动机中的电流方向。控制开关一般有两套：一套为主控开关（总开关），装在驾驶人车门的内侧（图 8–26）或变速杆附近，用于驾驶人操纵每个车窗玻璃的升降；另一套为分控开关，分别安装在每个车门的中部或车门把手上，用于乘员操纵车窗玻璃。

要点

● 永磁式电动机不直接搭铁，电动机的搭铁受开关控制，通过改变电动机的电流方向改变电动机的转向，从而实现车窗的升或降；双绕组式电动机一端直接搭铁，电动机有两组磁场绕组，通过接通不同的磁场绕组，使电动机的转向不同，实现车窗玻璃的升或降。

（四）电动天窗

1. 电动天窗的功用

要点

● 汽车电动天窗换气是利用负压原理，依靠汽车在行驶过程中气流在车窗顶部的快速流动，而形成车内的负压，进行通风换气，整个气流极其柔和，可使车内空气新鲜，尤其乘员舱上层的清新空气可使驾驶人头脑保持清醒，保持安全驾驶。

2. 电动天窗类型

要点

● 按操作方式可分为手动旋转式、手动上推式和电子按键式。
● 按开启状态可分为上掀外滑式和上掀内滑式。

3. 电动天窗部件位置

电动天窗主要部件位置，如图 8-27 所示。

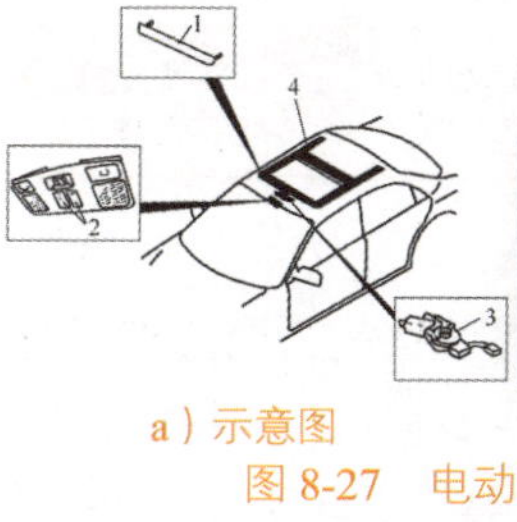

a）示意图

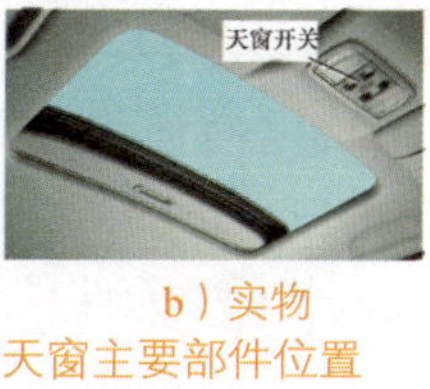

b）实物

图 8-27　电动天窗主要部件位置

1—偏转板　2—天窗开关　3—天窗电动机　4—天窗单元

二、电动后视镜、电动座椅、电动车窗与电动天窗的检修

（一）电动后视镜故障诊断

电动后视镜如有故障，直接表现是后视镜不能被操纵，此时可以进行如下检查。

1) 首先检查熔丝和断电器（过载保护），然后用万用表测试开关总成。

2) 如果开关完好，应用 12V 电源的跨接线检查电动机的工作情况，接线换向时，电动机也应反向转动。图 8-28 所示为电动后视镜电动机的检查示意图。

3) 如果电动机工作正常，而后视镜仍不运动，应检查连接后视镜的控制开关、车门或仪表板金属件的搭铁情况。

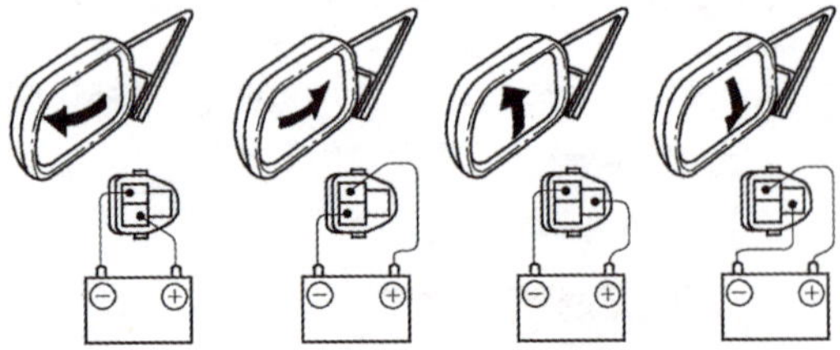

图 8-28　电动后视镜电动机的检查示意图

电动后视镜故障诊断见表 8-1。

表 8-1　电动后视镜故障诊断表

故障现象	故障原因	故障排除方法
电动后视镜均不能动	熔断丝熔断 搭铁不良 后视镜开关损坏 后视镜电动机损坏	检查确认熔断器后更换 修理 更换 更换
一侧电动后视镜不能动	后视镜开关损坏 电动机损坏 搭铁不良	更换 更换 修理
一侧电动后视镜上下方向不能动	上下调整电动机损坏 搭铁不良	更换 修理
一侧电动后视镜左右方向不能动	左右调整电动机损坏 搭铁不良	更换 修理

（二）电动座椅故障的检修

1）若电动机运转而座椅不动，首先观察是否已达到极限位置，然后检查电动机与变速器之间的相关元件是否磨损过大或损坏，必要时应更换。

2）若电动机不工作，应检查电源线及电动机线路是否断路，开

关接触是否良好，搭铁是否牢固等。

（三）电动车窗常见故障诊断

电动车窗常见故障与排除见表 8-2。

表 8-2 电动车窗常见故障与排除

故障现象	原 因	排除方法
电动车窗不工作	(1) 电动车窗开关损坏 (2) 熔丝熔断 (3) 连接导线断路 (4) 电动机损坏	(1) 修理或更换开关 (2) 更换熔丝 (3) 修理或更换导线 (4) 更换电动机
电动车窗工作时有异常响声	(1) 电动车窗安装时没调整好 (2) 卷丝筒内钢丝绳跳槽 (3) 滑动支架内的传动钢丝夹转动 (4) 电动机盖板或固定架与玻璃碰擦	(1) 重新调整摇窗机装螺钉 (2) 重新调整卷丝筒内的钢丝绳位置 (3) 检查安装支架位置是否正确 (4) 重新调整盖板或固定架
电动机工作正常，摇窗机不工作	(1) 钢丝绳折断 (2) 滑动支架折断或传动钢丝夹转动	(1) 更换钢丝绳 (2) 重新铆接钢丝夹
电动车窗工作时发卡，阻力大	(1) 导轨凹部有异物 (2) 导轨损坏或变形 (3) 电动机损坏 (4) 钢丝绳腐蚀、磨损	(1) 清除异物 (2) 修理或更换导轨 (3) 更换电动机 (4) 修理或更换钢丝绳

（四）电动天窗不工作的故障诊断

1) 检查熔丝是否熔断。必要时，更换熔丝。

2) 检查天窗开关端子与连接线路间电路是否有故障。

①断开天窗开关线束。

②点火开关转至接通。

③用一端搭铁良好的测试灯，另一端接天窗开关相应端子（线束侧）。若测试灯不能正常启亮，应维修该电路。

3) 检查天窗开关是否有故障。必要时，更换天窗开关。

4) 检查天窗开关端子与天窗模块端子间电路是否有故障。

①连接天窗开关线束。

②断开天窗模块线束。

③用一端搭铁良好的测试灯，另一端接天窗模块相应端子（线束侧）。

④点火开关转至接通。

⑤切换天窗开关。

若测试灯不能正常启亮，应维修该电路。

5) 检查天窗模块搭铁端子与搭铁间电路是否有故障。

①断开天窗模块线束。

②用一端接蓄电池正极的测试灯，另一端接天窗模块相应搭铁端子（线束侧）。

若测试灯不能正常启亮，应维修该电路。

6）检查天窗模块端子与连接线路间电路是否有故障。

①断开天窗模块线束。

②点火开关转至接通。

③用一端搭铁良好的测试灯，另一端接天窗相应端子（线束侧）。

若测试灯不能正常启亮，应维修该电路。

7）检查天窗模块是否有故障。必要时，更换天窗模块。

8）检查天窗电动机是否有故障。必要时，更换天窗电动机。

9）若天窗电动机正常，应检查相关电路的接触不良故障。

（五）维修实例

车门碰撞修复后，电动玻璃升降器不动作

（1）故障现象

夏利轿车，行驶里程为139100km。驾驶人说，该车左前车门发生碰撞引起变形，修复后，再按车窗开关，4个车门的玻璃升降器均不动作。

（2）故障原因

电动玻璃升降器过载保护装置起作用。

（3）故障诊断

碰撞后电动升降功能失效，经分析不可能是由机械故障引起的，因为机械故障只能造成左前电动玻璃升降器失效，不能影响其他车窗的工作，初步分析可能是线路故障造成的。

拆开车门内饰板，检查线路，没有折断的地方。

按动左前电动升降开关，用万用表测量升降电动机，无电压输入。将蓄电池正、负极接至升降电动机两端，电动机可工作，说明升降电动机控制线路有故障。

碰撞能引起其他部位的故障吗？查阅该车的资料发现，该车在仪表板下的小熔丝盒上有一个电动玻璃升降器保护装置，当系统负荷过大时，过载保护装置动作，电动升降功能失效。

找到过载保护装置，发现上面的按钮处于弹起位置，将其按下，电动升降功能恢复了，故障排除。

第四节 如何检修安全气囊

一、安全气囊的结构

1. 安全气囊的功用与分类

（1）功用

安全气囊(Supplemental Restraint System，SRS)，也称辅助乘员保护系统，是一种当汽车遭到碰撞而急剧减速时能很快膨胀的缓冲垫，可保护车内乘员不致撞到车厢内部，是一种被动安全装置，具有不受约束、使用方便和美观等优点。

（2）分类

要 点：

● 根据碰撞类型的不同，安全气囊可分为正面碰撞防护安全气囊、侧面碰撞防护安全气囊和顶部碰撞防护安全气囊。

2. 安全气囊的结构与工作过程

（1）安全气囊的组成

安全气囊主要由传感器、安全气囊组件、SRS指示灯和ECU等组成。安全气囊零部件位置如图8-29所示。

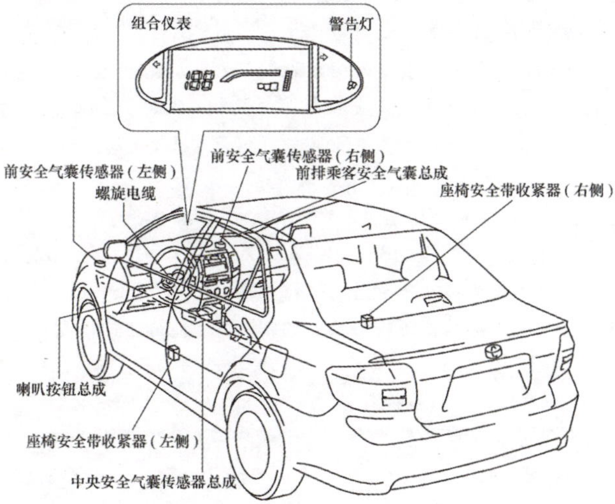

图8-29 威驰轿车安全气囊零部件位置

（2）安全气囊的工作过程

安全气囊的工作过程示意如图 8-30 所示。

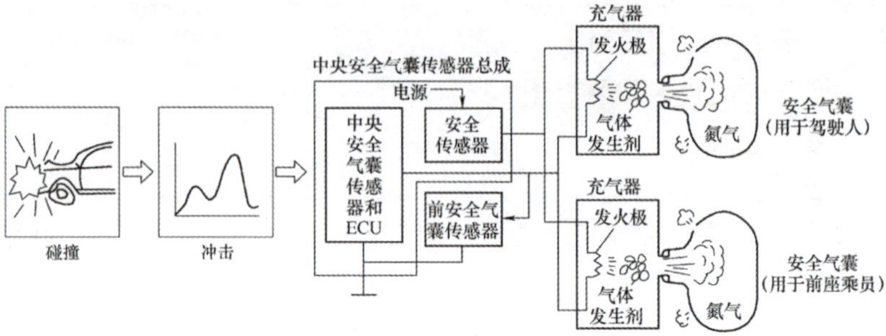

图 8-30　安全气囊工作过程简图

二、安全气囊的检修

1. 安全气囊使用与检修注意事项

（1）安全气囊使用注意事项

要点

- 任何时候都要系上座椅安全带。
- 调整好驾驶人座椅的位置，使驾驶人感到舒服，坐在座椅上应尽量往后坐、往后靠，头部不要太靠近转向盘。
- 不要在转向盘上固定或粘贴任何标志、标签等。
- 不要将任何物体，尤其是儿童放在驾驶人与转向盘之间。
- 不要抓住转向盘辐条或将手放在转向盘中间气囊罩盖上开车。
- 前排乘员在车辆开动时不要把脚放在仪表台上。
- 小于 10 岁的儿童应该安置在后排座位上。
- 对于装有前排乘员安全气囊开关的车辆，当在前排座椅上安装儿童座椅时，应该用钥匙关闭前排乘员气囊；如果只有驾驶人驾驶车辆时，也可以关闭前排乘员气囊。在需要前排乘员安全气囊时，不要忘记打开气囊开关，使其恢复作用。
- 在安全气囊启爆后，不要触摸它的零部件（因为它们很烫）。
- 不要试图自己来维修、移动、安装安全气囊系统、转向柱，这些工作必须由汽车服务站的技术人员操作。
- 安全气囊系统的气体发生器从安装之日起，10 年更换一次。

（2）安全气囊检修注意事项

要点

- 起爆装置是通过点火器来启动的，在搬运和存放起爆装置时，必须由经过专门训练的人来进行操作。
- 除原设计的线束外，绝对不能将其他电器线束接到启爆装置上。
- 禁止在点火器上使用电阻表，以及其他能产生电流的仪器。
- 放置安全气囊时，气囊（装饰盖面）应向上，插接器向下，万一引爆时，危险较小。
- 起爆装置应该妥善保管，不要将启爆装置放在温度高于100℃的地方。
- 决不要试图用工具打开安全气囊的气袋或点火器，并禁止对其加热。
- 维修焊接前应拆掉蓄电池。
- 决不能使用破裂了的安全气囊气袋。
- 不要乱扔没有启爆的启爆装置元件（放电器或收集器）。
- 当指定报废某一车辆时必须使用专用工具来引爆起爆装置。
- 连接电器线束前，认真检查线束是否处于断电状态。
- 如果引爆失败，在进行其他操作前先等待几分钟，然后使用新的引爆装置重新进行引爆。

（3）拆卸安全气囊注意事项

要点

- 在进行操作前，先接通点火开关，检查仪表板上安全气囊警告灯的运行情况，应该先亮6s熄灭。
- 关闭点火开关，拔出钥匙。
- 断开蓄电池负极。
- 至少等待2min。如果安全气囊警告灯运行异常，应该等待10min进行操作。
- 移动、抓握带有起爆装置的安全带预张紧的卷绕器时，应抓住其本体。
- 拆下安全气囊后，放置安全气囊时，气囊（装饰盖面）向上，插接器向下，万一引爆时，危险较小。
- 拆卸已经启爆过的安全气囊后，应洗手。
- 如果有灰尘、残渣进入眼睛里，应该立即用清水冲洗眼睛。

2. 安全气囊的故障诊断

下面以威驰轿车为例，介绍安全气囊的故障诊断方法。

安全气囊出现故障时，首先要读取和清除故障。

要点

● 故障码的读取与清除有两种方法，一种是使用故障诊断仪读取与清除故障码，一种是使用跨接线方式读取与清除故障码。

● 当使用故障诊断仪时，可先将故障诊断仪连到故障诊断座 DLC3 上，然后按照故障诊断仪上的提示读取与清除故障码（详细操作请参考故障诊断仪操作手册）。

下面仅介绍使用跨接线方式读取与清除故障码的方法。

（1）故障码的读取

①当前故障码（输出故障码）。

要点

● 接通点火开关，等待约 60s。

● 使用跨接线（专用工具代号 SST 09843-18040）连接 DLC3（故障诊断接口）的 TC 和 CG 端子。注意连接端子的位置，避免人为故障。

②以前故障码（输出故障码）。

要点

● 使用跨接线连接 DLC3 的 TC 和 CG 端子。

● 接通点火开关，等待约 60s。注意连接端子的位置，避免人为故障。

③读故障码。计数闪光的次数读出故障码。例如，正常代码、故障码 11 和故障码 31，如图 8-31 所示。

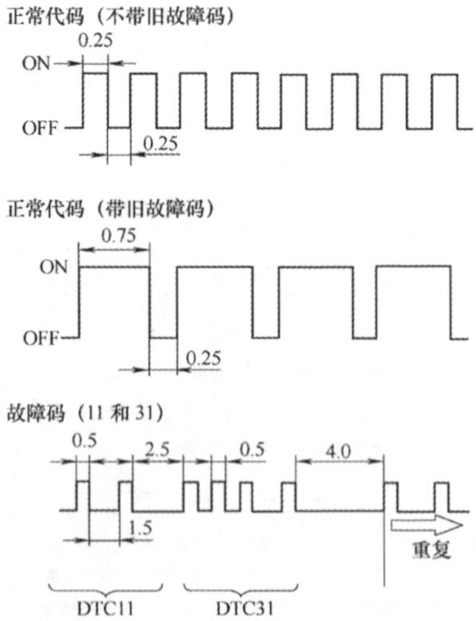

图 8-31　安全气囊故障码示例

（2）安全气囊故障码的清除

①使用跨接线，连接 TC 和 CG 端子。

②在故障码出现后的 10s 内断开 DLC3 的 TC 端子，检查警告灯是否在 3s 内点亮。

要点

- 正常代码显示（以前没有故障码），警告灯每秒闪两次。
- 正常代码显示（以前有故障码），当中央安全气囊传感器总成中储存有以前的故障码时，警告灯每秒只闪 1 次。
- 故障码显示，先显示第一个故障码，随后显示第 2 个故障码。
- 如果有两个或更多的故障码，每个故障码之间有 2.5s 的间隔。所有故障码输出后，会有 4.0s 间隔，再重复显示。若有多个故障码的情况下，从最小的代码开始显示。如果不输出故障码或未连接端子就输出故障码，进行 TC 端子电路检查。

③ SRS 警告灯点亮后在 2.0 ~ 4.0s 内，重新连接 DLC3 的 TC 和 CG 端子。

④重新连接 TC 和 CG 端子后，SRS 警告灯熄灭 3.0s，然后在 SRS 警告灯熄灭后 2.0 ~ 4.0s 内断开 DLC3 的 TC 端子。

⑤重新断开 TC 和 CG 端子后，SRS 警告灯点亮 3s。

⑥ SRS 警告灯亮起后在 2.0 ~ 4.0s 内，重新连接 DLC3 的 TC 和 CG 端子。

⑦重新连接 TC 和 CG 端子后，SRS 警告灯点亮 3.0s。

⑧ SRS 警告灯熄灭 1s 后，输出正常代码。

如果故障码没有清除，重复以上过程直到故障码被清除。

（3）安全气囊故障码故障的检查

下面以威驰轿车故障码 B1156/15、B1157/15（右前安全气囊传感器故障）为例，介绍安全气囊故障码的检查方法。

威驰轿车右前安全气囊传感器电路图如图 8-32 所示。

威驰轿车右前安全气囊传感器电路由中央安全气囊传感器总成和右前安全气囊传感器组成。当故障自诊断系统检测到右前安全气囊传感器故障时，故障码 B1156/15、B1157/15 被存储。

①检查右前安全气囊传感器电路（B_+）（中央安全气囊传感器总成 - 右前安全气囊传感器）。

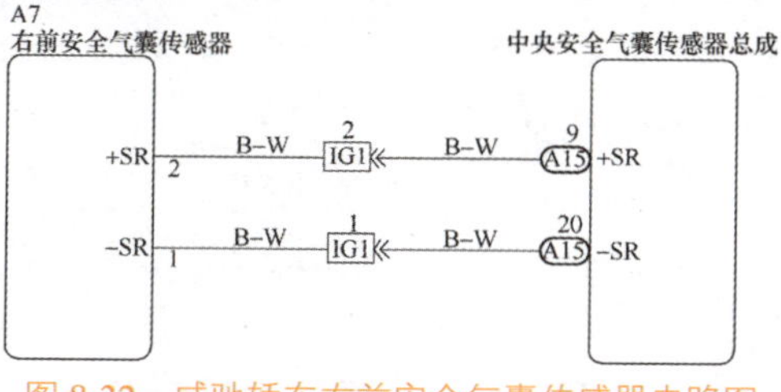

图 8-32　威驰轿车右前安全气囊传感器电路图

要点

● 断开蓄电池负极（-）端子的导线，至少等待 90s。

● 断开中央安全气囊传感器总成和右前安全气囊传感器之间的插接器。

● 连接蓄电池负极（-）端子的导线，点火开关转至ON位置。

● 测量右前安全气囊传感器和中央安全气囊传感器总成之间（中央安全气囊传感器总成一侧插接器的 +SR 和 -SR 之间）的电压，如图 8-33 所示。正常电压低于 1V。

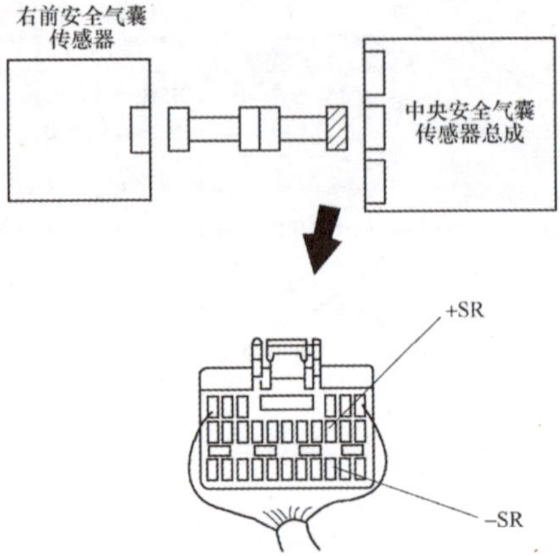

图 8-33　检查右前安全气囊传感器电路（B+）电压

如果不正常，转到步骤⑦；如果正常，进行下一步检查。

②检查右前安全气囊传感器电路（搭铁）（中央安全气囊传感器总成 - 右前安全气囊传感器）（图 8-33）。

要点

● 断开蓄电池负极（-）端子的导线，至少等待 90s。

● 测量右前安全气囊传感器和中央安全气囊传感器总成之间（中央安全气囊传感器总成一侧插接器的 +SR 和 -SR 之间）的电阻。正常电阻为 1MΩ 或更高。

如果不正常，转到步骤⑧；如果正常，进行下一步检查。

③检查右前安全气囊传感器电路（中央安全气囊传感器总成 - 右前安全气囊传感器）。测量右前安全气囊传感器和中央安全气囊传感器总成之间、中央安全气囊传感器一侧插接器的 +SR 和 -RS 之间的电阻。正常电阻为 1MΩ 或更高。

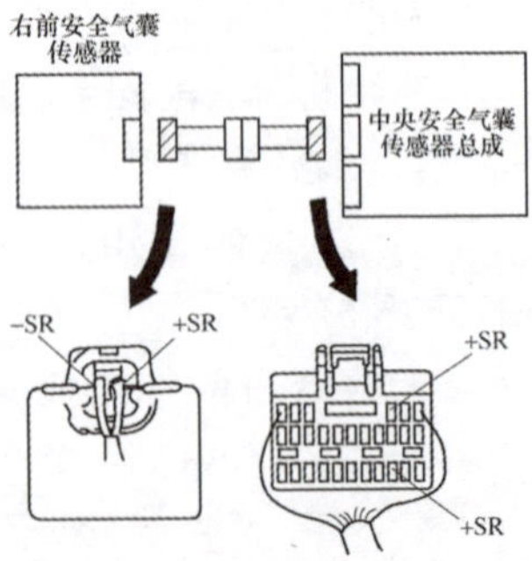

图 8-34　检查右前安全气囊传感器电路（开路）电压

如果不正常，转到步骤⑨；如果正常，进行下一步检查。

④检查右前安全气囊传感器电路（开

路)(中央安全气囊传感器总成-右前安全气囊传感器),如图8-34所示。

如果不正常，转到步骤⑩；如果正常，进行下一步检查。

⑤检查右前安全气囊传感器。测量右前安全气囊传感器的+SR和-SR之间的电阻。正常电阻为810Ω。

要点

- 使用维修导线，连接右前安全气囊传感器和中央安全气囊传感器总成之间、右前安全气囊传感器一侧插接器的+SR和-RS。
- 测量右前安全气囊传感器和中央安全气囊传感器总成之间、中央空气爆传感器总成一侧插接器的+SR和-RS之间的电阻。正常电阻低于1Ω。

如果不正常，更换右前安全气囊传感器；如果正常，进行下一步检查。

⑥检查中央安全气囊传感器总成。

要点

- 把点火开关转至LOCK位置。
- 断开蓄电池负极(-)端子的导线，至少等待90s。
- 连接右前安全气囊传感器和中央安全气囊传感器总成的插接器。
- 连接蓄电池负极(-)端子的导线，至少等待2s。
- 把点火开关转至ON位置，至少等待10s。
- 清除存储器中的故障码。
- 把点火开关转至LOCK位置，至少等待10s。
- 把点火开关转至ON位置，至少等待10s。
- 检查故障码。正常情况下不输出故障码B1156/15、B1157/15。有时也可能输出除故障码B1156/15、B1157/15之外的其他故障码，它们与这项检查无关。

如果不正常，更换中央安全气囊传感器总成；如果正常，使用模拟方法检查。

模拟方法主要是指在模拟环境下检查，例如检查机械冲击和振动、高温和低温、湿度、光照、粉尘和腐蚀剂等对安全气囊控制单元的影响。

⑦检查发动机室主线束(B_+)，如图8-35所示。

要点：

- 断开蓄电池负极(-)端子的导线，至少等待90s。
- 断开来自仪表板线束发动机室主线束插接器。

- 连接蓄电池负极（-）端子的导线。
- 把点火开关转至 ON 位置，至少等待 10s。
- 测量搭铁和发动机室主线束与仪表板线束连接一侧的插接器的 +SR 和 -SR 之间的电压。正常电压低于 1V。

如果不正常，修理或更换发动机室主线束；如果正常，修理或更换仪表板线束。

⑧检查发动机室主线束（搭铁）（图 8-35）。

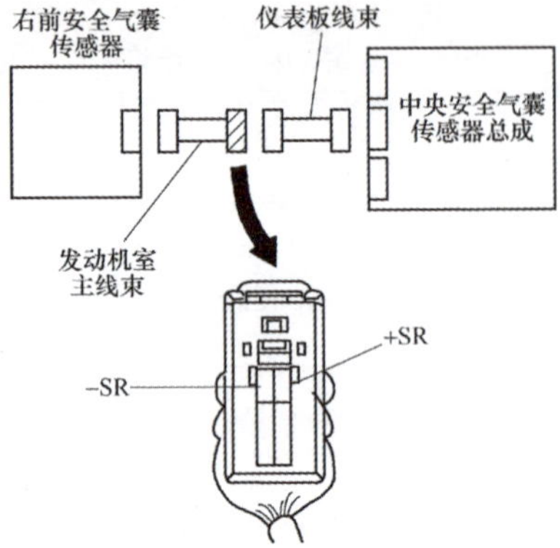

图 8-35　检查发动机室主线束（B+）电压

要点

- 断开发动机室主线束与仪表板线束的插接器。
- 测量搭铁和发动机室主线束与仪表板线束连接一侧插接器的 +SR 和 -SR 之间的电阻。正常电阻为 1MΩ 或更高。

如果不正常，修理或更换发动机室主线束；如果正常，修理或更换仪表板线束。

⑨检查发动机室主线束（短路）（图 8-35）。

要点

- 断开发动机室主线索与仪表板线束的插接器。
- 测量发动机室主线束与仪表板线束连接一侧插接器的 +SR 和 -SR 之间的电阻。正常电阻低于 1Ω。

如果不正常，修理或更换发动机室主线束；如果正常，修理或更换仪表板线束。

⑩检查发动机室主线束（开路）。

维修提示

- 断开发动机室主线束与仪表板线束的插接器。
- 使用维修导线，连接发动机室主线束插接器右前安全气囊传感器一侧插接器的 +SR 和 -SR。

测量发动机室主线束与仪表板线束连接一侧插接器的 +SR 和 −SR 之间的电阻。正常电阻低于 1Ω。

如果不正常，修理或更换发动机室主线束；如果正常，修理或更换仪表板线束。

3. 维修实例

安全气囊故障指示灯常亮

（1）故障现象 一辆马自达 6 轿车，行驶里程为 4 万 km，该车维修后不长时间，驾驶人偶然发现该车在正常起动后安全气囊故障指示灯一直亮着。询问驾驶人得知，该车在一次事故后转向盘位置的安全气囊引爆，曾在一般的汽车修理厂进行维修，更换过相关线束、安全气囊、安全带和相应传感器等。

（2）故障原因 安全气囊线束卡扣断裂，导致线束的端子接触不良。

（3）故障诊断 首先连接马自达 6 专用故障诊断仪 WDS 进行检测，读出 3 个故障码，分别为：B1993（含义为驾驶人侧安全气囊系统对地短接、B1994（含义为驾驶人侧安全气囊系统对地电阻大）和 B1995（含义为驾驶人侧安全气囊系统电阻小）。

首先测量驾驶人侧安全气囊与安全气囊控制单元之间连接相关线束，线束无断路或短路现象，安全气囊亦无异常。怀疑线束的端子接触不好，用手稍微一动连接线束，发现线束很松动，仔细检查，安全气囊线束的卡扣已经断裂，导致线束的端子接触不良。

该车所有线束端子，特别是安全气囊的线束端子设计非常精巧，拆装时需要特别小心，卡扣很容易断裂，装不好又容易引起接触不良。更换该车损坏的安全气囊线束卡扣，非常小心地重新安装了一遍安全气囊线束，把端子卡扣扣好，用专用故障诊断仪 WDS 清除安全气囊故障码，再次读取故障码，无故障码出现，安全气囊故障指示灯显示正常，故障得以排除。

在维修过程中，要注意维修前，应拆除蓄电池负极导线并保持 1min 以上；另外不能在电路接通的情况下用万用表测量安全气囊组件，否则可能引爆安全气囊。

第九章 空调系统

CHAPTER 9

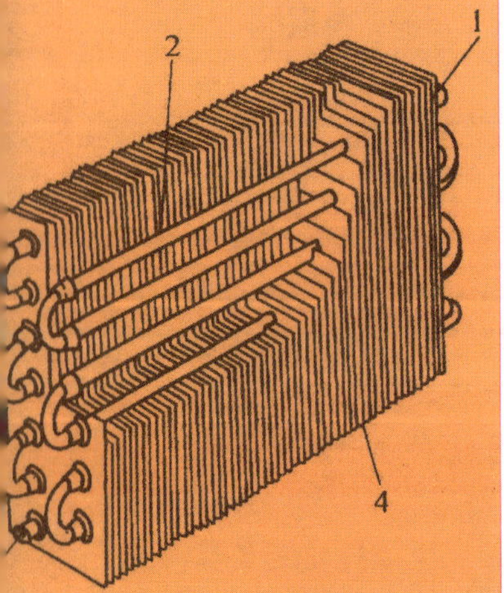

第一节 认识空调系统

一、空调系统的组成

要点

空调系统主要由压缩机、冷凝器、蒸发器、孔管或膨胀阀、储液干燥器、高低压管路、鼓风机和控制电路等部分组成，各部分之间采用铜管（或铝管）与高压橡胶管连接成一个密闭系统。

空调系统的组成如图 9-1 所示。

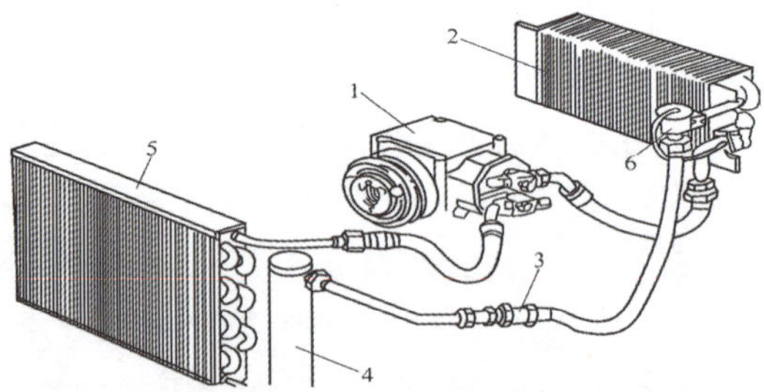

图 9-1 空调系统基本组成

1—压缩机 2—蒸发器 3—视液窗 4—储液干燥器 5—冷凝器 6—热力膨胀阀

二、空调系统的工作原理

如图 9-2 所示，制冷系统工作时，制冷剂以不同的状态在密闭系统内循环流动，每一循环包括 4 个基本过程。

维修提示

● 压缩过程。压缩机吸入蒸发器出口处的低温 (0℃) 低压 (0.147MPa) 的制冷剂气体，将其压缩成高温 (70 ~ 80℃) 高压 (1. 471MPa) 的气体排出压缩机。

● 冷凝放热过程。高温高压的过热制冷剂气体进入冷凝器，压力和温度降低。当气体的温度降至 40 ~ 50℃时，制冷剂气体变成液体，并放出大量的热。

● 节流膨胀过程。温度和压力较高的制冷剂液体通过膨胀阀装置后体积变大，压力和温度急剧下降，以雾状 (细小液滴) 排出膨胀装置。

● 蒸发吸热过程。雾状制冷剂进入蒸发器。此时制冷剂的沸点远低于蒸发器内温度，因此制冷剂液体蒸发成气体。在蒸发过程中大量吸收周围的热量，而后低温低压的制冷剂蒸发又进入压缩机。

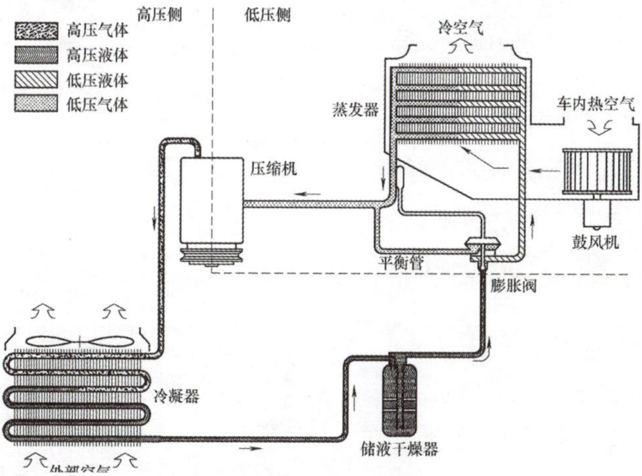

图 9—2 空调系统工作过程

三、空调系统结构

1. 空调压缩机

（1）功用

汽车空调系统的压缩机安装在发动机前部，由发动机曲轴上的驱动轮经驱动带驱动旋转。压缩机是制冷循环系统的动力源，其功用是驱动制冷剂循环流动，将低温低压的气态制冷剂压缩成高温高压的气态制冷剂。

（2）分类

空调压缩机种类繁多，形式各异，主要有斜盘式 (翘板式)、曲柄连杆式、转子式、叶片式、螺杆式和涡旋式等6种。目前，汽车空调系统一般都采用斜盘式、曲柄连杆式或转子式压缩机。

(3) 斜盘式压缩机的结构

斜盘式压缩机又称为翘板式压缩机。各型斜盘式压缩机的结构大同小异，桑塔纳2000GSi型轿车空调系统用SE5H-14型斜盘式压缩机的结构如图9-3所示，主要由电磁离合器、传动斜盘、带圆锥齿轮的行星盘、气缸与活塞、吸气阀片与排气阀片以及缸体（壳体）等组成。

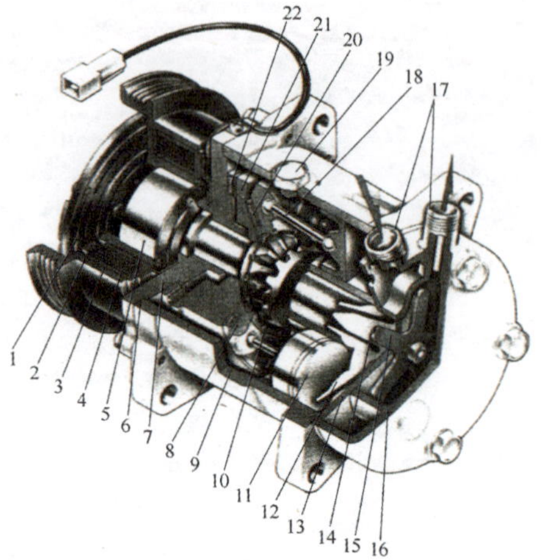

图9-3 SE5H-14型斜盘式压缩机的结构
1—压盘 2—电磁离合器 3—多槽驱动带带轮 4—电磁离合器线圈 5—轴承 6—密封 7—驱动端盖 8—带锥齿轮的行星盘 9—缸体 10—固定锥齿轮 11—活塞 12—吸气阀片 13—阀板 14—排气阀片 15—阀片限位板 16—后端盖 17—制冷剂进出接头 18—连杆 19—注油塞 20、22—推力轴承 21—斜盘

2. 空调压缩机电磁离合器

(1) 功用

空调压缩机电磁离合器的功用是根据需要接通或切断发动机与压缩机之间的动力传递。电磁离合器是汽车空调控制系统中最重要的部件之一，受空调A/C开关、温度控制器和压力开关等部件的控制。

(2) 结构

电磁离合器一般安装在压缩机前端并作为压缩机总成的一部分，主要由电磁线圈、驱动带轮、压盘、轴承等零部件组成，其结构与工作原理如图9-4所示。

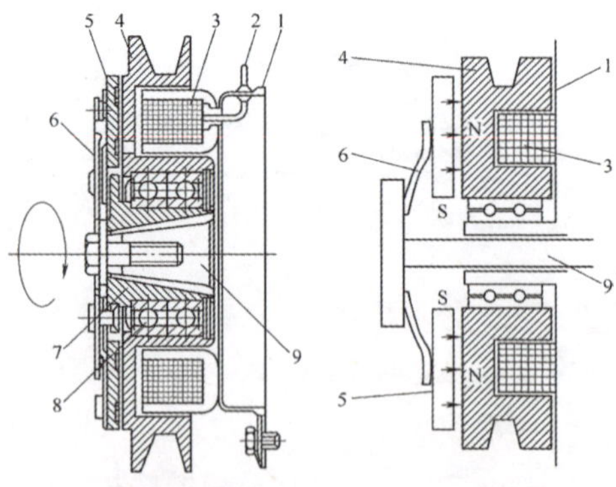

(a) 结构图 (b) 原理图

图9-4 电磁离合器的结构图与原理图
1—压缩机驱动端盖 2—电磁线圈电极引线 3—电磁线圈 4—驱动V带轮 5—压盘 6—片簧 7—压盘轮毂 8—球轴承 9—压缩机轴

3. 冷凝器

（1）功用

冷凝器是热交换装置，它的功用是将空调压缩机送来的高温、高压气态制冷剂中的热量散发到车外，使制冷剂冷凝成高温、高压液体再进入储液干燥器。

（2）结构

冷凝器通常设置在散热器前面，一般采用铝材料制造，其结构如图 9-5 所示。

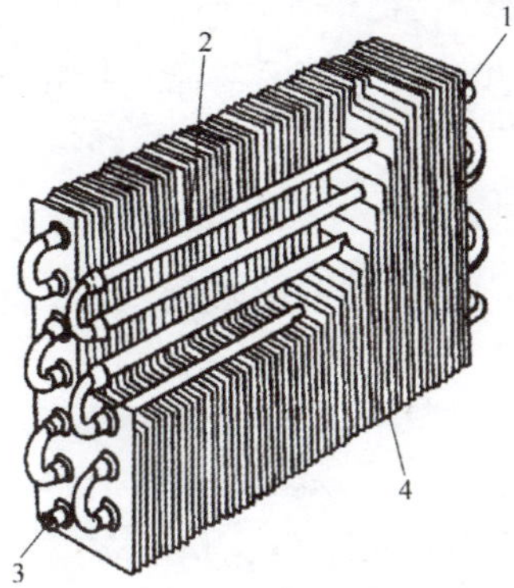

图 9-5　冷凝器结构

1—入口　2—盘管　3—出口
4—翅片

4. 蒸发器

蒸发器结构与原理如图 9-6 所示。

（1）功用

蒸发器是热交换装置，它的作用恰好与冷凝器作用相反。

（2）结构

一般采用铝材料制造，其在车内的安装位置视车型而定。

（3）工作原理

空调系统工作时，来自节流装置的低温、低压液态雾状制冷剂通过蒸发器管道时蒸发，吸收车内空气的大量热量而制冷，同时低压雾状制冷剂变为低压气态制冷剂，并回到压缩机。

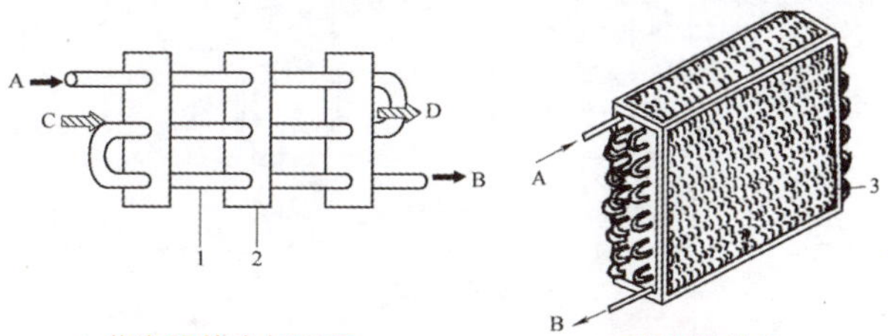

a) 蒸发器的冷却原理　　b) 蒸发器结构

图 9-6　蒸发器结构与工作原理

1—排管　2—散热片　3—框架
A—来自膨胀阀的液体制冷剂　B—气体制冷剂　C—车厢热空气　D—吹出的冷风

5. 储液干燥器

（1）功用

膨胀阀系统的储液干燥器是液态制冷剂的一个储存箱，能以一定的流量向膨胀阀输送液态制冷剂，同时可除去制冷剂中的异物和水汽，并能从其上方的玻璃视液窗观察制冷剂的数量；孔管系统储液干燥器主要功能是使回气管路中的制冷剂气液分离，防止液态制冷剂冲击压缩机。

（2）结构

膨胀阀系统和孔管系统储液干燥器结构分别如图 9-7 和图 9-8 所示。

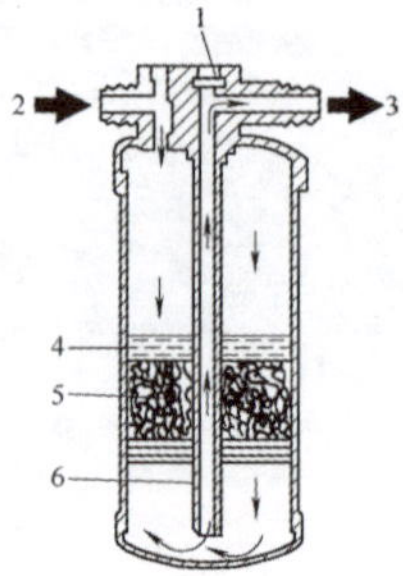

图 9-7　膨胀阀系统储液干燥器结构

1—视液窗　2—进口　3—出口　4—滤网　5—干燥剂　6—吸出管

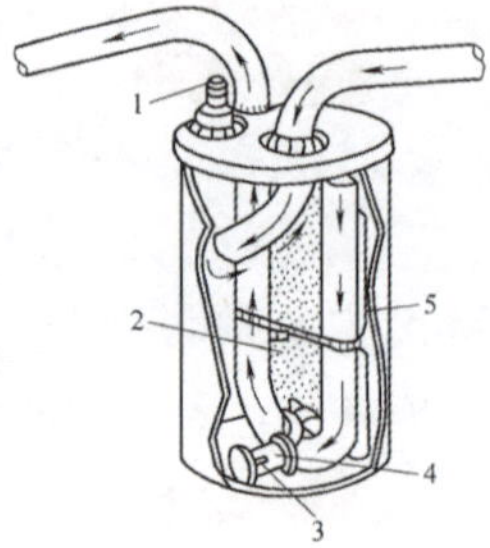

图 9-8　孔管系统储液干燥器结构

1—维修阀　2—干燥剂　3—滤网　4—泄油孔　5—出气管

6. 膨胀阀和孔管

（1）功用

膨胀阀和孔管都是节流装置，用来解除液态制冷剂的压力，使制冷剂能在蒸发器中膨胀变成蒸气，它是制冷系统高低压的分界点。

（2）结构

热力膨胀阀结构如图 9-9 所示，孔管结构如图 9-10 所示。

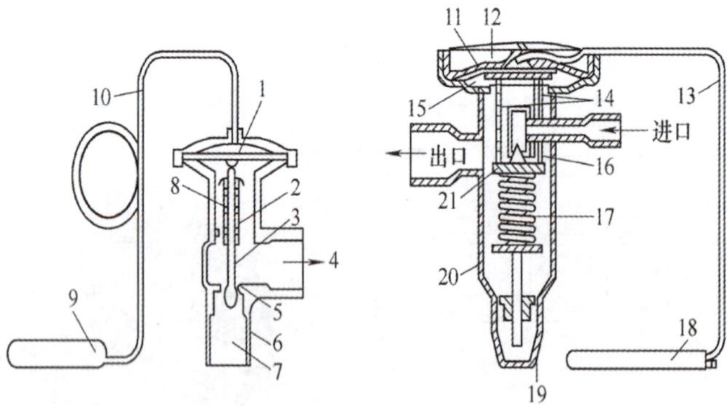

a) 内平衡式　　b) 外平衡式

图 9-9　热力膨胀阀结构

1—膜片　2—内平衡口　3—针阀　4—蒸发器出口　5—阀座　6—阀体　7—通储液罐的进口　8—弹簧　9—遥控温包　10—毛细管　11—膜片　12—感温包压力　13—毛细管　14—推杆　15—蒸发器出口压力　16—阀座　17—过热弹簧　18—遥控感温包　19—弹簧压力板　20—阀体　21—针阀

7. 自动空调常用传感器

（1）车内温度传感器

一般安装在仪表板下端，在前、后双空调式车上多在前、后座上各装一个，是具有负温度系数的热敏电阻。结构如图 9-11 所示。

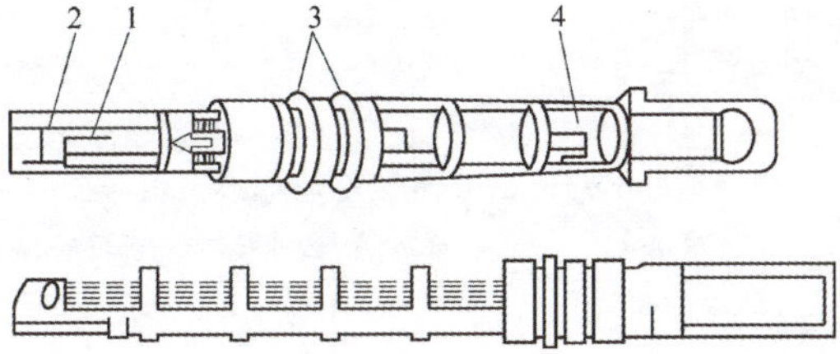

图 9-10　孔管结构

1—孔口　2—出口滤网　3—密封圈　4—进口滤网

该传感器可检测车厢内空气的温度，并将温度信号输入空调 ECU。在吸入车内空气时，利用暖风装置的气流与专用抽气机。当车内温度发生变化时，热敏电阻的阻值改变，从而向空调 ECU 输送车内温度信号。

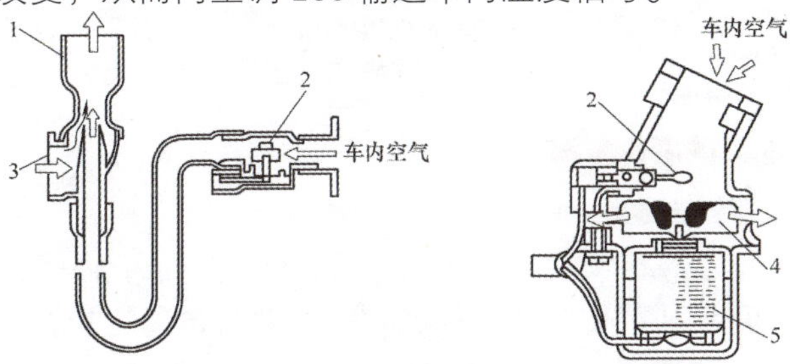

a) 吸气器型　　b) 电动机型

图 9-11　车内温度传感器结构

1—吸气器　2—热敏电阻　3—暖风装置　4—风扇　5—电动机

（2）车外温度传感器

如图 9-12 所示，该传感器采用热敏电阻检测车外空气温度，并将温度信号输入到空调 ECU。

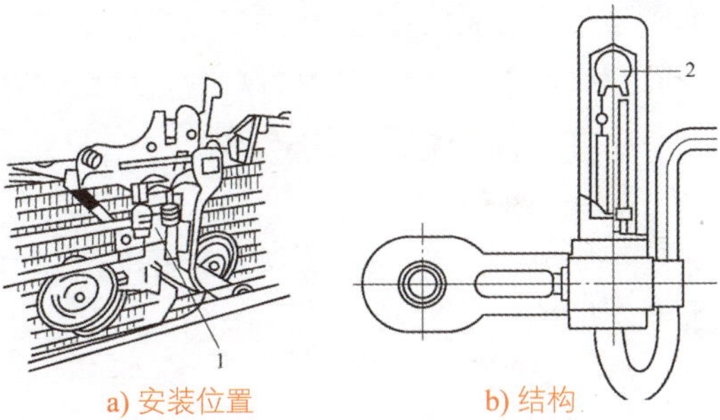

a) 安装位置　　b) 结构

图 9-12　车外温度传感器安装位置与结构

1—车外温度传感器　2—热敏电阻

（3）蒸发器出口温度传感器

安装在蒸发器片上，用来检测蒸发器表面温度变化，由此控制压缩机的工作状态。当温度升高时，传感器的阻值减少；当温度降低时，传感器的阻值增加，利用传感器的这一特性来检测温度。传感器的工作环境温度为 -20 ~ 60℃。

维修提示

蒸发器出口温度传感器主要用于空调温度控制，空调ECU对温度检测用热敏电阻的信号与温度调整用控制电位器的信号进行比较，确定对电磁离合器供电或断电。此外，还利用热敏电阻的信号，控制蒸发器避免结冰。

（4）光照传感器

将日光照射量变化转换为电流变化，并将此信号输入空调ECU，空调ECU根据此信号调整车用鼓风机吹出的风量与温度。

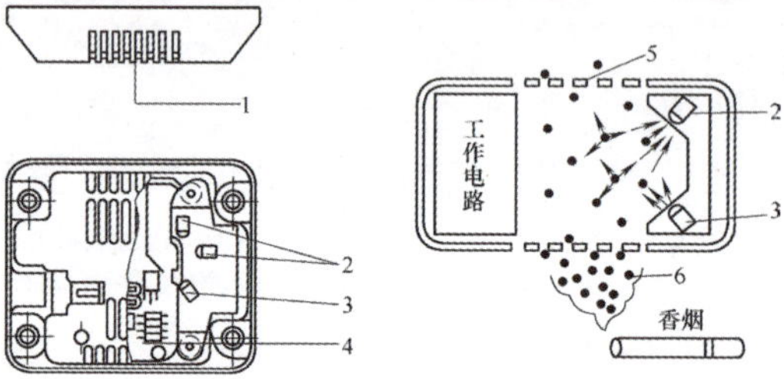

a) 结构　　b) 工作原理

图9-13　烟雾浓度传感器的结构及工作原理

1—烟雾进口　2—光敏元件　3—发光元件　4—信号处理电路部分　5—细缝　6—烟粒子

（5）烟雾浓度传感器

采用光电型散射光式烟雾浓度传感器检测烟雾，通过空调ECU可使空气交换器在有烟雾时自动运转，没有烟雾时自动停止，总能保持车内空气清新。如图9-13所示，烟雾浓度传感器由发光元件、光敏元件及信号处理电路部分组成，通过细缝的空气可自由流动，发光元件间歇地发出红外线，在没有烟雾的情况下，红外线射不到光敏元件上，电路不工作；当烟雾等进入传感器内部时，烟雾粒子对间歇的红外线进行漫反射，就有红外线射到光敏元件上，这时空调ECU判断出车内有烟雾，就会使鼓风机电动机旋转。

8. 自动空调电子膨胀阀

（1）功用

电子膨胀阀可将蒸发器出口的温度和压力信号送入控制器，以实现多功能的流量控制和调节。

（2）分类

电子膨胀阀分电磁式和电动式，电动式又分为直动型和减速型。

（3）结构特点

1）电磁式膨胀阀在通电前电磁线圈不产生吸力，针阀处于全开位置。通电后，由于电磁力的作用，由磁性材料制成的柱塞被吸引上升，与柱塞连成一体的针阀开度变小，施加在线圈上的电压可以控制针阀的位置，因此可以通过改变电压控制膨胀阀的开度，控制其流量。电磁式膨胀阀结构如图 9-14 所示。

2）直动型电动式膨胀阀如图 9-15 所示，膨胀阀电动机转子主要依靠电磁阀线圈产生的磁力转动。转矩由导向螺纹变换成阀针直线移动，以改变阀口的流通面积，转子的旋转角度及阀针的位移量与输入脉冲数成正比。

3）减速型电动式膨胀阀如图 9-16 所示，当电动机通电后，高速旋转的转子通过齿轮组减速，再带动阀针做直线移动。由于齿轮的减速作用大大增加了输出转矩，使得较小的电磁力可以获得足够大的输出转矩，其容量范围大，且由于电动机组合部分与阀体部分可以分离，只要更换不同口径的阀体，即可改变阀的容量。

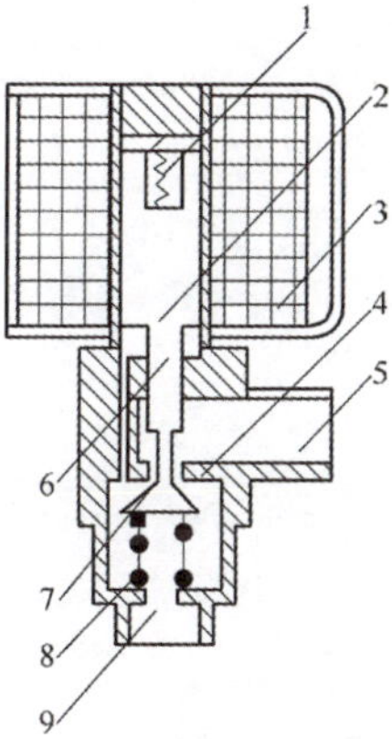

图 9-14　电磁式膨胀阀结构

1- 柱塞弹簧　2—柱塞　3—线圈　4—阀座　5—入口　6—阀杆　7—阀针　8—弹簧　9—出口

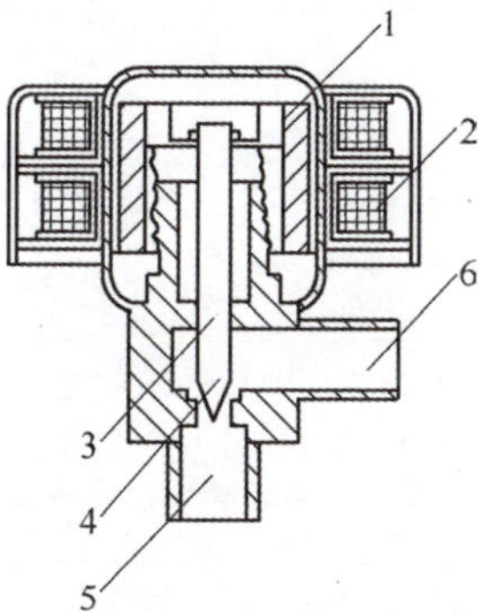

图 9-15　直动型电动式膨胀阀

1—转子　2—线圈　3—阀杆　4—阀针　5—入口　6—出口

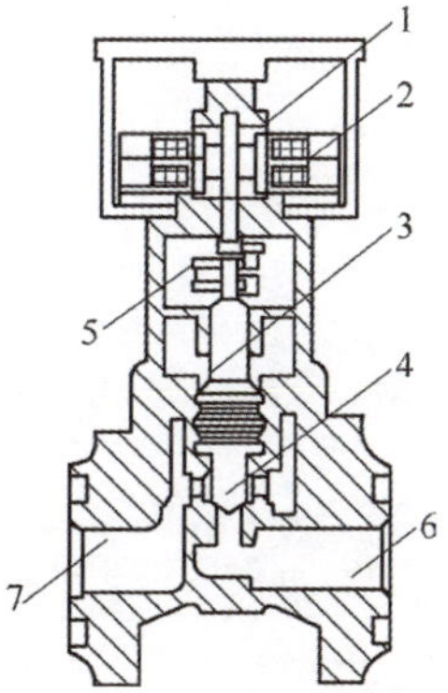

图 9-16　减速型电动式膨胀阀

1—转子　2—线圈　3—阀杆　4—阀针　5—减速齿轮　6—入口　7—出口

第二节 如何检修空调系统

一、常用检修设备

1. 歧管压力表

（1）功用

歧管压力表也称压力表组，与制冷系统相接可进行抽真空、加注制冷剂及检查和判断制冷系统的工作状态和故障情况等。

（2）组成

歧管压力表由高压表（高压计）、低压表（低压计）、低压手动阀、阀体、高压接头、低压接头以及制冷剂抽真空接头等组成，如图9-17所示。工作时高、低压接头分别通过软管与压缩机高、低压阀相接，中间接头与真空泵或制冷剂钢瓶相接。只能用手拧紧软管与歧管压力表的接头，不可用扳手，否则会拧坏接头螺纹。

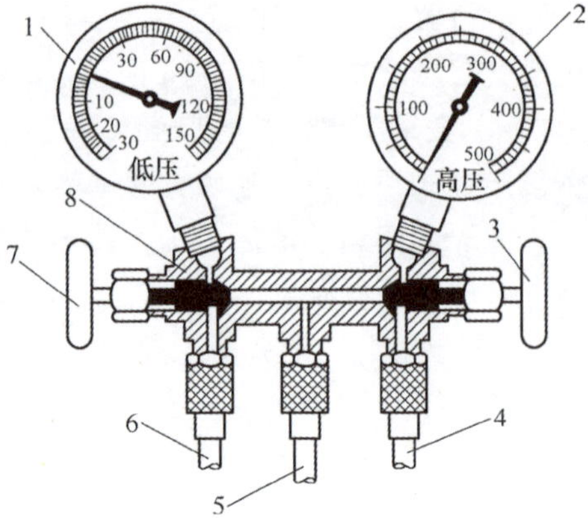

图9-17 歧管压力表结构

1—低压表（蓝色） 2—高压表（红色） 3—高压手动阀 4—高压侧软管（红色） 5—维修用软管（绿色） 6—低压侧软管（蓝色） 7—低压手动阀 8—歧管座

（3）使用

在使用歧管压力表时，必须排尽软管内空气，其具体操作步骤如下。

要点

- 当低压手动阀开启、高压手动阀关闭时，低压管路与中间管路、低压表相通，此时可从低压侧加注制冷剂或排放制冷剂，并同时检测高、低压侧的压力。
- 当低压手动阀关闭、高压手动阀开启时，高压管路与中间管路、高压表相通，此时可从高压侧加注制冷剂，并同时检测高、低压侧的压力。
- 当高、低压手动阀均关闭时，可检测高、低压侧的压力。
- 当高、低压手动阀都开启时，可进行加注制冷剂、抽真空，并检测高、低压侧压力。

2. 常用的检漏设备

检修或拆装汽车空调系统管道、更换零部件之后，需在检修及拆装部位进行制冷剂的泄漏检查，目前主要有卤素检漏灯和电子检漏仪两种。

（1）卤素检漏灯

卤素检漏灯是一种丙烷（或酒精）燃烧喷灯，利用制冷剂气体进入安装在喷灯的吸气管内，会使喷灯的火焰颜色改变这一特性来判断系统的泄漏部位和泄漏程度，其结构如图9-18所示。当喷灯的吸气管从系统泄漏处吸入制冷剂时，火焰颜色会发生变化；泄漏量少时，火焰呈浅绿色；泄漏较多时，火焰呈浅蓝色；泄漏很多时，火焰呈紫色。

（2）电子检漏仪

R134a 电子检漏仪为一种专门的检漏仪，如 MHD5000 型 R134a 电子检漏仪或使用表明可检测 R12 和 R134a 的两用电子检漏仪，如 LHD4000 型、REFCO 和 CH-8583 型等电子检漏仪。常用的电子检漏仪有手握式和箱式两种。

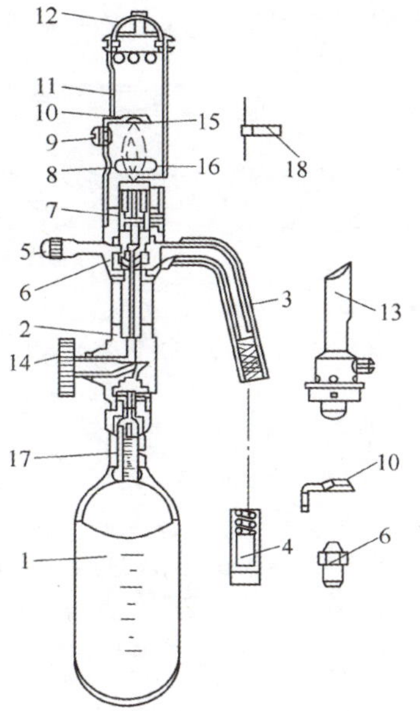

图 9-18　卤素检漏灯结构

1—检漏灯储气瓶　2—检漏灯主体　3—吸气管　4—滤清器　5—燃烧筒支架　6—喷嘴　7—火焰分离器　8—点火孔　9—反应板螺钉　10—反应板　11—燃烧筒　12—燃烧筒盖　13—栓盖　14—调节把手　15—火焰长度（上限）　16—火焰长度（下限）　17—喷嘴　18—喷嘴清洁器

3．真空泵

真空泵用于制冷系统抽真空，排除系统内的空气、水分。安装、检修空调系统时，会有一定量的空气进入制冷系统，空气中含有一定量的水蒸气，这会使制冷系统的膨胀阀冰堵、冷凝压力升高、系统零部件发生腐蚀。

要点

- 对制冷系统检查后，在未加入制冷剂之前，应对制冷系统抽真空。而抽真空的彻底与否，将会影响系统正常运转效果。
- 抽真空并不能将水抽出系统，而是产生真空后降低了水的沸点，水在较低温度下沸腾，以蒸气的形式从系统中抽出。

4．制冷剂罐注入阀

（1）功用

当向制冷系统加注制冷剂时，可将注入阀装在制冷剂罐上，旋转制冷剂罐注入阀手柄，阀针刺穿制冷剂罐，即可加注制冷剂。

（2）使用方法

图 9-19 所示为制冷剂罐注入阀，制冷剂罐内装有制冷剂，接头

用软管与歧管压力表的中间接头相连，其具体使用方法如下。

要点

● 按逆时针方向旋转注入阀手柄，直到阀针退回为止。

● 将注入阀装到制冷剂罐上，逆时针方向旋转板状螺母直到最高位置，然后将制冷剂注入阀顺时针拧动，直到注入阀嵌入制冷剂密封塞。

● 将板状螺母按顺时针方向旋转到底，再将歧管压力表上的中间软管固定到注入阀的接头上。

● 拧紧板状螺母。

● 按顺时针方向旋转手柄，使阀针刺穿密封塞。

● 若要加注制冷剂，则逆时针方向旋转手柄，使阀针抬起，同时打开歧管压力表上的手动阀。

● 若要停止加注制冷剂，则顺时针方向旋转手柄，使阀针再次进入密封塞，起到密封作用，并同时关闭歧管压力表上的手动阀。

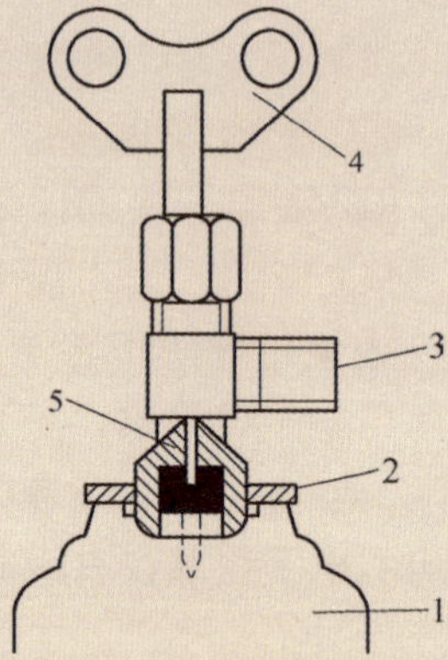

图 9-19 制冷剂罐注入阀
1—制冷剂罐 2—板状螺母 3—注入阀接头 4—制冷剂罐注入阀手柄 5—阀针

二、空调系统的检查

1. 空调系统抽真空

抽真空是为了排除制冷系统内的空气和水汽，是空调维修中一项极为重要的程序。因为对制冷系统进行维修或更换元件时，空气会进入系统，且空气中含有一定量的水蒸气（湿空气）。

抽真空并不能直接把水分抽出制冷系统，而是产生真空后降低了水的沸点，水汽化成蒸汽后被抽出制冷系统。因此，系统抽真空时，时间越长，系统内残余的水分就越少。

要点

● 最大限度地将系统内的空气及湿气抽出，必须采用重复抽真空法，即第一次抽真空完毕后，再连续抽 30min 以上。

如图 9-20 所示为抽真空管路连接方法，其具体操作过程如下。

要点

● 将歧管压力表上的两根高、低压软管分别与压缩机上的高、低接口相连；将歧管压力表上的中间软管真空泵相连。

● 打开歧管压力表上的高、低压手动阀，起动真空泵，并注视两个压力表，将系统抽真空至 98.70 ~ 99.99kPa。

● 关闭歧管压力表上的高、低压手动阀，观察压力表指示压力是否回升。若回升，则表示系统泄漏，此时应进行检漏和修补。若压力表针保持不动，则打开高、低压手动阀，起动真空泵继续抽真空 15 ~ 30min，使其真空压力表指针稳定。

● 关闭歧管压力表上的高、低压手动阀。

● 关闭真空泵。先关闭高、低压手动阀，然后关闭真空泵，以防止空气进入制冷系统。

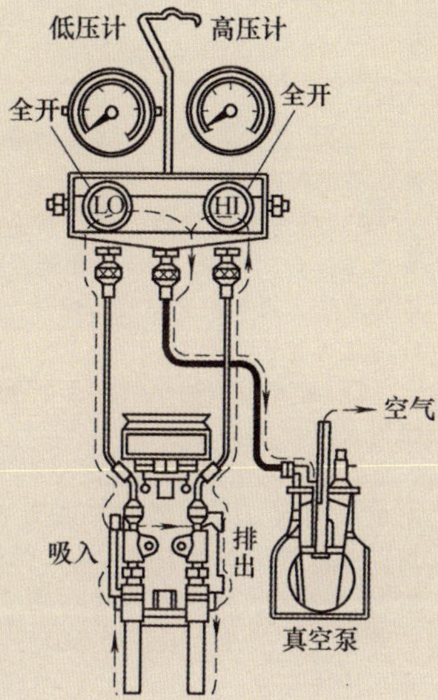

图 9-20　抽真空管路连接方法

2. 加注制冷剂

当制冷系统抽真空达到要求，且经检漏确定制冷系统不存在泄漏部位后，即可向制冷系统加注制冷剂。加注前，先确定注入制冷剂的数量。加注量过多或过少，都会影响空调制冷效果。压缩机的铭牌上一般都标有所用的制冷剂的种类及其加注量。

加注制冷剂的方法有两种。

要点

● 一种是从压缩机排气阀（高压阀）的旁通孔（多用通道）加注，称为高压端加注，加入的是制冷剂液体。其特点是安全、快速，适用于制冷系统的第一次加注，即经检漏、抽真空后的系统加注。但用该方法时必须注意，加注时不可开启压缩机（发动机停转），且制冷剂罐要求倒立。

● 另一种是从压缩机吸气阀（低压阀）的旁通孔（多用通道）加注，称为低压端加注，充入的是制冷剂气体，其特点是加注速度慢，可在系统补充制冷剂的情况下使用。

（1）高压端加注制冷剂

要点

- 当系统抽真空后，关闭歧管压力表上的高、低压手动阀。
- 将中间软管的一端与制冷剂罐注入阀的接头连接，如图9-21所示打开制冷剂罐开启阀，再拧开歧管压力表软管一端的螺母，让气体溢出几分钟，然后拧紧螺母。
- 拧开高压侧手动阀至全开位置，将制冷剂罐倒立。
- 从高压侧注入规定量的液态制冷剂。关闭制冷剂罐注入阀及歧管压力表上的高压手动阀，然后将仪表卸下。从高压侧向系统加注制冷剂时，发动机处于不起动状态（压缩机停转），不要拧开歧管压力表上的低压手动阀，以防产生液压冲击现象。

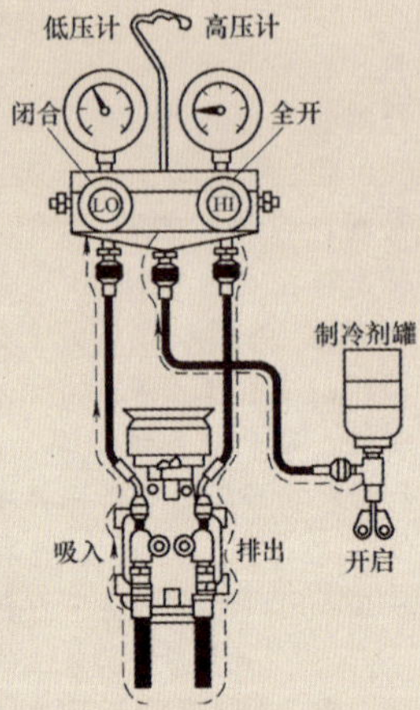

图9-21　高压端加注液态制冷剂

（2）低压端加注制冷剂

通过歧管压力表上的低压手动阀，可向制冷系统的低压侧加注气态制冷剂。

要点

- 按图9-22所示，将歧管压力表与压缩机和制冷罐连接好。
- 打开制冷剂罐，拧松中间注入软管在歧管压力表上的螺母，直到听见有制冷剂蒸气流动声，然后拧紧螺母。从而排出注入软管中的空气。
- 打开低压手动阀，让制冷剂进入制冷系统。当系统的压力值达到0.4MPa时，关闭低压手动阀。
- 起动发动机，将空调开关接通，并将鼓风机开关和温控开关都调至最大。
- 再打开歧管压力表上的手动阀，让制冷剂继续进入制冷系统，直至加注量达到规定值。
- 在向系统中加注规定量制冷剂之后，从视液窗处观察，确认系统内无气泡、无过量制冷剂。随后将发动机转速调至2 000r / min，冷鼓风机风量开到最高档，若气温为30 ~ 35℃，则系统内低压侧压力应为0.147 ~ 0.192MPa，高压侧压力应为1.37 ~ 1.67MPa。
- 加注完毕后，关闭歧管压力表上的低压手动阀，关闭装在制冷剂罐上的注入阀，使发动机停止运转，将歧管压力表从压缩机上卸下，卸下时动作要迅速，以免过多制冷剂泄出。

3. 加注制冷系统润滑油

通常汽车空调系统的冷冻润滑油消耗很少，可每两年更换一次，每次应按规定数量加注（一般压缩机的铭牌上标注润滑油的型号和数量）。

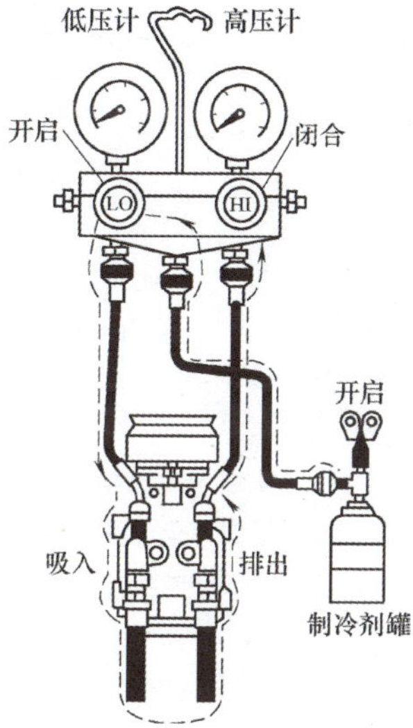

图 9-22　低压端加注气态制冷剂

维修提示

- 加注时一定要使用同一牌号的冷冻润滑油，不同牌号的冷冻润滑油混用会生成沉淀物。

制冷系统内制冷剂若泄漏很慢，对冷冻润滑油泄漏影响不大。若系统内制冷剂泄漏很快，冷冻润滑油也会很快泄漏。

汽车空调压缩机是高速运转装置，其工作是否正常，取决于润滑是否充分，但过多的润滑油也影响制冷效果。当更换压缩机和制冷系统某一部件时，须检查压缩机内的润滑油量。

（1）压缩机冷冻润滑油量的检查

图 9-23 所示为其冷冻润滑油量的检查。

要点

- 卸下加油塞，通过加油塞孔察看并旋转离合器前板，把油尺用棉纱擦干净，然后插到压缩机内，直到油尺端部碰到压缩机内壳体为止。
- 取出油尺，观察油尺浸入深度。
- 当加油合适时，压缩机内油面应在前 4 ~ 6 格之间。
- 若少则加入，若多则放出，然后拧紧加油塞。

（2）冷冻润滑油加注

维修提示

- 维修汽车空调系统时通常不需加注冷冻润滑油，但在更换制冷系统部件以及发现系统严重泄漏时，必须加注冷冻润滑油。

加注方法有两种。一种是利用压缩机本身抽吸作用，将冷冻润滑油从低压阀处吸入，此时发动机一定要保持低速运转。另一种是利用抽真空加注冷冻润滑油。

利用抽真空加注冷冻润滑油的方法如下。

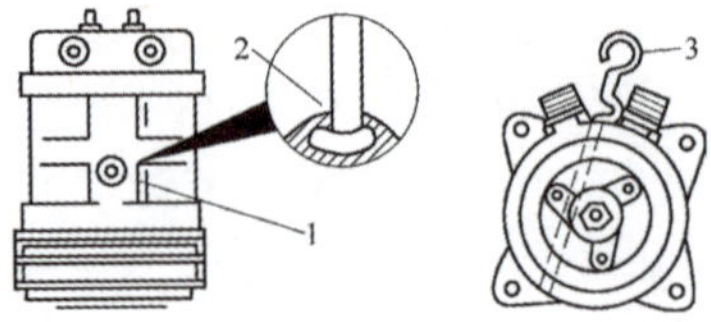

图 9-23　压缩机冷冻润滑油油量的检查
1—加油塞　2—加油孔　3—油尺

要点

- 对制冷系统抽真空。
- 选用一个有刻度的量筒，盛入比要加注的冷冻润滑油还要多的冷冻润滑油。
- 将连接在压缩机上的低压软管从歧管压力表上拧下来，并将其插入盛有冷冻润滑油的量筒内，如图 9–24 所示。
- 起动真空泵，打开歧管压力表上的高压手动阀，加注的润滑油就从压缩机的低压侧进入压缩机中。当冷冻润滑油量达到规定量时，停止真空泵的抽吸，并关闭高压手动阀。
- 按抽真空法加注冷冻润滑油后，还应继续对制冷系统抽真空、加注制冷剂。

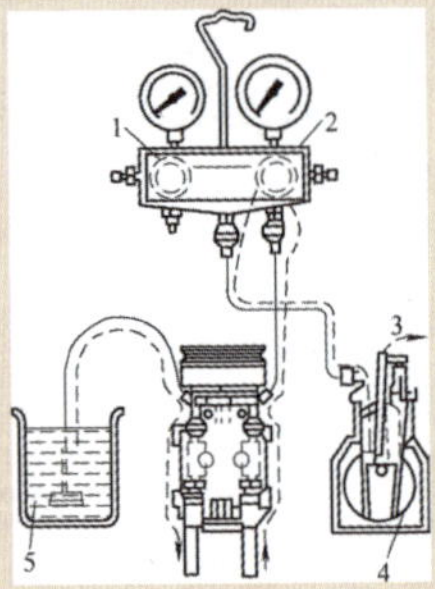

图 9-24　抽真空法加注冷冻润滑油
1—低压手动阀关闭
2—高压手动阀开启
3—排出空气　4—真空泵
5—冷冻润滑油

4. 空调系统常见的泄漏部位

空调系统工作条件比较恶劣，其制冷系统一直随汽车工作在振动的工况之下，极易造成部件、管道损坏和接头松动，使制冷剂发生泄漏，其泄漏的常发部位见表 9-1。

表 9–1　汽车空调系统泄漏的常发部位

部　件	泄漏常发部位
冷凝器	①冷凝器进气管和出液管连接处 ②冷凝器盘管
蒸发器	①蒸发器进气管和出口管连接处 ②蒸发器盘管 ③膨胀阀
储液干燥器	①易熔塞 ②管道接头喇叭口处

（续）

部　件	泄漏常发部位
制冷剂管道	①高、低压软管 ②高、低压软管各接头处
压缩机	①压缩机油封 ②压缩机吸、排气阀处 ③前、后盖密封圈 ④与制冷剂管道接头处

5. 制冷系统检漏方法

制冷系统常用的检漏方法有：压力检漏、真空检漏和外观检漏。

（1）压力检漏

向制冷系统中加入氮气，然后用肥皂液检漏。若有泄漏，泄漏处会出现肥皂泡。

维修提示

- 采用压力检漏时，严禁用压缩空气进行检漏，因为压缩空气中含有水分，水分随空气进入后会在膨胀阀处产生冰堵。
- 工业氮气无腐蚀性、无水分，且价格便宜，但瓶装高压氮气一定要用减压表加注。

加压试漏时，首先应正确连接歧管压力表，如图 9-25 所示。

要点

- 高压软管接在排气管道上（高压侧），低压软管接在吸气管道上（低压侧）。
- 将软管连接在压缩机的高、低压检修阀上，打开高、低压检修阀，向系统中加入干燥氮气，其压力一般应为 1. 5MPa 左右。
- 当系统达到规定压力后，用肥皂液涂在系统的各连接处和焊接处，仔细观察有无泄漏。泄漏大的地方有微小声音，并出现大泡沫，泄漏小的地方，则间断出现小泡沫。所以检漏必须仔细，并反复检查 3 ~ 5 次，发现泄漏处应作出记号并及时加以修复，然后再去试漏其他接头处，直至泄漏彻底排除。
- 修漏完毕，应试漏，让系统保压 24 ~ 48h，若压力不降低，则试漏合格。倘若压力有显著降低，必须重新进行检漏，直到找出泄漏处并加以排除为止。

（2）真空检漏

应用真空泵进行，真空度应达到0.1MPa，保持24h内真空度没有显著升高即可。抽真空用于抽出系统中残留的氮气、检查系统有无泄漏以及使系统干燥。只有在系统抽真空后才能加注制冷剂。

（3）外观检漏

制冷剂泄漏部位往往会渗出冷冻润滑油，若发现在某处有油污渗出，可进一步用清洁的白纸擦拭或用手直接触摸检查。如仍有油冒出，则可能有泄漏。

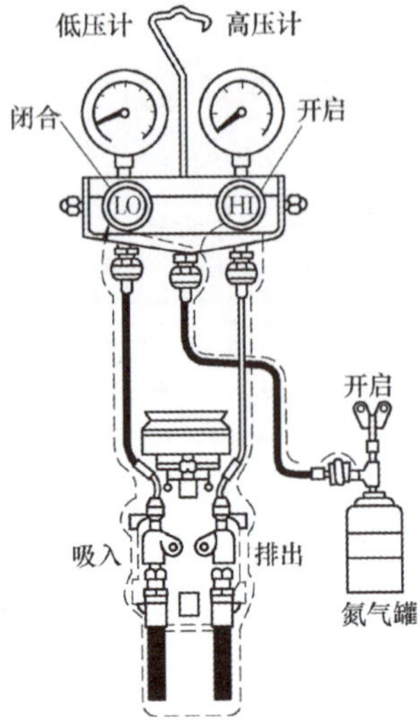

图 9-25　制冷系统加压检漏

6. 空调压缩机的检修

（1）压缩机内部零件的检修

要点

- 检查压缩机活塞和气缸，若活塞和气缸有拉毛现象，应更换压缩机。
- 检查压缩机轴承，若损坏应更换。
- 检查压缩机阀片和阀板。阀板可以用油石打磨平整，阀片、缸垫和O形圈损坏应更换。
- 装配时所有零部件应清洗干净，油路畅通，并在各摩擦部位涂上冷冻润滑油。

（2）压缩机维修后的性能检查

要点

- 压缩机内部泄漏检查。在压缩机吸、排气检修阀上装上歧管压力表，关闭高、低压手动阀，再用手转动压缩机轴，每秒钟转一圈，共转10圈，打开高压手动阀，高压表读数应大于0.345 MPa或更大。若压力小于0.345 MPa，则说明压缩机内部泄漏，须重新修理或更换阀片、阀板和缸垫。
- 压缩机外部泄漏检查。从压缩机吸入端注入少量制冷剂，然后用手转动其主轴，用检漏仪检查轴封、端盖、吸、排气阀口等处有无泄漏，若有泄漏须拆卸重新修理，若无泄漏，即可装回发动机。

7. 压缩机电磁离合器的检修

(1) 压缩机电磁离合器部件检查

要点

- 检查离合器从动盘的摩擦表面，观察是否由于过热和打滑而引起刮痕、是否翘曲变形，若从动盘有刮痕损伤或变形，应更换带轮总成。另外，摩擦表面上的油污和脏物应用清洁剂擦洗干净。
- 检查离合器轴承有无松动或损坏，损坏的轴承必须更换。
- 装配完毕后要检查离合器的从动盘、主动盘以及带轮部件是否能自由转动，并检查从动盘和主动盘之间的间隙，其间隙一般为 0.3 ~ 0.6mm。

(2) 压缩机电磁离合器的电气检查

要点

- 电压检查法。检查电磁离合器供电电压，应为蓄电池电压。若不正常，检查空调开关和线路。
- 电流检查法。电磁线圈在施加蓄电池电压时，电流为 3.0 ~ 3.6A。若线圈短路，电流则过大；若电流为 0，则说明线圈断路。

空调开关和电磁线圈一般工作比较稳定，很少出现故障。当压缩机电磁离合器不能接合时，应先检查控制继电器、空调控制器等，在确认电磁线圈上的电压正常后，再检测电磁线圈是否有故障。

第三节 常见故障诊断与维修实例

一、常见故障诊断

1. 空调系统不制冷

(1) 故障现象

接通空调开关 A/C 与鼓风机开关后，出风口无冷风吹出。

(2) 故障原因

①电磁离合器线圈断路。

②压缩机损坏。

③控制线路中温控开关或低压开关损坏。

④系统内制冷剂全部漏光。

⑤储液干燥器或膨胀阀堵塞。

（3）故障诊断

①起动发动机正常运转，接通空调开关 A/C，检查电磁离合器能否吸合。

②若电磁离合器吸合，而压缩机不转，应检查离合器线圈的电阻值。

③若电阻小于规定值，说明线圈匝间短路，应更换线圈。

④若电阻符合规定值，说明压缩机内部卡死，应检修或更换压缩机。

⑤如果压缩机运转正常，则应检查储液干燥器或膨胀阀是否堵塞。

⑥若电磁离合器不吸合，应检查低压开关处电源线上的电压。

⑦若电压为零，则检查温控开关及线路连接是否正常。

⑧若电压正常，可短接低压开关。

⑨若电磁离合器仍不吸合，应检查电磁离合器线圈或连接线路是否断路。

⑩电磁离合器若能吸合，应检查系统内制冷剂是否适量，测试压缩机工作是否正常。

2. 空调系统风量不足或无风

（1）故障现象

接通点火开关，将鼓风机开关转到某一档位或所有档位时，出风口不出风或出风量过小。

（2）故障原因

①熔断器断路。

②空调继电器损坏。

③鼓风机开关接触不良或损坏。

④某一档位电阻断路。

⑤鼓风机电机损坏。

⑥连接线路断路或接触不良。

⑦通风管道不畅或风门不能打开。

（3）故障诊断

①鼓风机开关置于任何档位，出风口均不出风时，应首先检查熔断器是否断路，若熔断器断路，应核对熔断器的容量是否符合要求，检查线路及鼓风机电机电枢绕组是否搭铁，查明原因并修复或更换；若熔断器良好，则应检查鼓风机开关导线上的电压。电压为零时，应

检查空调继电器的线圈是否断路、触点能否闭合，检查中央线路板及连接线路是否断路；电压正常时，应检查鼓风机开关是否损坏，鼓风机搭铁是否良好。上述检查均正常，则应检修鼓风机电动机。

②鼓风机电机仅在某一档位不能转动时，应检查鼓风机开关该档位的触点是否导通，该档至分档电阻间的连接导线及分档电阻是否断路，并视情予以修复。

③鼓风机开关置于任何档位时，鼓风机电动机转动缓慢，各出风口风量均较少，一般是鼓风机电动机损坏或鼓风机开关及连接导线接触不良。应检查连接导线各插接件是否松动，鼓风机电动机搭铁是否良好，鼓风机开关各接触点接触是否良好。最后对鼓风机电动机进行检修。

④鼓风机电动机运转正常，但个别出风口无风或风量过小，应检查该风口出风管道中有无异物堵塞，风门能否打开，各连接管道是否密封，并视情予以修复。

3. 空调制冷效果差

（1）故障现象

接通空调开关 A/C 和鼓风机开关后，出风口有冷风，但温度偏高而无凉爽感，车箱内温度下降缓慢。

（2）故障原因

①系统内制冷剂量不足。

②储液干燥器或膨胀阀滤网堵塞。

③膨胀阀感温包失效。

④冷凝器或蒸发器堵塞、表面严重脏污，影响热交换。

⑤压缩机 V 带打滑或离合器打滑。

⑥压缩机工作不良。

⑦鼓风机开关接触电阻过大或鼓风机功率不足。

（3）故障诊断

①检查压缩机 V 带是否打滑，V 带损坏而引起打滑时应予更换；V 带过松时，应予以调整。

②起动发动机并接通空调开关 A/C 后，若听到刺耳的金属摩擦声，一般是电磁离合器打滑，应检修电磁离合器。

③用手触摸系统管路和各部件。正常情况下，高压端管路温度为

55 ~ 65℃，手感热而不烫手；低压端管路为低温状态，其部件及连接管路有水珠。

（a）如果高压端手感烫手，应检查冷凝器的冷却效果是否良好，其方法是在车辆前方放置一个大功率风扇，直接冷却冷凝器。此时，若现象消失，则应检查冷凝器表面是否清洁，冷却风扇转动是否缓慢，风扇护罩是否损坏；如果现象仍然存在，则可能是制冷剂过多。

（b）如果高压端手感热度不够，则可能是制冷剂量不足或压缩机工作不良。

（c）如果在储液干燥器上出现霜冻或水露，则说明干燥器破碎堵住制冷剂流通管道，此时应更换新件。

（d）膨胀阀工作正常时，其进口连接处是热的，但出口连接处是凉的，有水露。若膨胀阀出口处有霜冻现象，说明膨胀阀的阀口可能被堵塞，须立即处理。

（e）低压管手感冰凉、有水珠，但不应有霜冻。若出现霜冻，则可能是膨胀阀的感温包内传感液体漏光，需更换新件。

④经上述直观检查，若不能准确判断故障所在，可借助歧管压力表总成检测系统高、低压侧的压力值，作为判断故障的依据，见表 9-2。

表 9-2 空调系统压力及故障原因

空调系统压力值 /kPa		故障原因	解决方法
低压侧	高压侧		
10	80	系统内缺少制冷剂	检漏、抽真空、补充制冷剂
30 ~ 50	200 ~ 350	系统内制冷剂过多，冷凝器散热不良	放卸制冷剂；检查冷凝器
0 ~ 69	300	储液干燥器堵塞	更换储液干燥器
15 ~ 30	200	储液干燥器饱和	更换储液干燥器
0	130	膨胀阀只闭不开	更换膨胀阀
45	230	膨胀阀只开不闭	更换膨胀阀

二、维修实例

实例一 打开空调后，感觉制冷效果不佳

（1）故障现象

桑塔纳 2000GLi 型轿车，装用 AFE 型发动机，行驶里程为 4.2 万

km。驾驶人说，打开空调后，感觉制冷效果不佳。

（2）故障原因

泄漏导致制冷剂不足。

（3）故障诊断

检查压缩机及离合器，工作正常。发动机运转数分钟后，使发动机怠速运转，打开空调开关，从储液罐观察窗可以见到有连续的气泡，但出风口空气不冷，初步诊断是制冷剂不足。

用多用歧管压力表检测高低压端显示的压力值均偏低，验证了制冷剂缺乏的判断。制冷剂不足，多数为制冷系统有泄漏处，检测方法通常有3种：

①目测。泄漏部位一般有油污和灰尘积存。

②肥皂水测试。将肥皂水浇在管接头上，泄漏处会产生气泡。

③用测漏仪检漏。

经检查，发现储液罐的接头部位有泄漏处，更换垫片，按规定力矩拧紧螺母。在气体状态下注入制冷剂R134a直至多用测量表上压力指到100kPa，然后再进行气体泄漏检测。发动机运转过程中，从视窗观察制冷剂无气泡，而且出风口空气是冷的，表明制冷剂量适当，故障排除。

实例二 打开空调节开关，压缩机运转，但出风口无冷气送出

（1）故障现象

爱丽舍轿车，行驶里程为169200km。驾驶人说，打开空调开关，压缩机离合器能吸合，压缩机运转，但送风口无冷气送出。

（2）故障原因

膨胀阀泄漏。

（3）故障诊断

从该车具体故障现象分析，压缩机电磁离合器和压缩机基本正常。为此需进行如下检查：

①起动发动机，打开空调系统，使发动机在快怠速（1500～2000r / min）运行5min后，观察干燥罐视窗有制冷剂，但未见循环流动，显然有堵塞部位。

②用歧管压力表测量空调系统管路低压端压力为零，高压端压力为 0.5 ~ 0.6MPa（规定值为 1.37 ~ 1.57MPa），检测结果说明制冷剂不循环。

③观察膨胀阀和储液干燥罐前后管子上结霜，表明此处有污物或水堵塞，用压缩空气吹通后制冷效果仍不理想，从干燥罐视窗观察到有连续气泡，说明系统中有泄漏处。

④用泄漏检查仪检查泄漏处，发现气体从膨胀阀热敏开关处泄漏。

膨胀阀是通过其节流作用将主压液态制冷剂的压力降低，它可根据流向压缩机的制冷剂温度变化，自动调节制冷剂的流量，确保流入压缩机的制冷剂为气态。

更换膨胀阀，对空调制冷系统抽真空后，再充入适量的制冷剂，起动发动机后再开空调检查，制冷效果恢复正常。

第十章　汽车电路分析

CHAPTER 10

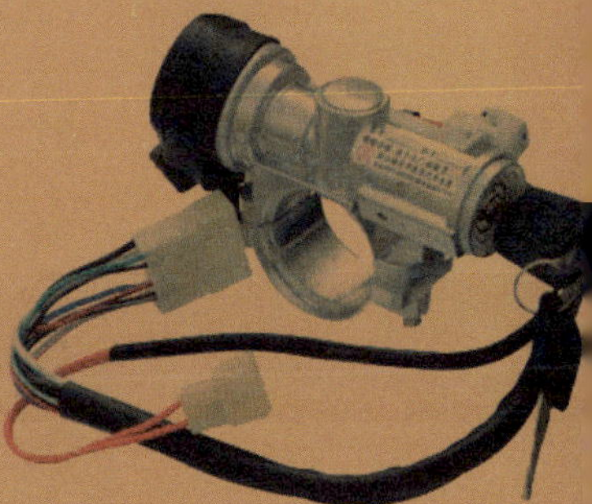

第一节 认识汽车电路

汽车电路是将电源系统、起动系统、点火系统、照明与信号系统及辅助电器等，按照它们各自的工作特性和彼此之间的内在联系，通过开关、导线、保护装置等连接起来而构成的综合性网络。

要点

● 汽车电路和一般电路一样，也是由电源、负载（用电设备）、导线、开关、保护装置等组成。

一、线束

为了使全车线路规整，安装方便及保护导线的绝缘，汽车上的全车线路除高压线、蓄电池和收放机天线的电缆外，一般都将同区域的不同规格的导线用棉纱或薄聚氯乙烯带缠绕包扎成束，称为线束，如图 10-1 所示。

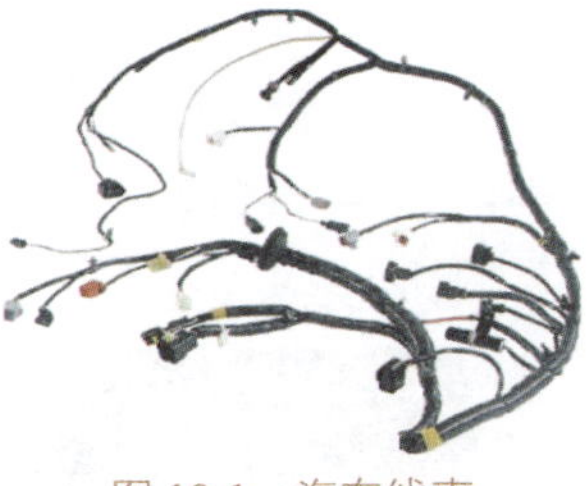

图 10-1　汽车线束

汽车线束是汽车电路的网络主体，没有线束也就不存在汽车电路。在目前，不管是高级豪华汽车还是经济型普通汽车，线束装配的形式基本上是一样的，一般由导线、端子（或称孔）、插接器（插头或插座）、护套等组成。

一般汽车的线束分为发动机线束、仪表线

束、车身线束等。图 10-2 所示为整车线束布置。

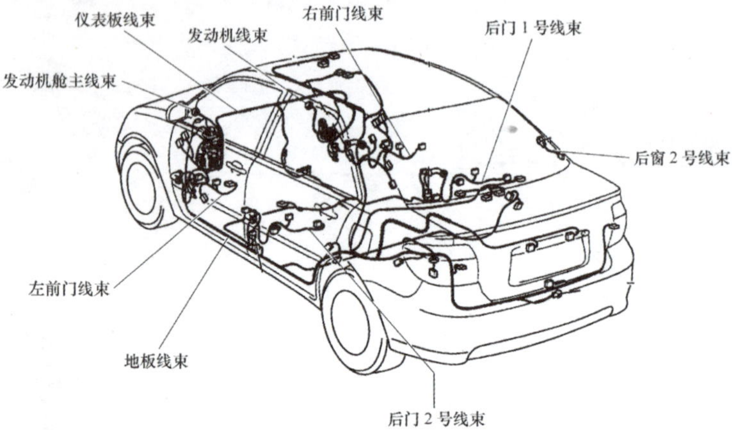

图 10-2　整车线束布置

随着汽车功能的增加，电子控制技术的普遍应用，电气件越来越多，电线也会越来越多，线束也就变得越粗越重。因此先进的汽车就引入了 CAN 总线配置，采用多路传输系统。与传统线束比较，多路传输装置大大减少了导线及插接器数目，使布线更为简易。

二、控制开关

1. 汽车常用的控制开关

在汽车电路中，各用电设备或独立的电系中都设有单独的控制开关。如灯光开关、变光开关、刮水器开关、洗涤器开关、转向开关、紧急警告开关、空调开关、倒车开关、制动开关、喇叭开关等。

2. 点火开关

在所有的开关中，点火开关最为复杂，它控制着充电系统、点火系统、起动系统，以及绝大多数的辅助电器设备。点火开关（图 10-3）是一个复合开关，一般需用钥匙对其进行操纵。

图 10-3　点火开关实物

图 10-4　有锁止转向盘功能的点火开关

很多车型点火开关的锁体有锁止转向盘的功能（如图 10-4 中点火开关的 LOCK 位置）。当点火开关转至 LOCK 档并拔下钥匙时，转向盘被锁止。这些点火开关各挡的位置通常是按 LOCK（转向盘锁止档）、ACC（备用档）、ON（点火档）、START（起动档）的顺序排列。

有的车型点火开关还具有防止误起动的功能（如大众轿车）和防盗功能。

现在一些中、高级车型采用了智能钥匙系统及无钥匙一键起动点火开关。

①采用智能钥匙的车型（如大众迈腾、奔驰 E 级轿车），驾驶人只需将智能钥匙插入启动按钮下方的一个插槽中，按下起动按钮就可以启动发动机，如图 10-5 所示。

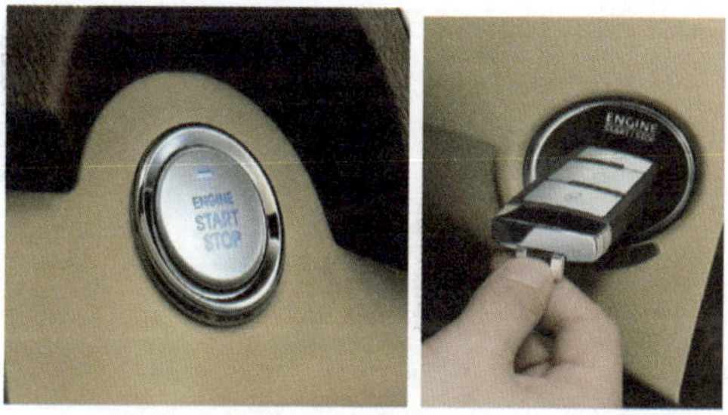

a）起动按钮　　b）智能钥匙

图 10-5　智能钥匙点火开关

智能钥匙系统的功能如下。

要点

◎ 当携带智能钥匙走到距驾驶人侧车门把手 1m 以内时，车体外部的信号发射器即可识别到智能钥匙内置的 ID 码，这时只需轻轻拉动门把手，四个车门便会全部解锁，解除防盗。

◎ 在关闭所有车门并离开车辆后，门锁会自动上锁进入防盗状态。有的车辆是轻按驾驶人侧门把手上的锁定键锁定四个车门。

◎ 当携带智能钥匙靠近行李箱中央位置 0~7m 以内时，置于尾部的信号发射器也可识别到钥匙内置的 ID 码，按下箱盖上的开启按键，行李箱即可解锁并开启。

②智能无钥匙一键启动系统采用智能卡 + 旋钮式无钥匙起动方式，如图 10-6 所示。智能无钥匙一键启动系统除了具有智能钥匙系统的功能外，还有一项功能，即当驾驶人进

a）起动按钮　　b）智能卡

图 10-6　智能无钥匙一键起动系统

入车内后，车内检测系统会自动识别智能卡，这时只需按动起动按钮，发动机就会进入正常起动状态，全过程免钥匙用车。

2. 组合开关

为了操作方便，保证行车安全，现在大多数汽车都将灯光开关（前照灯开关、变光开关）、转向灯开关、刮水器开关、洗涤器开关、紧急警告开关等组装在一个组合体内，称之为组合式开关，实物如图 10-7 所示。

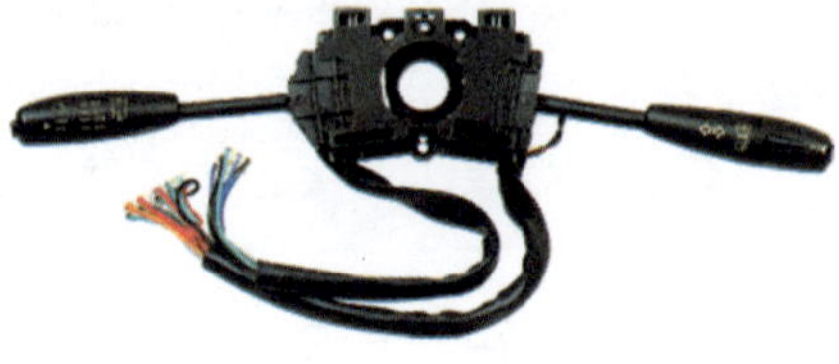

图 10-7　组合开关实物

要点

- 组合开关是一个多功能开关，一般安装在转向盘下的转向柱上，便于驾驶人的操纵。
- 组合开关的操纵手柄上一般均标有表示用途的图形符号。

三、电路保护装置

为防止电路中导线或电器设备过载，在每个用电设备的电路中都需要电路保护装置。当电路中的电流超过规定值时，保护装置可自动将电路切断，防止烧坏电路中导线和电器设备。常用的电路保护装置有熔断器、易熔线和断电器。

1. 熔断器

熔断器是最普通的电路保护装置，按结构形式可分为熔管式、绝缘式、插片式、平板式、缠丝式（金属丝式）、陶瓷式等多种形式，常见熔断器的外形如图 10-8 所示。

a) 熔管式　　b) 插片式　　c）陶瓷式

图 10-8　常见的熔断器

要点

● 熔断器也称熔丝、熔片等，主要用于线路短路保护，其材料多采用铅锡合金。

● 熔断器一般用在负荷不大的电路中，当电路发生短路故障或在电路中电流过载一倍的情况下，可在数秒内迅速熔断，自动切断电路，实施电路的自动保护。

如图 10-9 所示，熔断器集中装在熔断器盒（又称中央配电盒、中央继电器盒、中央线路板等）内，熔断器盒通常位于仪表台里面或仪表台下面的围板上、发动机舱盖下等位置。

熔断器的规格及控制内容通常标在熔断器的盒盖上（图 10-10），一些车型通常标注英文缩写字母。

图 10-9　熔断器盒

图 10-10　熔断器盒盖

2. 易熔线

易熔线是一种大容量的熔断器，用于电源电路和大电流电路的过载保护。

要点

● 易熔线是一种截面积一定，能长时间通过较大电流的合金导线。

● 由易熔材料制造，外表包裹特殊的耐热绝缘层。

● 易熔线盒外壳上一般标有额定值，当电流超过易熔线额定电流（或几倍）时，易熔线首先熔断，从而切断电路，以确保电路和用电设备不会损坏。

易熔线比常见导线柔软，长度一般为 50 ~ 200mm，通常连接在蓄电池正极端（图 10-11）或集中安装在中央接线盒内。

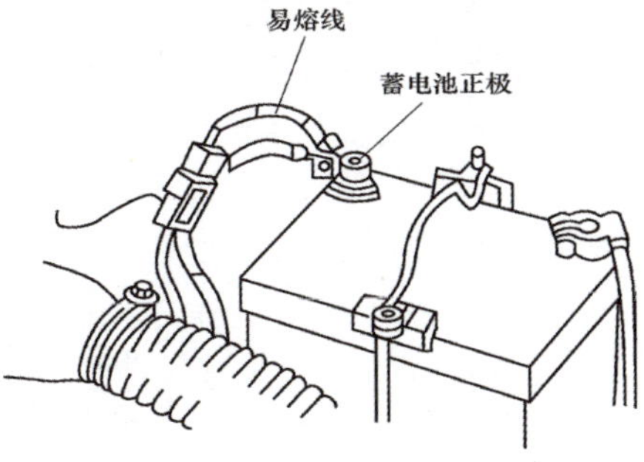

图 10-11　易熔线连接在蓄电池正极端

3. 断电器（双金属片式）

断电器用于正常工作时容易过载的电路中，断电器的原理是利用双金属片受热变形的原理制成的。

断电器按其作用形式有两种类型：

一类是非循环式断电器。当电路发生过载时，双金属片受热向上弯曲变形，使触点分离，自动切断电路，保护线路及用电设备，如图 10-12 所示。

维修提示

● 排除故障后，须用手按下按钮，使双多属片复位。

另一类是循环式断电器。电路发生过载时，双金属片受热变形弯曲，触点打开，电路自动切断，当双金属片冷却后，自动复位，触点闭合，电路自动接通，双金属片受热变形，触点再次打开，如此，断电器触点周期地打开和闭合，直至电路不过载为止，如图 10-13 所示。

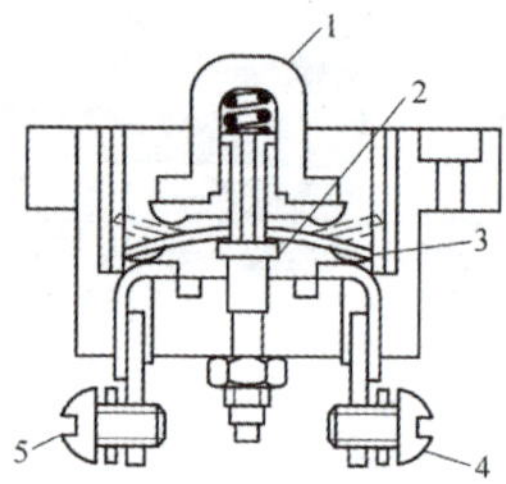

图 10-12 非循环式断电器
1—复位按钮 2—双金属片 3—触点 4、5—接线柱

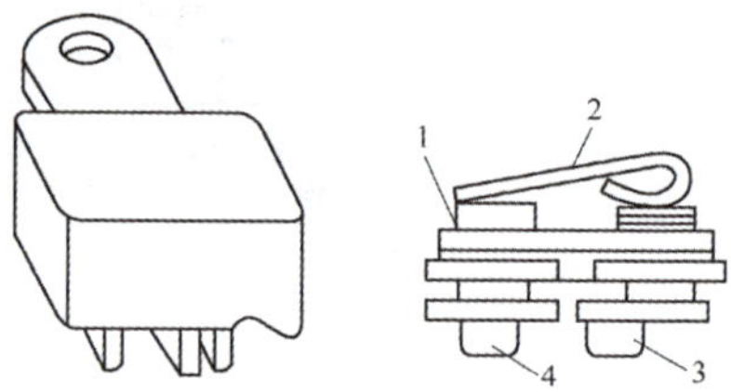

a) 外形 b) 结构

图 10-13 循环式断电器
1—触点 2—双金属片 3、4—接线柱

四、继电器

1. 继电器的作用

继电器可以实现自动接通或切断一对或多对触点，从而控制电路的通断，在电路中起着自动调节、安全保护、转换电路等作用。

要点

● 在汽车电路中，应用大量的继电器来控制电路的导通与截止，它的主要作用是用小电流控制大电流，即用流经开关的小电流，通过继电器的触点控制用电设备的大电流，这样可保护开关触点不被烧蚀，提高开关的使用寿命。

部分继电器实物如图 10-14 所示。

a）预热继电器　　b）起动继电器　　c）喇叭继电器

图 10-14　部分继电器实物

2. 继电器的结构

继电器一般由电磁铁（包括线圈、铁心）、触点（包括动触点、静触点）、外壳和接线端子（也称引脚）等组成。

> **要点**
>
> ● 为了减小继电器线圈断电时产生的自感电动势，保护开关和电子元件，有些继电器线圈两端还并联一个电阻或续流二极管。

继电器的内部结构如图 10-15 所示。

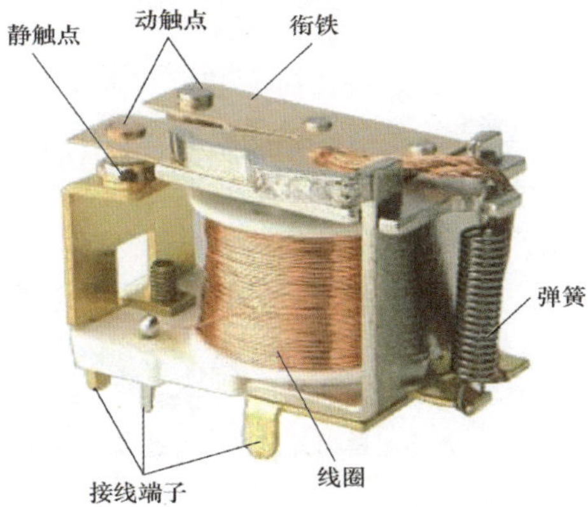

图 10-15　继电器的内部结构

3. 继电器的工作原理

只要在继电器线圈两端加上一定的电压，线圈中就会流过一定的电流，从而产生电磁效应，衔铁就会在电磁力吸引的作用下克服返回弹簧的拉力吸向铁心，从而带动衔铁的动触点与静触点（常开触点）吸合。当线圈断电后，电磁的吸力也随之消失，衔铁就会在弹簧的反作用力下返回原来的位置，使动触点与静触点（常闭触点）断开。这样吸合、断开，从而达到了在电路中的导通、切断的目的。

对于继电器的“常开、常闭”触点，可以这样来区分

要点

- 继电器线圈未通电时处于断开状态的触点，称为“常开触点”，采用常开继电器。
- 继电器线圈未通电时处于接通状态的触点称为“常闭触点”，采用常闭继电器。

第二节 学会识读汽车电路图

一、什么是汽车电路图

汽车电路图，就是将充电系统（电源系统）、起动系统、点火系统、照明信号系统、仪表与电子显示装置、电子控制装置以及辅助电器装置等全车电器设备，用标准电器符号，按照它们各自的工作特性及相互的内在联系，通过开关、熔断器、继电器（或电子控制单元）及导线连接起来而形成的图形。

要点

- 常见的汽车电路图有3种形式：汽车电气设备电路接线图、汽车电路原理图和汽车电气设备线束图。

现在各汽车公司使用的维修手册，除全车电路图外，还广泛使用系统电路图。系统电路图即仅涉及单个系统的电路图。全车电路图和系统电路图不仅符合车上线路的实际连接关系，而且电路清晰，简单明了，对分析各电气设备的工作原理有很大作用。

要点

- 汽车电路图是汽车维修过程中一个非常重要的工具。
- 电路图上是以电气符号来表示的。不同的车型其电路图是不同的，目前电路图还没有采用统一标准。
- 在维修过程中，要求先掌握该车型的维修资料，其次要能正确读懂电路图。

二、电路图的常用电气符号

虽然不同车型的电路图不相同，但汽车电路图所采用的符号大体

相同。汽车电路图中使用的各种常用电气符号及含义见 表 10-1。

表 10-1 汽车电路图中使用的各种电气符号及含义

名称	图形符号	名称	图形符号	名称	图形符号
蓄电池组	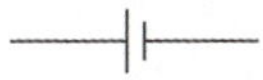	双丝类		集电环或换向器上的电刷	
定子绕组为星形（Y）联结的交流发电机	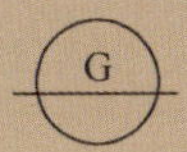	霍尔信号发生器	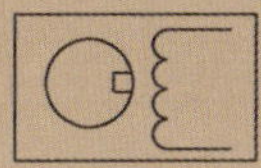	刮水电动机	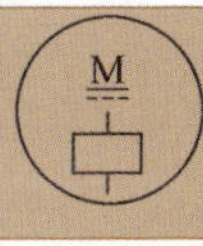
定子绕组为三角形（△）联结的交流发电机		点火电子组件	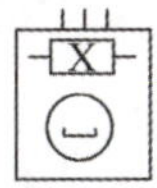	天线电动机	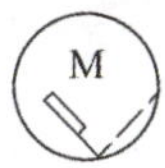
外接电压调节器与交流发电机	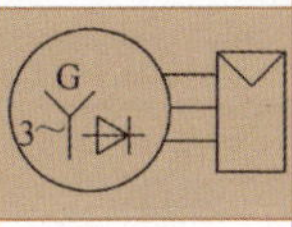	断电机	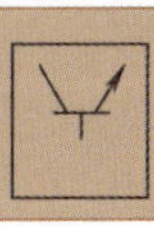	风扇电动机	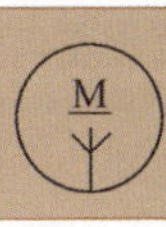
整体式交流电机		直流电动机	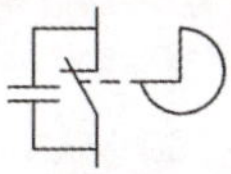	燃油泵电动机洗涤电动机	
点火线圈	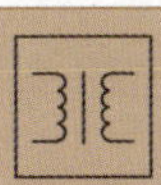	串励直流电动机	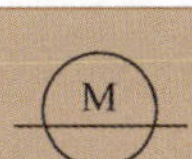	晶体管电动燃油泵	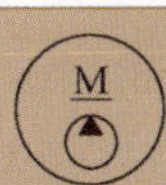
分电器	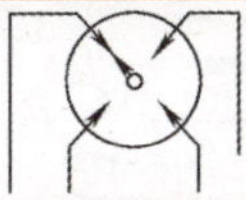	并励直流电动机	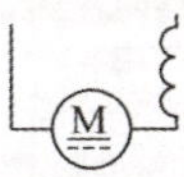	加热定时器	
火花塞		永磁直流电动机	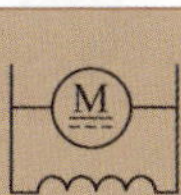	信号发生器	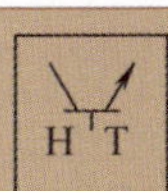
脉冲发生器	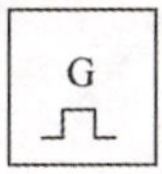	电压调节器	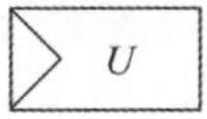	电喇叭	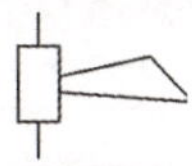
闪光器	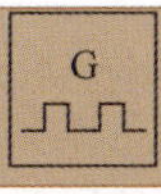	温度调节器	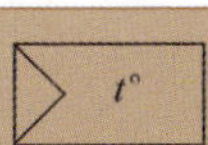	扬声器	
间歇刮水继电器	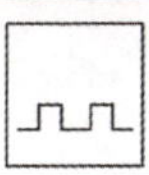	转速调节器	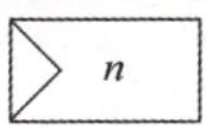	蜂鸣器	

（续）

名称	图形符号	名称	图形符号	名称	图形符号
防盗报警系统		照明灯，信号灯，仪表灯，指示灯		报警器	
稳压器	U on st	电容器		传声器	
电热器加热元件		可变电容器		熔断器	
加热器（除霜器）		极性电容器	±	易熔线	
天线		组合灯		电路断电器	
收音机		荧光灯	FL	永久磁铁	
收放机		预热指示器		动合（常开）触点	
动断（常闭）触点		具有动合触点但无自动复位的旋转开关		凸轮控制	
先断后合的转换触点		液控制开关		热敏开关动合触点	
中间断开的双向转换触点		机油压力开关	OP	电磁离合器	
双动合触点		一般机械操作		热敏自动开关的动断触点	
双动断触点		二极管		热继电器触点	
手动操作开关的一般符号		钥匙操作		热敏开关动断触点	
定位（非自动复位开关）		热器件操作		推拉多档开关位置	0 1 2
具有动合触点且自动复位的按钮		温度控制	t°	钥匙开关（全部定位）	0 1 2

（续）

名称	图形符号	名称	图形符号	名称	图形符号
定位（非自动复位按钮）	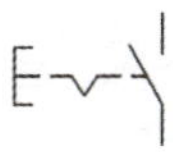	压力控制	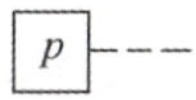	多档开关点火起动开关瞬时位置为2能自动返回到1（即2档不能定位）	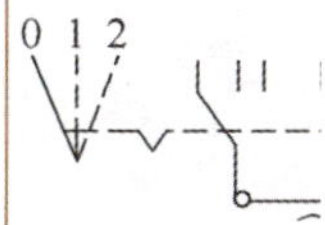
具有动合触点且自动复位的拉拨开关	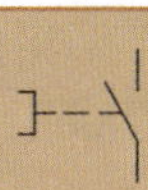	制动压力控制	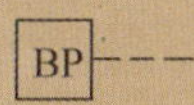	旋转多档开关位置	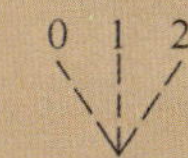
节流阀开关	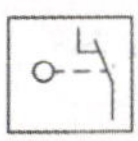	热继电器	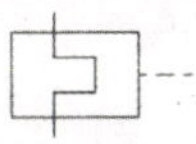	机油压力表	
一个绕组电磁铁	 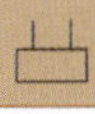	点烟器	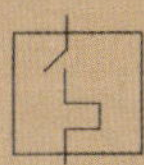	速度表	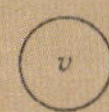
两个绕组	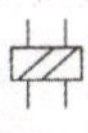	空气调节器	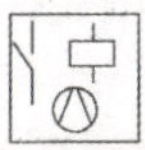	时钟	
电磁铁	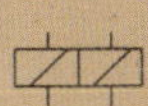	用电动机操纵的怠速调速装置	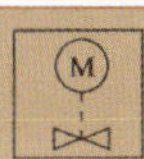	数字式电钟	
不同方向绕组电磁铁	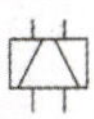	指示仪表（单号按规定的字母或符号代人）	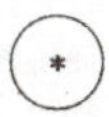	电阻	
触点常开的继电器	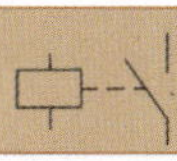	电流表	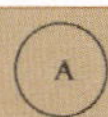	可变电阻	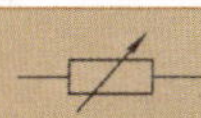
电磁阀的一般符号	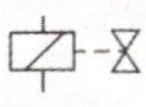	电压表		压敏电阻	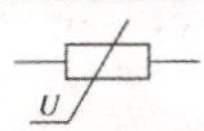
常开电磁阀	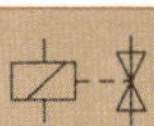	冷却液温度表		热敏电阻	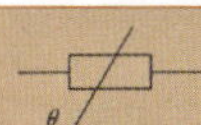
常闭电磁阀	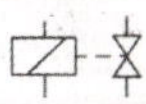	燃油表		滑线式电阻器	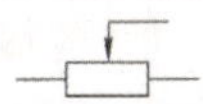
触点常闭的继电器	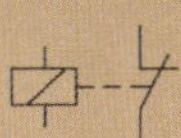	转速表	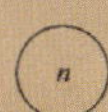	传感器的一般符号（星号按规定的字母或符号代入）	

（续）

名称	图形符号	名称	图形符号	名称	图形符号
机油压力表传感器	OP	导线分支连接		PNP 型晶体管	
温度表传感器	t°	导线的交叉连接		NPN 型晶体管	
空气温度传感器	t_a°	导线的跨越		NPN 型晶体管集电极接管壳	
冷却液温度传感器	t_W°	插座的一级		晶体闸流管	
燃油表传感器	Q	插座的一级		电感器、线圈、绕组、扼流圈	
空气流量传感器	AF	插头和插座		带磁心的电感器	
氧传感器	λ	多级插头和插座（示出的为三级）		边界线	
爆燃传感器	K	稳压管		屏蔽（护罩）	
转速传感器	n	发光二极管		屏蔽导体	
空气压力传感器	v	光敏二极管		搭铁	
制动压力传感器	AP	仪表照明调光电阻			

三、汽车电路图的识读方法

1. 识读汽车电路图的总体要领

（1）牢记电气图形符号

汽车电路图是利用电气图形符号来表示其构成和工作原理的。因此，必须牢记电路图形符号的含义，才能看懂电路原理图。

（2）熟记电路标记符号

为了便于绘制和识读汽车电气电路图，有些电气装置或其接线柱等上面都赋予不同的标志代号。

（3）掌握各种开关在电路中的作用

对多层多档接线柱的开关，要按层、按档位、按接线柱逐级分析其各层各档的功能。有的用电设备受两个以上单档开关（或继电器）的控制，有的受两个以上多档开关的控制，其工作状态比较复杂。当开关接线柱较多时，首先抓住从电源来的两个接线柱，再逐个分析与其他各接线柱相连的用电设备处于何种档位，从而找出控制关系。

对于组合开关，实际线路是在一起的，而在电路图中又按其功能画在各自的局部电路中，遇到这种情况必须仔细研究识读。

（4）浏览全图，分割各个单元系统

要点

- 熟记各局部电路之间的内在联系和相互关系。要读懂汽车电路图，首先必须掌握组成电路的各个电气元件的基本功能和电气特性。在大概掌握全图的基本原理的基础上，再把一个个单元系统电路分割开来，这样就容易抓住每一部分的主要功能及特性。
- 在框划各个系统时，一定要遵守回路原则，注意既不能漏掉各个系统中的组件，也不能多框划其他系统的组件。一般规律是，各电气系统只有电源和总开关是公共的，其他任何一个系统都应是一个完整的独立的电气回路，即包括电源、开关（保险）、电气（或电子线路）、导线等。从电源的正极经导线、开关、熔断器至电气后搭铁，最后回到电源负极。
- 从整车电路来讲，各局部电路除电源电路公用外，其他单元电路都是相对独立的，但它们之间也存在着内在联系（如信号共享）。因此，识图时，不但要熟悉各局部电路的组成、特点、工作过程和电流流经的路径，还要了解各局部电路之间的联系和相互影响。这是迅速找出故障部位、排除故障的必要条件。

（5）牢记回路原则

任何一个完整的电路都是由电源、熔断器、开关、控制装置、用电设备和导线等组成的。电流流向必须从电源正极出发，经过熔断器、开关、控制装置和导线等到达用电设备，再经过导线（或搭铁）回到电源负极，才能构成回路。因此电路读图时，有 3 种思路。

要点

- 沿着电路电流的流向，由电源正极出发，顺藤摸瓜查到用电设备、开关和控制装置等，回到电源负极。
- 逆着电路电流的方向，由电源负极（搭铁）开始，经过用电设备、开关和控制装置等回到电源正极。
- 从用电设备开始，依次查找其控制开关、导线、控制单元，到达电源正极和搭铁（电源负极）。

实际应用时，可视具体电路选择不同思路，但有一点值得注意，随着电子控制技术在汽车上的广泛应用，大多数电气设备电路同时具有主回路和控制回路，读图时要兼顾两回路。

2. 典型轿车电路图的识读

下面以桑塔纳 2000 GSi 轿车为例，介绍大众车系电路图的识读要领。

图 10-16 为汽车生产厂家提供的桑塔纳 2000 GSi 轿车发动机电控汽油喷射和点火系统电路图，该图是一幅与电路原理图比较接近的电路布线图。

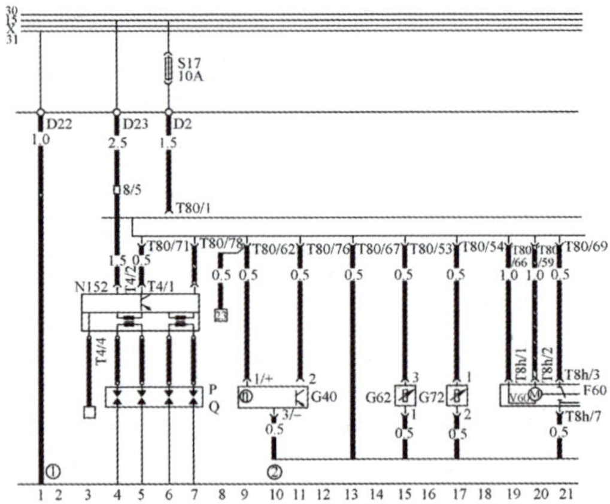

a）

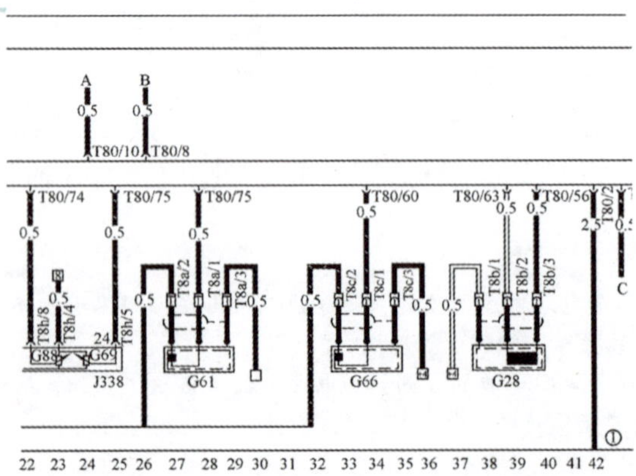

b）

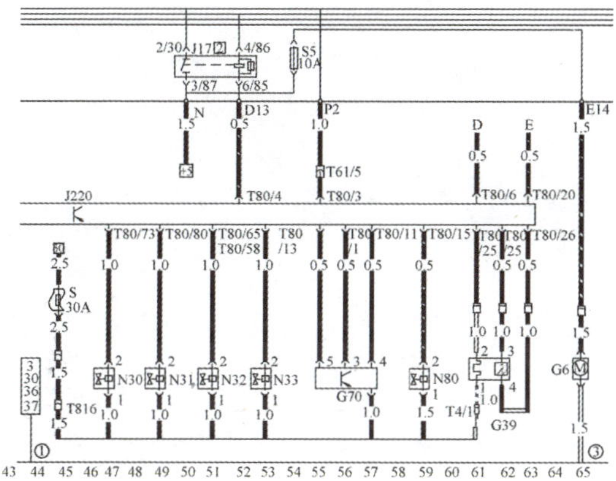

c）

图 10-16　桑塔纳 2000GSi 轿车发动机电控汽油喷射和点火系统电路图

A—空调 A/C 开关信号　B—空调压缩机信号　C—自诊断 E 线　D—发动机转速信号　E—车速信号　F60—怠速开关　G6—燃油泵　G28—转速传感器（灰色插头）　G39—氧传感器　G40—霍尔传感器　G61—1、2 缸爆燃传感器（白色插头）　G62—冷却液温度传感器　G66—3、4 缸爆燃传感器（蓝色插头）　G69—节气门电位计　G70—空气质量流量计　G72—进气温度传感器　G88—怠速节气门电位计　J17—燃油泵继电器　J220—Motronie 控制单元　J338—节气门体 N30—第 1 缸喷油器　N31—第 2 缸喷油器　N32—第 3 缸喷油器　N33—第 4 缸喷油器　N80—活性炭罐电磁阀　N152—点火线圈　P- 火花塞插头　Q—火花塞　S—附加熔丝 (30A)　S5—燃油泵熔断器 (10A)　S17—控制单元熔丝 (10A)　V60—怠速控制器　① - 发动机搭铁点（在发动机控制单元的旁边）　② - 传感器到控制单元搭铁联接　③ - 中央接线盒左侧星形搭铁插座

(1) 掌握具体电路图的特点

以桑塔纳轿车的电路图为例，该电路图与其他车型的电路图相比有一定的特点。它不仅用于表达汽车电气系统中主要元器件的线路走向，而且还表达了电气线路的结构情况。其主要特点如下。

①按同一系统控制电路依次排列。

要点

● 整个电路都是从左向右纵向排列，同一系统的电路放在一起，在整个电路图中放在某一范围，构成一个局部完整控制系统（图 10-16 所示为发动机汽油喷射和点火系统的电路部分）。

②电路图中最下端的顺序数字编号，使维修人员或用户可根据此号方便地寻找出各电气部件在电路图上的位置。

③中央接线盒内的成形铜片表示方法。电路图上方的 4 条横线用

来表示压装在中央接线盒塑料盘身内的成形铜片。其中3条是引入接线盒内的不同用途的电源线，第4条是搭铁线。

要点

- 线端标号为“30”的是常电源线，直接与蓄电池正极相接。
- 标号为“15”的是从点火开关15接柱引出的受点火开关控制的小容量用电器的电源线。
- 标号为“X”的是受卸荷继电器控制的大容量用电器的相线，只有当卸荷继电器触点闭合时（卸荷继电器受点火开关控制，利用卸荷继电器减少通过点火开关的电流，保护点火开关），才能将30号线的电流引入X号线。
- 标号为“31”的为搭铁线，它与中央接线盒支架搭铁点相连接。

④整个电路转折交叉很少。

要点

- 有些线路比较复杂的电气，为了使它们有机地连贯起来而不破坏图面的纵向性，采用断线带号法加以解决。

例如对应电路图最下端的电路编号“45”的上方，在上半段电路终止处画有一小方框50，内标数字“50”，表示该电路的下半段应在电路图最下端的电路编号为“50”的位置上寻找；同样，在“50”位置下半段电路起始端也有一方框45，内标“45”，说明其上半段电路应在电路图最下端的电路编号为“45”位置上寻找。通过这4个数字，就把画在不同位置的同一电路的上、下两段连接起来了。

⑤线路中的连接插头统一表示。线路中的连接插头统一用字母T作代号，紧接的数字表示该插头的孔数以及连接导线对应的孔的序号。例如T4 / 2表示该插头为4孔，连接导线对应的插孔序号为2；T80 / 71表示该插头（T80为电控单元上的连接插头）为80孔，连接导线对应的插孔序号为71。

⑥线路中的连接导线都标有铜芯截面积的直径（mm），如数字1~5或1~0等表示此线直径为1~5mm或1~0mm。

⑦整个电路突出以中央接线盒为中心。电路图上方第5条横线以上的部分，表明了中央接线盒中安装的器件与导线。例如，图10-16中J17为燃油泵继电器，上侧小方框内的数字是2，表示该继电器插

在中央接线盒正面板的第 2 号位置上。燃油泵继电器 J17 的周围标有 2 / 30、4 / 86、3 / 87、6 / 85 等 4 组数字，其中分母 30、86、87、85 是指该继电器上 4 个插脚的标号，分子 2、4、6、3 是指中央接线盒正面板第 2 号位置上相应的 4 个插孔。又如，S5 为燃油泵熔断器，位于中央接线盒正面板下方熔断器安装部位的右起第 5 个位置，额定电流 10A。电路图上方第 5 条横线上标有中央接线盒背面插接器的代号 D、N、P、E 等，代号后面的数字表明了该插接器连接的导线在插接器中的插孔位置，如 E14 表示插接器 E 上第 14 号插孔，N 表示该插接器只有 1 个插孔；同理，D23、D7、D13 分别表示插接器 D 的第 23 号、7 号、13 号插孔，而且凡是接点标有同一代号的所有导线都在车上的同一线束内，这也为实际工作中查找线路提供了方便。

⑧该电路图标明电器的搭铁方式和部位。电路图底部横线表示搭铁线，导线搭铁端标注有带圈的数字代号，如①、②、③等表示搭铁点的位置，图中各代号的搭铁部位见图 10-16 的图注。从中可以看出，在车上，不是所有电气都直接与金属车体相连接而搭铁的，有的通过搭铁插座，有的则通过其他电器或电子设备再搭铁连接。

⑨ ×L21 表示一般的指示灯。

⑩有的原版电路图为彩色图，故电路中导线没有标明颜色代号。不是彩色的电路图上用汉字或英文字母标明导线颜色。

弄清了桑塔纳轿车电路图的上述特点，再按照一般电路图的读图要领，读懂这一电路图就不难了。

(2) 一般电路图的读图要领

①对照图注和图形符号。熟悉有关元器件名称及其在图中的位置、数量和接线情况，例如，图 10-16 中，G6 为燃油泵，J17 为燃油泵继电器，S5 为燃油泵熔断器 (10A) 等。燃油泵一端通过熔断器 S5 接至燃油泵继电器 J17 的输出端，另一端接至③—中央接线盒左侧星形搭铁插座。

②根据“回路原则”分析电路。仍以燃油泵为例：电源从蓄电池正极 (30 号电源线) 经闭合的燃油泵继电器触点、熔断器 S5 至燃油泵 (电动机)G6，再经中央接线盒左侧的星形搭铁插座③搭铁，回到蓄电池负极。

要点

● 任何一个电路都应是一个完整的电气回路，其中包括电源、开关（或熔断器）、电气（或电子线路）、导线和插接器等，并从电源正极经导线、开关（或熔断器）至用电器后搭铁，回到同一电源的负极。

③注意电路中开关或继电器的状态。

要点

● 大多数电气或电子设备都是通过开关（包括电子开关）或继电器的不同状态而形成回路或改变回路实现不同的功能的。

例如上述燃油泵G6的回路必须在燃油泵继电器触点闭合时才能形成，而燃油泵继电器触点闭合的条件是继电器线圈得电导通。同理，从电路图可以看出，燃油泵继电器线圈必须在电控单元J220中起开关作用的晶体管导通时才能通过电控单元中的搭铁点形成回路。对于采用多挡点火开关或组合开关的电路，还应注意蓄电池（或发电机）电流是通过什么途径到达这个开关的，中间是否经过其他开关或熔断器，电源线接在开关的哪个接线柱上；多档开关共有几个档位，开关内部有几个同时或分别动作的触点，在每一挡位各接通或断开哪些电器；组合开关由哪些开关或按钮组合而成，各通过哪些触点接通电路或改变回路等。

④要善于利用汽车电路特点，把整车电路化整为零。

要点

● 汽车电路的单线制、各电路负载相互并联以及两个电源也相互并联等特点，为把整车电路化整为零进行读图提供了方便。

● 整车电路可以按前面所述的组成汽车电器线路的各个分电路逐一进行分析。

● 对于各分电路同样可以采取各个击破的办法进行识读。

例如电子控制系统电路，就可以分成发动机电子控制系统、自动变速器电子控制系统、制动防抱死电子控制系统等电路；发动机电子控制系统又可分为汽油喷射控制、点火控制、排放控制等不同电路。

参考文献

[1] 毛峰．汽车电器设备与维修 [M]. 北京：机械工业出版社，2007.

[2] 凌永成，等．汽车电气设备 [M].2 版．北京：北京大学出版社，2010.

[3] 高吕和．汽车电器系统检修 [M]. 北京：化学工业出版社，2010.

[4] 段伟．汽车电器构造与维修 [M]. 北京：中国水利水电出版社，2010.

[5] 边焕鹤．汽车电器与电子设备 [M]. 北京：人民交通出版社，2006.

[6] 徐向阳．汽车电器与电子控制技术 [M]. 北京：机械工业出版社，2002.

[7]Wilfried Staudt. 汽车机电技术（一）: 学习领域 1 ~ 4[M]. 北京：机械工业出版社，2008.

[8] 明光星，等．汽车电器实训教程 [M]. 北京：中国人民大学出版社，2010.

[9] 杨智勇．汽车车身电气维修问答 [M]. 北京：中国电力出版社，2006.

[10] 韩梅，等．机动车电器维修人员从业资格考试必读 [M]. 北京：金盾出版社，2008.

[11] 舒华，等．汽车电气设备构造与维修 [M]. 北京：金盾出版社，2006.

[12] 周建平．汽车电气设备构造与维修 [M]. 北京：人民交通出版社，2007.

[13] 李春明．汽车电器与电路 [M]. 北京：高等教育出版社，2003.

[14] 胡光辉．汽车电器设备构造与维修 [M]. 北京：机械工业出版社，2008.

[15] 孙余凯，等．汽车电器识图技巧 [M]. 北京：人民邮电出版社，2003.

检
9